BIBLIOTHÈQUE NATIONALE

DE FRANCE

PARIS

DÉPARTEMENT DES IMPRIMÉS

PSYCHOLOGIE

appliquée à la Morale et à l'Éducation

ENSEIGNEMENT SECONDAIRE DES JEUNES FILLES

Mlle M. VAUDOUER
Agrégée de l'Enseignement seconda:re
des Jeunes Filles.

&

M. GAYAN
Licencié ès Lettres (Espagnol).

EXTRAITS D'AUTEURS
ITALIENS & ESPAGNOLS

Un volume in-16 cartonné toile . . . . **2 fr. 50**

Mme KAHN
Professeur agrégée au Lycée de Jeunes
Filles de Versailles.

&

Z. BOURGOGNE
Professeur agrégé au Lycée
Condorcet.

EXTRAITS D'AUTEURS
ANGLAIS & ALLEMANDS

Un volume in-16 cartonné toile. . . . . **2 fr. 50**

Mlle AZINIÈRES
Professeur agrégée
au Lycée de Jeunes Filles de Nice.

&

TH. SURAN
Professeur agrégé au Lycée
de Marseille.

EXTRAITS D'AUTEURS
GRECS & LATINS

Un volume in-16 cartonné toile . . . . **4 fr. »**

ENSEIGNEMENT SECONDAIRE DES JEUNES FILLES

PSYCHOLOGIE

appliquée à la Morale
et à l'Éducation

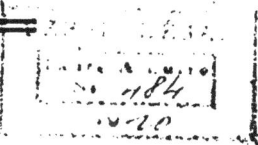

PAR

Mme ROY

*Professeur agrégé
de l'Enseignement secondaire
des Jeunes Filles.*

P. MALAPERT

*Docteur ès lettres,
Professeur de Philosophie au lycée
Louis-le-Grand.*

PARIS

Société d'Édition et de Publications

Librairie Félix JUVEN

13, rue de l'Odéon (6ᵉ arrᵗ)

1910

CHAPITRE PREMIER

La Psychologie, son Objet.
Utilité de l'Étude de la Psychologie.

Définition. — Le mot *psychologie*, d'après l'étymologie, signifie *étude de l'âme.*

Mais une telle définition est vague et équivoque. Il faudrait savoir ce qu'on appelle âme. Or, de tout temps, ce mot a donné lieu à de nombreuses discussions. Certains philosophes entendent par là une substance, un principe spirituel qui s'oppose au corps, et, selon eux, la psychologie a pour but de déterminer l'essence de l'âme, ses pouvoirs ou facultés, ses origines, sa destinée. D'autres, au contraire, nient l'existence d'une âme considérée comme *substance* indépendante du corps, et *cause* de nos pensées, de nos sentiments, de nos désirs, de nos volitions. Ce sont là des problèmes qui relèvent d'une autre étude, la *métaphysique.* Les théories générales sur l'âme, sur le monde extérieur, sur la matière et l'esprit ne sont pas du domaine de la psychologie.

La psychologie se propose d'étudier des faits, à la manière des autres sciences, de les expliquer, de les classer. Les faits qu'étudie la psychologie sont d'un ordre particulier : ce sont les *faits de conscience*. Nous définirons la psychologie : *la science qui a pour but d'étudier les faits de conscience et d'en déterminer les lois.*

Qu'est-ce qu'un fait de conscience ? — Dans le langage courant, on donne divers sens au mot conscience.

On dit : L'homme doit suivre sa conscience. — Sa conscience lui reproche ses mauvaises actions. — On appelle alors conscience le discernement du bien et du mal. C'est la *conscience morale*.

On dit encore : L'enfant n'a pas conscience de son bonheur. On veut dire qu'il ne sait pas apprécier toutes les raisons qu'il a d'être heureux. Conscience suppose ici expérience et réflexion.

D'une personne qui est dans le délire, on dit qu'elle a perdu toute conscience. Cela signifie que ses idées sont incohérentes, qu'elle ne les gouverne plus et qu'elle n'a aucune notion de la réalité. Dans ce cas, le mot conscience désigne une sorte de pouvoir régulateur de la pensée.

Une personne éprouve une violente douleur physique; sous l'influence d'un anesthésique, sa douleur disparaît; elle n'a plus conscience de son mal. Le mal lui-même, la perturbation physiologique, n'a pas disparu; mais la souffrance s'est évanouie. La souffrance, voilà le fait psychologique : elle n'existe que du fait même que nous la sentons.

La conscience, au sens psychologique, est la *connaissance immédiate d'un phénomène intérieur qui est caractérisé par cette connaissance même*.

Cette connaissance peut être spontanée ou réfléchie, vague ou précise. Dans le deuxième et le troisième exemple, les sens du mot conscience se rapportent bien à la signification psychologique; mais ils marquent soit l'organisation des faits psychologiques, (3ᵉ exemple), soit un degré de réflexion (2ᵉ exemple), qui ne sont pas indiqués dans le quatrième exemple.

Je souffre, je jouis, je perçois une couleur, un son, le froid, le chaud, je désire, j'aime, je juge, je raisonne, je forme tel projet, telle résolution : ce sont des faits de conscience.

Dans ces divers exemples, nous relevons un terme commun : le sujet, *je*. Je me brûle la main au contact d'un fer rouge; je souffre. En disant : je souffre, je me distingue du fer rouge, qui a causé ma souffrance, et de tous les objets environnants. Mon œil est impressionné par un objet de couleur verte; je perçois une tache verte. Là encore, je me distingue de l'objet qui m'a impressionné, bien que je rapporte cette impression à la cause extérieure qui l'a déterminée.

Un fait de conscience est donc, en général, caractérisé par cela même que je le rapporte à un *moi* distinct de tout ce qui lui est extérieur, le *non-moi*. On appelle généralement la conscience, ce *sentiment du moi*, opposé au non-moi. Cela ne signifie pas que cette distinction du moi et du non-moi soit toujours bien nette et précise.

Distinction entre les phénomènes psychologiques et les phénomènes extérieurs. — Le petit enfant ne se distingue du monde extérieur qu'à la suite de nombreuses expériences. Ses sensations sont d'abord vagues, confuses ; il ne se sépare pas d'elles, ni des objets environnants qui les déterminent, il est plongé, noyé dans le milieu qui l'enveloppe.

Peu à peu, son corps, qui se déplace, qui s'éloigne ou se rapproche des objets, qui éprouve des sensations de résistance et d'effort, est la base d'une première série d'expériences par où il apprend à opposer les objets qui l'environnent, causes de son plaisir ou de sa douleur, à son propre corps qui jouit, qui souffre, et qui se meut.

Mais voici une autre distinction qui apparaît ensuite. Le corps lui-même fait partie de l'espace, et, en ce sens, nous arrivons à le concevoir comme extérieur à nous-mêmes. Mes membres que je vois, que je touche avec ma main, ma main elle-même, ne sont pas ce *moi* qui sent, qui aime, qui pense, qui désire et veut. On peut insensibiliser mon bras, et alors si on le pique, si on le coupe, je ne sentirai rien ; mon bras sera vis-à-vis de moi comme un corps étranger qu'on piquerait, qu'on couperait. L'idée du moi ne résulte donc plus ici de l'opposition de notre corps aux objets extérieurs, mais de la distinction entre notre corps même et le système de ces états de conscience directement aperçus par nous et par nous seuls, insaisissables aux sens externes.

Distinction entre les phénomènes psychologiques et les phénomènes physiologiques. — Je me coupe le doigt, j'éprouve une sensation douloureuse. Par des anesthésiques, on insensibilise mon bras et ma main tout entière : qu'alors on me coupe le doigt, je n'éprouve aucune sensation. La coupure a bien encore amené un changement dans l'état de mon corps ; mais la sensation douloureuse, le fait de conscience a disparu. Cette sensation avait pour condition (la cause extérieure étant donnée) un certain état du système nerveux (état détruit par l'anesthésique); le processus nerveux, voilà le phénomène physiologique; il peut être objet d'observation pour le physiologiste. Mais la douleur éprouvée n'est perçue directement que par la personne qui l'éprouve.

Le phénomène physiologique n'est pas nécessairement connu de la personne en qui le phénomène se passe : je ne sens pas circuler mon sang; mais il peut être objet d'observation par le moyen des sens. Le *phénomène psychologique est essentiellement subjectif;* il n'est pas connu par l'intermédiaire des sens. Au regard de la conscience, les faits physiologiques sont extérieurs, au même titre que les autres phénomènes de la nature.

Le moi et la conscience réfléchie. — « Chacun de nous, écrit W. James, à l'état de veille (et souvent pendant le sommeil), a toujours quelque conscience de lui-même. C'est comme un fleuve, une succession d'états de conscience, de flots, de vagues, de *champs de connaissance* (vous pouvez donner le nom que vous voulez), de sensations, de désirs, de délibérations, etc., qui passent et repassent constamment et qui constituent notre vie intérieure... Le premier fait général est donc celui-ci : *nous avons des états de conscience;* le second : ces champs de conscience sont toujours complexes dans la réalité. Ils renferment des sensations de notre corps et des objets environnants, des souvenirs d'expériences passées, des pensées d'objets éloignés, des sentiments de satisfaction et de mécontentement, des désirs, des aversions et d'autres états émotionnels, coexistant avec des déterminations de la volonté et capables de toutes les variétés de combinaisons et de changements... Dans presque tous les états de conscience, il existe un foyer; mais si l'on regarde avec soin, il y aura toujours autour de ce foyer, à la périphérie, une marge ou une pénombre de sensations, d'émotions, de pensées, etc... Dans les changements successifs des champs de conscience, le processus par lequel l'un d'entre eux se transmute en un autre est souvent très graduel. On trouve toutes les variétés d'arrangements intérieurs de leur contenu. On voit, par exemple, le foyer demeurer sans altération et la marge se transformer rapidement. Quelquefois, au contraire, le foyer s'altère, tandis que la marge demeure; ou bien encore le foyer et la périphérie prennent la place l'un de l'autre et il peut arriver aussi que des changements brusques du champ tout entier se produisent. »

Notre vie intérieure nous apparaît donc à nous-mêmes comme une masse perpétuellement mouvante de sensations, d'émotions, de pensées, de sentiments, de volitions, qui sont autant d'aspects, de manières d'être de notre *personne*. Dans l'univers, nous faisons deux parts essentiellement distinctes : notre *moi*, et tout ce qui n'est pas lui, le *non-moi*. Ce moi, auquel nous rapportons nos sensations, nos émotions, nos pensées, nos sentiments, nos volitions, se présente à nous comme quelque chose de permanent, de continu, à travers ses multiples transformations.

Rien ne nous intéresse plus que ce *moi*, qui, pour chacun de nous, se détache au centre de l'univers. Bien plus : nous ne connaissons ce qui nous entoure qu'à travers notre *moi*. Cet objet, qui est devant mes yeux, cette table, je ne la connais que par les sensations de couleur, de forme, de résistance qu'elle me procure. Quant aux autres personnes, je leur attribue des sensations, des émotions, des désirs, des volitions, analogues aux miens ; je les vois à travers ma propre conscience.

Mais cette connaissance que nous avons de nos états de conscience est plus ou moins claire, plus ou moins nette, plus ou moins complète. Nos sensations sont souvent confuses : un objet frappe notre vue ; nous le percevons dans son ensemble sans conserver le plus généralement une impression bien nette de sa forme, de sa couleur, des particularités même les plus saillantes de sa structure. Nous éprouvons de vagues malaises. Nous ne savons pas toujours exactement ce que nous désirons. Dans la complexité de nos sentiments, nous ne démêlons pas toujours clairement nos sympathies, nos aversions, nos rancunes, nos haines, ni les raisons qui les motivent. Si l'on nous interrogeait sur les mobiles de certains de nos actes, nous serions parfois bien embarrassés de répondre.

Enfin, ce *moi*, qui nous apparaît comme permanent et continu, quel est-il ? En quoi est-il toujours semblable à lui-même ? Quels sont ses caractères distinctifs ? Autant de questions qui se posent. Nous ne nous connaissons guère nous-mêmes.

Par la *réflexion*, nous pouvons éclaircir cette connaissance vague, confuse et incomplète. Poser les questions que nous venons d'indiquer, c'est déjà réfléchir. *La réflexion est comme un regard tourné vers soi.* Ces états de conscience qui, par eux-mêmes, sont essentiellement fugitifs et changeants, deviennent pour nous un objet d'étude. Nous les retenons au passage pour les noter, pour suivre leurs transformations et en expliquer la succession. *Cette attitude de la conscience qui se propose à elle-même pour objet d'étude, c'est l'analyse psychologique.*

Utilité de la réflexion et de l'analyse psychologique et leurs dangers. — Il n'est rien de plus important pour l'homme que de se connaître lui-même et de développer sa vie intérieure. Le plus souvent, distraits par la vie du dehors, nous vivons en surface, nous nous arrêtons à la forme extérieure de nos actes, ou bien nous nous regardons dans le miroir de l'opinion ; nos sentiments mêmes et nos pensées ne nous appartiennent pas en propre ; nos actions sont livrées aux impulsions les plus contradictoires, aux influences, aux entraînements du dehors ; — se connaître, c'est discerner, à travers les multiples apparences, ce qu'il y a de permanent en soi, ses tendances dominantes, le courant habituel de ses désirs et de ses pensées, les ressources d'intelligence et de volonté dont on dispose. Sans cette connaissance, nous ne pouvons nous tracer une ligne de conduite, notre vie est abandonnée au hasard. C'est une condition nécessaire du perfectionnement moral.

La connaissance de soi éclaire et redresse la connaissance que nous avons d'autrui. Il faut, en effet, une certaine expérience morale pour discerner les sentiments des autres. S'il est plus facile en un sens de connaître son prochain que soi-même, le jugement que nous portons sur nos semblables risque, d'autre part, d'être trop hâtif, trop absolu et trop sévère, si nous nous abusons sur nous-mêmes.

Cependant la réflexion et l'analyse morale ont aussi leurs abus. La réflexion qui suspend trop longtemps l'action est stérile ; elle fait l'indécision, la timidité dans l'acte, l'impuissance d'agir. L'analyse morale peut être poursuivie pour elle-même, pour la jouissance intellectuelle qu'elle procure. Elle devient alors le dilettantisme : elle dessèche l'âme, détruit la spontanéité, exalte ou altère les sentiments.

Réfléchir, s'examiner, vivre d'une vie intérieure, se connaître soi-même, comme disait Socrate, c'est donc bien la condition de la vie morale ; mais il ne suffit pas de se connaître pour bien agir ; il faut encore avoir la volonté du bien. L'étude de soi, dominée par cette bonne volonté, est le principe de la moralité.

L'analyse morale et la science psychologique. — Les femmes, les jeunes filles sont assez souvent portées à analyser leurs sentiments, à décrire leurs *états d'âme* ; elles le font avec plus ou moins de finesse, de clairvoyance et de sincérité ; mais elles s'y complaisent généralement. Expliquer les mobiles vrais ou supposés d'un acte, décrire un sentiment, rechercher comment il a pu naître et se développer, c'est faire de l'analyse psychologique. Dans la littérature, étudier le caractère d'un héros de Corneille ou de Racine, suivre dans un drame l'évolution d'une passion, c'est faire une description psychologique. Les orateurs religieux, un Bossuet, un Bourdaloue; les moralistes, un La Rochefoucauld, un La Bruyère, nous présentent dans leurs œuvres des analyses morales.

La psychologie étudiée comme science est autre chose qu'une simple description ; mais l'analyse morale la prépare et lui fournit des éléments d'étude ; elle est une de ses sources. Le point de départ de la psychologie est, en effet, l'observation intérieure.

De quelle façon les faits de conscience peuvent-ils être objet de science ? Les faits de conscience, considérés en eux-mêmes, sont essentiellement subjectifs, donc individuels et particuliers. Or, il n'est pas de science du particulier. Mais nous pouvons déjà remarquer que, dans l'observation des phénomènes physiques, l'objet immédiat de l'étude c'est bien le fait extérieur que tout le monde peut constater ; toutefois, ce fait, nous ne le voyons qu'à travers la sensation, c'est-à-dire à travers notre conscience. Ce qui existe pour moi peut fort bien ne pas exister de la même façon pour autrui : il n'est besoin que de rappeler les variations individuelles des sensations colorées (daltonisme). C'est par un contrôle mutuel des données sensibles individuelles que l'on arrive à dégager, à travers des variations nombreuses, une donnée générale, admise comme vérité. Il en est de même pour les données psychologiques. La diversité multiple des faits de conscience constitue d'ailleurs une riche matière qui est l'objet même de la recherche du psychologue, comme la multitude des variétés botaniques ou zoologiques est l'objet des recherches du naturaliste.

Le psychologue, comme le naturaliste, se propose d'établir une classification. — Pour y atteindre, il analyse les faits observés, en distingue les caractères et les aspects, et détermine enfin les lois qui régissent la liaison des phénomènes et leur action réciproque.

Intérêt de l'étude de la psychologie. — L'étude de la psychologie comme science a son intérêt propre, en ce qu'elle est, de même que toute autre science, une recherche de la vérité. Mais elle a une utilité pratique pour l'éducation de soi-même et des autres. La connaissance générale de la nature humaine nous aide, en effet, à nous mieux connaître : elle précise et relie nos expériences morales personnelles, et nous permet de les interpréter avec plus de sûreté, de les expliquer, de les étendre. L'étude de la psychologie nous fournit une méthode plus rigoureuse d'investigation, et elle aiguise nos facultés d'analyse. Enfin, la connaissance des lois psychologiques est indispensable pour que nous nous formions un idéal humain, qui soit en rapport avec nos forces.

Utile pour l'œuvre de notre propre perfectionnement, elle est nécessaire à tout éducateur et à toute mère de famille.

Il ne faudrait pourtant pas confondre le point de vue de la morale avec celui de la psychologie. La psychologie étudie *ce qui est*, non ce qui *doit être* ; elle ne porte sur les faits aucun jugement de valeur, ce qui est l'affaire de la morale. « Elle regarde les phénomènes psychiques, dit Höffding, comme des phénomènes naturels, et les étudie tous avec le même calme et la même impartialité. »

Toujours préoccupés d'exactitude et de vérité, nous dirigerons néanmoins notre étude en vue de préparer les voies à la morale et à l'éducation. C'est dire que nous ne nous arrêterons guère aux recherches de la psycho-physiologie, dont les résultats sont encore incertains et ne peuvent que fort peu nous éclairer la nature intime des phénomènes psychologiques. Nous ne nous aventurerons pas non plus dans les hypothèses et les théories de la psychologie métaphysique.

RÉSUMÉ

La psychologie est la science qui a pour but d'étudier les faits de conscience et d'en déterminer les lois.

Le mot conscience a plusieurs sens. Il faut distinguer la conscience morale *et la* conscience psychologique. *Au sens psychologique, la conscience est la connaissance immédiate d'un phénomène intérieur, qui est caractérisé par cette connaissance même. On appelle généralement la conscience le* sentiment du moi, *opposé au non-moi. La réflexion y entre pour une part plus ou moins grande.*

L'opposition du moi au non-moi est la source de la distinction entre les phénomènes psychologiques et le monde extérieur. Le phénomène physiologique peut être étudié par l'observation des sens; le phénomène psychologique est essentiellement subjectif. La réflexion, ou analyse psychologique, est une attitude de la conscience qui se propose à elle-même pour objet d'étude.

La connaissance de soi est la condition de la vie morale et du perfectionnement intérieur. La psychologie étudiée comme science éclaire et facilite la connaissance de soi.

CHAPITRE II

Le Conscient et l'Inconscient.

Degrés de la conscience. — Nous avons dit que l'objet de la psychologie est l'étude des faits de conscience. Mais nous avons déjà noté que les états de conscience peuvent être plus ou moins clairs ; quelques-uns sont si vagues et si confus qu'à peine pouvons-nous les apercevoir. Il y a des degrés de conscience. Dans le langage courant, nous parlons même de sentiments inconscients.

Une première distinction a été faite, au chapitre précédent, entre deux emplois du mot conscience : *la conscience spontanée*, qui ne désigne pas autre chose que les états de conscience eux-mêmes, et la *conscience réfléchie*, ou *conscience de soi*, qui est un reploiement de la conscience sur elle-même, et qui a pour condition *l'attention*. Tel objet frappe ma vue ; je remarque sa forme, sa couleur, etc..., je cherche à me rendre compte des qualités de cet objet, de sa structure, de sa destination. Il devient pour moi un sujet d'étude. Si, au contraire, je me demande comment cet objet a pu retenir mon attention, pourquoi je m'y intéresse, de quelle façon mes idées s'enchaînent à propos de cet objet, c'est moi-même, c'est ma pensée qui devient le sujet de mon étude : telle est la conscience réfléchie. C'est là un stade de la vie psychologique qui est parfaitement inconnu à l'enfant et à l'homme primitif.

Mais, dans le tissu de la vie journalière, parmi nos états de conscience, que nous pourrions appeler primaires, pour les distinguer de la connaissance que nous en prenons par la méditation, il en est qui se détachent nettement sur la masse des autres, plus ou moins atténués et noyés dans la pénombre. Je marche dans la rue, des objets très divers se présentent à mes yeux ou frappent mes oreilles : je coudoie des passants, je vois des magasins, des voitures circulent ; mais rien n'arrête mon attention ; tout à coup un cri strident se fait entendre à côté de moi : je regarde pour en connaître la cause. — Pendant que je lis, le sommeil s'empare de moi ; je m'obstine à continuer ma lecture : mots et phrases passent, mais je n'en distingue pas nettement le sens ; voilà qu'un mot m'arrête, et la conscience me revient ; elle existait donc à l'état vague.

Est-il légitime de parler d'idées, d'émotions, de perceptions, de sentiments inconscients ? Y aurait-il donc, pour ainsi parler, une conscience inconsciente ? Ce serait une contradiction dans les termes et une telle expression, prise à la lettre, n'aurait pas de sens. Cependant jusqu'où s'étend le domaine de la vie psychologique ? s'arrête-t-il où s'arrête le domaine de la conscience ? Et ce domaine lui-même, comment en déterminer les limites ?

Caractères et conditions de la conscience. — Le fait de conscience, par sa nature, s'oppose aux phénomènes matériels et aux phénomènes physiologiques, bien qu'il soit intimement lié à la vie corporelle et au fonctionnement du système nerveux. Il est impossible de le décrire en lui-même et de le figurer ; mais puisque nous avons vu qu'il est susceptible de degrés, c'est qu'il présente certains caractères généraux auxquels on peut le reconnaître.

Nous faisons, en effet, les remarques suivantes :

Conditions psychologiques. — 1° *L'uniformité affaiblit la conscience et tend à la supprimer.*

2° *Le changement, au contraire, produit un réveil de la conscience ; l'opposition la renforce.*

3° *D'autre part, la conscience résulte d'une connexion d'états simultanés et successifs.* Nous ne pouvons imaginer un état de conscience qui surgirait isolé ; il se détache sur une trame continue, mais ne s'en sépare pas.

4° Tout état interne dure et par conséquent *la conscience suppose une mémoire élémentaire.*

Ainsi la conscience est à la fois *activité de synthèse et de discrimination*. Cette activité existe avant même que nous la remarquions en nous. Dans chaque état, une multiplicité d'éléments se trouvent liés en une unité ; mais ce n'est qu'après coup, par réflexion et par raisonnement, que nous prenons conscience de l'activité même qui opère la liaison. Kant appelait l'activité synthétique de la conscience « une fonction aveugle, quoique indispensable de l'âme, sans laquelle nous n'aurions absolument aucune connaissance, mais dont nous ne prenons vraiment conscience que rarement ».

C'est cette activité propre de la conscience qui est l'objet de la psychologie ; c'est là ce qu'on appelle le psychique ou la vie psychologique. Dès lors, on comprend que le domaine psychologique s'étende plus loin que le domaine propre du conscient. La psychologie cherche à découvrir dans le subconscient, jusqu'à ce qu'on appelle la *conscience limite*, les sources mêmes de la conscience. Le psychologue ne peut pas étudier ce qui est inconscient ; mais, par l'attention et par l'habitude de l'analyse, on peut pénétrer de plus en plus dans le domaine du subconscient.

Conditions physiologiques de la conscience. — Tout tissu vivant est excitable et répond aux excitations extérieures par des réactions, des *réflexes* ; un réflexe est un effort d'adaptation au milieu ; un organisme ne peut subsister qu'à cette condition de s'adapter. Au bas de l'échelle de la vie, l'adaptation ne se fait que par le pur automatisme des réflexes. Plus l'organisme se différencie, plus les adaptations doivent être nombreuses et variées ; alors le système nerveux se développe ; c'est à lui que revient essentiellement le rôle de combinaison et d'organisation. A mesure que la vie s'élève, la part de spontanéité dans les réactions de l'être devient de plus en plus grande ; la vie consciente apparaît et s'accroît. La conscience semble donc bien l'épanouissement supérieur de la vie, mais elle s'appuie sur la vie organique.

1° *Les phénomènes de conscience ont pour condition le fonctionnement régulier et normal du système nerveux et spécialement du cerveau*. Toute perturbation du système nerveux, tout affaiblissement physiologique qui retentit sur l'activité cérébrale (l'anémie par exemple), entraîne une altération ou une diminution de la vie consciente. Les médecins psychologues, et en particulier ceux qui soignent les maladies nerveuses, ont fait des observations et des expériences nombreuses sur ces altérations.

2° Pour qu'une excitation donne lieu à un état de conscience, il faut qu'elle présente *un minimum d'intensité et de durée*. Par exemple, un son très faible n'est pas perçu. Nous ne voyons pas dans son passage rapide une balle lancée avec une rapidité vertigineuse.

On a pu mesurer l'intensité minima et la durée minima des excitations extérieures qui déterminent la sensation. C'est l'objet des recherches de la *psycho-physique*. Mais de tels phénomènes sont soumis à de nombreuses variations individuelles.

D'ailleurs, la physiologie sait encore très peu de chose sur le fonctionnement de l'activité nerveuse.

En résumé, la conscience a dû commencer par un étonnement, plutôt douloureux qu'agréable, devant une excitation qui rompt l'équilibre organique. Il semble qu'elle soit d'abord, chez l'enfant, une suite d'impressions, de sensations plus ou moins vives. Peu à peu les états de conscience se fusionnent, et alors commence véritablement la vie consciente, avec le sentiment d'un moi permanent. Dans la multiplicité des états soumis à un perpétuel changement, nous apparaît la continuité de l'activité consciente qui les relie entre eux. Inversement, la dissolution de la conscience résulte d'une sorte de brisure dans cette continuité du moi; c'est une désorganisation.

Mais si les sensations sont déterminées par des changements d'état, ces changements ne sont jamais absolument brusques, les états de conscience qui se détachent sur le fond des sensations confuses nous apparaissent liés à l'ensemble de notre vie psychologique. Bien plus, tout ce que nous sommes à un moment donné prête une couleur particulière à ces états distincts, si bien que l'on peut dire que deux sensations produites par le même objet ne sont jamais absolument semblables.

L'inconscient et la vie psychologique. — On a comparé la vie consciente à un courant, voulant ainsi marquer sa continuité. En réalité, dans ce courant, se fondent divers courants. Les agitations qui apparaissent à la surface, sous la double action et réaction de l'atmosphère ambiante et du milieu intérieur, montent parfois d'un abîme profond et sont préparées par un travail lent et obscur.

Certains états de conscience résultent d'une longue fermentation sourde, dont rien ne nous avertissait. Ainsi, après avoir abandonné momentanément la recherche d'un problème, nous sommes surpris, quelques jours après, d'en voir surgir tout à coup la solution dans notre esprit. Le travail conscient a donc été continué par une activité latente. Nos idées s'organisent, nos opinions se transforment peu à peu sous l'influence de la vie, sans que nous intervenions par la réflexion. — Un grand nombre de nos sensations ou de nos intuitions sensibles, que nous croyons simples, sont en réalité le produit de la combinaison inconsciente de différentes impressions : ainsi l'intuition de l'étendue. — Nos actions révèlent souvent des sentiments ignorés de nous-mêmes. L'autorité des principes qui nous servent de règles d'action ne nous vient pas toujours de leur valeur propre, mais de l'ascendant des personnes qui nous les ont inculqués. — Si nos idées n'ont souvent que peu de force impulsive, c'est qu'à côté d'elles demeurent en nous des sentiments inconscients, irraisonnés, des atavismes qui agissent à la façon d'un pouvoir d'arrêt. — Nos sentiments naissent sans que nous nous en doutions; c'est seulement quand ils ont déjà pris une place en nous, que nous nous apercevons de leur présence. — Dans le rêve, les courants de la pensée obscure de la veille se poursuivent et s'entremêlent ; de là l'incohérence des rêves. Enfin, comment expliquer que des souvenirs longtemps oubliés, réapparaissent tout à coup dans l'esprit?

Il s'établit une sorte de lutte entre nos états de conscience : la pensée est à la fois une sélection et un rythme. Cette sélection se fait soit spontanément, d'après *une loi d'intérêt* qui a sa source dans notre nature, soit par l'intervention de la volonté, qui dirige l'attention vers une fin choisie. Cette loi d'intérêt apparaît nettement dans le réveil, quand celui-ci est déterminé par une excitation très faible mais en rapport avec nos préoccupations : ainsi la mère qui s'éveille au moindre mouvement de l'enfant.

Ce que les analyses précédentes nous permettent surtout d'établir, c'est la parfaite continuité de la vie mentale. Par des degrés insensibles, nous descendons de la vie consciente vers la vie inconsciente. Grâce à la réflexion, nous étendons de plus en plus

le champ de la conscience. Mais la physiologie ne nous permet pas
d'expliquer comment avec de l'inconscient on obtient le conscient.
L'inconscient est ainsi une hypothèse, qui nous est suggérée par
la notion de causalité, quand nous nous replions sur nous-mêmes.
« L'inconscient est une notion-limite de la science... Le monde de
l'esprit est pour nous comme un fragment, en comparaison du
monde physique. » (Höffding.)

RÉSUMÉ

La conscience a des degrés, elle est plus ou moins claire ou précise.
  On distingue d'abord la conscience spontanée, *qui désigne les états
de conscience eux-mêmes, et la* conscience réfléchie, *qui est un replie-
ment de la conscience sur elle-même.*
  *Parmi les états de conscience spontanés, il en est qui sont clairs et
précis, d'autres qui sont vagues et confus. On parle même de sentiments inconscients.*
  *La conscience a pour condition le fonctionnement normal du sys-
tème nerveux et en particulier du cerveau. Elle a pour caractère
essentiel d'être à la fois* activité de synthèse et de discrimination.
  *Il y a une remarquable continuité dans les phénomènes de la vie, et
les phénomènes de conscience se préparent et germent dans la vie
inconsciente. La réflexion amène devant la lumière de la conscience un
grand nombre d'états subconscients.*

CHAPITRE III

Méthode de la Psychologie.

Observation intérieure. — Les faits psychologiques ont pour caractère essentiel d'être connus directement sans l'intermédiaire des sens. Le moyen d'investigation dont dispose la psychologie est l'observation intérieure, qu'on appelle encore l'*introspection*, pour l'opposer à l'observation extérieure par les sens, qui est l'instrument d'investigation propre aux sciences de la nature.

Mais deux questions se posent : comment faire cette observation? comment s'en servir?

Ses difficultés. — Dès qu'on y réfléchit, on aperçoit une première difficulté. Le phénomène de conscience *ne se présente pas dans l'espace,* sous la forme de l'étendue. Il *existe dans le temps,* mais il se transforme sans cesse : il *est essentiellement instable ;* cela résulte de la loi même de la conscience, qui n'existe que sous la condition du changement. J'éprouve un plaisir à l'annonce de telle nouvelle heureuse; mais diverses images, diverses pensées se succèdent dans mon esprit, faisant varier mon émotion d'une façon étonnamment mobile. Divers courants se croisent : comment démêler les faits dans cette complexité? Car l'attention ne peut pas se porter sur plusieurs objets à la fois De plus, *l'observation est un dédoublement* : j'éprouve de la pitié, voilà le fait que je veux observer; il faut donc que je porte mon attention sur ce sentiment qui s'est produit en moi spontanément. Mais, pendant que je l'observe, ne va-t-il pas s'évanouir ou se déformer? Il est bien vrai qu'il y a là un danger; il faut craindre que la conscience ne modifie l'importance relative des éléments de la réalité.

Nous avons déjà dit que la marche de la conscience ressemble à un *rythme*. « Il semble, dit W. James, que la conscience, tel un oiseau, vole et se perche tour à tour. » Il appelle états substantifs ceux où la pensée se pose, et états transitifs ceux où la pensée vole. Ce sont ces états transitifs qui sont les plus difficiles à reconnaître par l'introspection. « Ils ne sont, dit encore W. James, que des vols vers une conclusion, et cela même les rend insaisissables : les arrêter en plein élan, c'est les anéantir; attendre qu'ils aient atteint la conclusion, c'est attendre que cette conclusion les éclipse, dévore en son éclat leur pâle lueur, et les écrase de sa masse solide. »

Cependant, si ces difficultés sont réelles, elles ne sont pas insurmontables. Elles montrent les grandes précautions que l'on doit apporter dans l'introspection, la grande sincérité surtout. D'abord, *le souvenir vient en aide à l'introspection*. C'est la mémoire qui nous représente les divers moments de la conscience dans leur succession. C'est la mémoire encore qui fait réapparaître les phénomènes passés devant le regard de l'observateur. *Nous passons, suivant un rythme, de l'état de conscience simple à la conscience de notre personnalité.* Plus l'esprit a de souplesse pour passer de l'état simple à l'état secondaire, plus l'analyse psychologique est pénétrante et fine.

Observation des autres. — L'analyse individuelle pourrait s'égarer s'il ne nous était pas possible d'étudier les autres, et de comparer ce que nous éprouvons à ce qu'ils éprouvent. C'est par cette comparaison que nous arrivons à discerner ce qu'il y a d'essentiel et de général dans notre vie psychologique, de même que pour la connaissance des choses extérieures nous nous entendons en fondant nos perceptions sur une moyenne mesure, adoptée comme la normale. Malgré les différences individuelles, qui sont en nombre infini, il existe cependant des caractères communs généraux, qui permettent de dégager des lois, et cela résulte d'une ressemblance de nature entre tous les hommes, ressemblance qui s'étend même, pour les lois les plus générales, aux phénomènes élémentaires de conscience observés chez les animaux supérieurs.

Mais la connaissance des autres se fonde elle-même sur la connaissance de soi, puisque deux consciences sont impénétrables l'une à l'autre. C'est par ce que nous savons de nous-mêmes, que nous interprétons, par voie d'analogie, les signes des émotions d'autrui, la physionomie, les gestes, les paroles et les actes. Nous construisons toujours plus ou moins l'image des autres d'après notre propre image.

Sources d'information. — L'observation psychologique externe est donc indispensable. C'est d'abord l'observation de ceux qui nous entourent, observation qui sera d'autant plus féconde qu'elle s'étendra davantage, et qu'elle portera sur une plus grande variété d'individus. L'observation de l'enfant et celle du malade seront particulièrement précieuses.

C'est ensuite l'*histoire*, la *littérature*, l'*art*. L'étude des *langues*, des *religions*, des *mœurs* et des *institutions politiques* apportera un appoint à la *psychologie sociologique*. « La psychologie sociologique ou comparée, dit Höffding, a pour matière la vie des animaux, celle des enfants et des sauvages, l'histoire générale de l'humanité, les poèmes et les biographies. Elle peut donc se partager en une foule de branches (psychologie de l'enfant, de l'animal, des peuples, du langage, de la littérature, etc...) qui toutes aboutissent à mettre en lumière le vaste enchaînement historique au sein duquel la conscience individuelle se développe.... La manière dont les pensées et les sentiments se forment à un moment donné dans l'individu humain n'est pas seulement conditionnée par son organisation primitive héréditaire, mais encore par l'atmosphère historique de civilisation dans laquelle il se développe. »

Enfin le psychologue s'instruit des *découvertes du biologiste*, puisque les faits psychologiques sont étroitement liés aux phénomènes physiologiques. Nous avons vu, en effet, qu'on a été amené à contrôler quelques-unes des lois générales de la psychologie par des observations et des expériences physiologiques.

Expérimentation. — Comme les autres sciences, la psychologie a recours à l'expérimentation. L'expérimentation permet de reproduire à volonté le phénomène pour le mieux observer, de le décomposer et de le recomposer, d'en faire varier les circonstances, et par là de mettre en évidence les rapports précis que les faits soutiennent entre eux.

Mais on comprend que l'expérimentation psychologique présente des difficultés particulières et que son rôle soit assez limité.

Il y a d'abord une sorte d'*expérimentation vague* que l'on peut faire sur soi-même ou sur les autres. Par exemple, je veux étudier les caractères de l'attention : je pourrai reproduire à diverses reprises, en variant les détails, un acte d'attention. Ou encore, je veux déterminer les lois de l'association des idées : je ferai apprendre par cœur à plusieurs sujets, ou à un seul sujet, à des moments différents, un certain nombre de mots, de chiffres, de vers, en recourant à des procédés variés. Je provoquerai ensuite des évocations associatives, toujours en variant l'expérience.

Mais les psychologues font aujourd'hui des *expériences plus précises*, d'un caractère scientifique plus marqué. Ce sont les expériences de *psycho-physique* et de *psycho-physiologie* dont nous avons déjà dit un mot.

L'*hypnotisme* est un procédé d'expérimentation psychologique très précieux et dont l'emploi scientifique, bien que récent, a déjà donné des résultats très remarquables. Enfin, les *cas pathologiques* constituent une véritable expérimentation naturelle.

Interprétation. — Des faits observés, comment s'élever à des lois ? Comment les interpréter ?

Il faut tout d'abord les *analyser* pour en discerner les éléments. Il faut ensuite rechercher comment ces éléments se retrouvent dans les différents cas particuliers, comment ils se combinent et, en se combinant, permettent le passage d'un état de conscience à un autre. On procède par *induction*, comme dans les sciences de la nature ; mais ici la généralisation des rapports observés n'a pas le même caractère, parce que, dans les faits psychologiques, la spontanéité a une part beaucoup plus grande, et que les rapports étudiés portent sur des faits infiniment plus complexes.

On conçoit donc que les lois psychologiques soient d'autant plus rigoureuses que les phénomènes étudiés sont plus élémentaires : telles sont les lois qui énoncent des rapports entre une cause physique et un phénomène psychologique (exemple : intensité minima de l'excitation donnant lieu à une sensation), ou encore, mais à un moindre degré, les lois énonçant des rapports entre un phénomène physiologique et un phénomène psychologique. Les lois psychologiques pures et les lois de la psychologie sociologique sont beaucoup moins rigoureuses.

RÉSUMÉ

La méthode de la psychologie est essentiellement l'observation intérieure.

L'observation des phénomènes psychologiques est difficile, parce que le fait de conscience se présente dans le temps et non dans l'espace ; il est instable et changeant ; pour l'observer, la conscience doit se dédoubler. Mais la mémoire et le rythme même de la conscience rendent possible l'observation intérieure.

L'observation de soi est la condition de la connaissance des autres ; mais elle se complète par l'étude d'autrui, dans l'expérience, dans l'histoire, dans la littérature. Il y a une psychologie sociologique qui étudie l'homme social. La psychologie puise aussi des informations dans la biologie.

Le psychologue recourt à l'expérimentation comme le naturaliste (psycho-physique, psycho-physiologie, cas pathologiques, etc.).

Le psychologue analyse les faits pour en déterminer les caractères et par induction il en découvre les lois.

CHAPITRE IV

Différents aspects de la vie de l'âme.

L'analyse psychologique cherche à découvrir les éléments de la conscience. Pour avancer dans cette étude, il est nécessaire de procéder à une classification. Une classification rationnelle ne peut s'établir avant que l'on ait réuni un très grand nombre de données. En histoire naturelle, la classification scientifique n'a été établie qu'à la fin du dix-huitième siècle. En psychologie, la difficulté est, en un sens, plus grande, car les faits sont infiniment plus complexes, et ils se mêlent si intimement qu'il est difficile d'en considérer à part les éléments. Toute classification psychologique est donc nécessairement le résultat d'une abstraction.

Classification vulgaire. — Dès l'antiquité, on a essayé de classer les faits psychologiques. La langue courante témoigne d'une distinction vulgairement établie, par l'emploi des mots : cœur, caractère, esprit.

Par le mot *cœur*, on comprend habituellement les inclinations et les sentiments, ou encore l'émotivité. Telles sont les expressions : *qualités du cœur, mauvais cœur,* ou *bon cœur, parler au cœur.*

Il est difficile de définir le mot *caractère*, à cause des nombreux sens que la langue lui donne. Dans son acception la plus habituelle, il désigne les qualités distinctives d'une personne, tout particulièrement les qualités de la sensibilité : caractère gai ou triste, aimable ou acariâtre, etc.

Cependant le mot caractère s'oppose parfois au mot cœur.

Ainsi on dit : *avoir du caractère*, c'est-à-dire une volonté ferme et énergique.

Quand on veut caractériser pleinement une personne, on ne s'arrête pas seulement aux qualités du cœur, mais on parle de sa puissance de volonté et aussi de ses aptitudes intellectuelles. Lorsqu'on dit de quelqu'un : c'est *un caractère*, on entend par là que cette personne a une personnalité forte, qu'elle est indépendante dans ses idées et dans ses actions.

Le mot *esprit* a aussi divers sens. Par exemple, quand on parle des qualités de l'esprit, on désigne l'ensemble des qualités et des aptitudes intellectuelles d'une personne.

Mais on réserve le mot esprit dans certains cas pour indiquer cette disposition particulière de l'intelligence à saisir vivement certains rapports plus ou moins imprévus entre les choses ou les idées. (Cette personne a *de l'esprit*, ou elle est *spirituelle*.)

L'usage même de ces mots prouve que si, dans le langage courant, on fait une distinction entre les faits de l'ordre de la sensibilité, de l'intelligence et de la volonté, du moins cette distinction n'est pas très nette. Et cela même ne nous indique-t-il pas qu'il y a une solidarité étroite entre tous les faits de conscience et leurs éléments ?

Classification des psychologues. — La classification vulgaire correspond à celle que les psychologues adoptent aujourd'hui. On distingue : des faits de *sensibilité*, des faits *d'intelligence* et enfin de *volonté*.

Mais il s'agit de s'entendre sur la signification que l'on donne à une telle classification des faits ; il faut se demander à quel point de vue on se place pour l'établir.

Certains philosophes ont considéré les phénomènes psychologiques comme les effets d'une cause première, l'*âme* ; à l'âme on attribuait plusieurs puissances ou énergies, qui donnaient lieu chacune à un ordre spécial de faits. Par exemple, comme les corps ont des propriétés chimiques, comme les organes ont diverses fonctions distinctes, l'âme aurait trois facultés différentes. Une telle théorie n'explique vraiment pas les faits du point de vue strictement psychologique ; dire : l'homme *pense*, parce qu'il a *la faculté de penser*, c'est ne rien expliquer du tout. D'autre part,

elle a le grand inconvénient de faire oublier que les faits psychologiques sont complexes, se pénètrent mutuellement, et que la
vie consciente se développe d'une façon continue sous ses différents aspects.

Les phénomènes psychologiques n'offrent jamais dans leur
réalité complexe des caractères nettement marqués, permettant de
les grouper en divers ordres. Un sentiment n'est pas exclusivement
un fait d'ordre sensible ; des idées s'y attachent, et d'autre part il
détermine des volitions. Mais ne pourrait-on pas dire qu'il se
décompose en *éléments* et que ce sont ces éléments que l'on considère à part? Ce point de vue ne correspond pas non plus à la
réalité psychologique : un fait de conscience ne se décompose pas
comme un composé chimique. Nous avons vu que le caractère
essentiel de la vie consciente est de se présenter sous un double
aspect de différenciation et de synthèse. La vie psychologique ne
se décompose donc pas en éléments isolables ; le fait de conscience
se développe dans le temps, et il n'est ce qu'il est que par
l'ensemble des autres phénomènes psychologiques passés et présents. Il évolue, ce qui ne signifie pas qu'il se présente successivement sous des aspects nettement marqués ; à tous les moments de
son évolution, il est complexe.

Donc la distinction des faits psychologiques en plusieurs ordres
ne repose en aucune manière sur une donnée simple qui se présente à part dans la réalité, mais sur une abstraction.

Ce qu'on distingue, ce sont des aspects de la vie psychologique.
— Dans l'analyse psychologique, nous considérons spécialement tel
aspect du fait de conscience, qui est lui-même complexe, et présente des faces multiples. Il est bien vrai cependant que dans un
fait de conscience donné, un aspect prend une bien plus grande
importance que les autres ; ainsi, dans un sentiment, c'est bien
l'aspect de la sensibilité qui domine. Lorsqu'on suit l'évolution
du fait de conscience, il arrive que les divers aspects ont tour à
tour la prépondérance.

Ainsi, quoique la classification se fonde sur une abstraction,
elle correspond cependant à quelque chose de réel. A mesure que
la vie consciente se développe et s'élève, cette distinction apparaît
de plus en plus nettement. Chez le petit enfant, les aspects de la

vie de l'âme sont confus. Ils demeurent toujours plus ou moins confus chez les impulsifs ou chez ceux dont la vie morale et intellectuelle n'est pas développée. Mais ils se différencient chez les hommes qui ont une vie intérieure intense. D'autre part, certains aspects arrivent à prédominer selon les caractères individuels, comme l'indiquent, par exemple, les termes employés pour classer les caractères : on dit les *intellectuels*, les *sensitifs*, les *volontaires*.

Ce qu'il importait de bien voir, avant d'étudier séparément les différents aspects de la vie psychologique, c'était la multiplicité des faits et la complexité de la conscience.

Nous pouvons maintenant définir ce que nous entendons par les mots sensibilité, intelligence et volonté. La SENSIBILITÉ est l'ensemble des *faits affectifs*, le plaisir et la douleur, les émotions, les inclinations, les sentiments et les passions.

L'INTELLIGENCE est l'ensemble des *faits de connaissance*, par lesquels nous nous formons une image du monde extérieur et de nous-mêmes en tant que nous nous considérons comme une partie de l'univers connaissable.

La VOLONTÉ désigne les faits d'activité par lesquels nous réagissons sur le monde extérieur.

RÉSUMÉ

La langue courante discerne différents ordres de faits dans la vie psychologique, quand elle emploie les mots cœur, caractère, esprit. Ces mots n'ont pas un sens nettement délimité. Mais les faits psychologiques sont eux-mêmes très complexes ; ils se pénètrent mutuellement. Ils ne sont pas un composé d'éléments distincts ; mais on peut les étudier sous différents aspects, selon que certains caractères y prédominent.

C'est cette diversité d'aspects qu'on veut marquer par les trois mots sensibilité, intelligence, volonté, qui servent de base à une classification des faits de conscience.

CHAPITRE V

La Vie affective.

Les états affectifs. — La vie affective a été longtemps négligée par les psychologues ; on considérait le sentiment comme une sorte de connaissance confuse, et l'on rapportait à la vie physique les besoins relatifs au corps et les sensations qui en dérivent. C'est *Rousseau* qui a mis en lumière l'extrême importance de la vie affective dans l'ensemble des faits psychologiques. L'étude de la sensibilité est très complexe, et bien des points y demeurent encore obscurs.

La vie sensible ou affective se manifeste sous un double aspect : d'une part des états, des manières d'être de la conscience, par exemple le plaisir et la douleur, les émotions, les sentiments : ce sont les *états affectifs* ; d'autre part, des appétits, des désirs, des inclinations : ce sont les *tendances affectives*. Les tendances sont ce qu'il y a de plus profond en nous ; mais elles ne se manifestent que par la manière dont nous réagissons ensuite ; en un mot, elles se révèlent par les états affectifs. C'est pourquoi nous commencerons par étudier ceux-ci.

Plaisir et douleur. — Le plaisir et la douleur sont en quelque sorte le *ton affectif* dont s'accompagnent les phénomènes psychologiques, en tant qu'ils nous apparaissent comme agréables ou désagréables. Par le fait même qu'un phénomène de conscience est susceptible d'être saisi comme plaisir ou douleur, il se rattache à la vie affective. C'est ce qui le caractérise et ce qui constitue son originalité propre, par opposition aux faits de connaissance et de volonté.

On peut définir la sensation : la connaissance immédiate d'une modification produite en nous sous l'influence du milieu extérieur ou du milieu organique. Cette sensation peut être sentie comme agréable ou désagréable : c'est là le fait primitif, irréductible du plaisir et de la douleur. La sensation se présente donc sous deux aspects : d'une part, elle est *représentative* d'un objet; d'autre part, elle est *subjective* par son timbre affectif; elle est donc à la fois élément de connaissance et sentiment : tels sont, par exemple, une odeur, une saveur, un son, une couleur.

Plusieurs questions se posent dès lors à nous.

1° *Y a-t-il des états affectifs purs*, c'est-à-dire simplement subjectifs, qui n'accompagnent pas une perception ni une image ? Par exemple, la sensation douloureuse d'une brûlure est-elle simplement sentiment, ou bien est-elle en même temps un élément de connaissance ?

Le fait même que nous la distinguons d'une autre sensation douloureuse, d'une coupure, d'une piqûre, etc., prouve qu'elle enveloppe un élément de connaissance, puisque nous pouvons la définir. Mais certaines impressions douloureuses ou agréables sont parfois très confuses, mal définies. Les sensations organiques, en particulier, nous renseignent mal sur le phénomène qui les produit et même il nous est parfois difficile de les localiser exactement. Le plaisir est encore plus diffus que la douleur. Ne seraient-ce pas des états purement affectifs ?

Cependant les termes mêmes que nous employons pour qualifier ou déterminer nos plaisirs et nos douleurs indiquent que nous établissons, en général, des différences entre eux, non seulement quant à leur durée et à leur intensité, mais quant à leur nature : tels sont les mots de picotement, fourmillement, douleur sourde, douleur lancinante, cuisante. Et ces distinctions semblent bien prouver qu'à l'état affectif se mêlent des éléments d'ordre qualitatif ou cognitif.

Enfin, tout état affectif, par cela même qu'il est conscient, implique un certain discernement : tout discernement, si mal défini soit-il, est une représentation : c'est ce qui ressort de l'exemple donné plus haut. On ne peut donc pas dire qu'il y ait, au sens rigoureux du mot, des états affectifs purs.

2° *Y a-t-il des états neutres;* c'est-à-dire qui n'envelopperaient aucun ton affectif? Par exemple, tel travail de la pensée serait-il parfaitement indifférent?

Les psychologues sont très partagés sur cette question. Il est, en effet, difficile de la trancher d'une façon générale et rigoureuse, la tonalité affective étant infiniment variable d'un individu à l'autre. Un tempérament nerveux, excitable à l'excès, peut ne pas connaître les états d'indifférence; au contraire, un tempérament lymphatique, une nature indolente, peut rester à peu près insensible aux choses qui l'entourent. L'attention, la conscience réfléchie jouent, d'ailleurs, un grand rôle dans le caractère affectif de nos sensations. Tout le monde sait que, pour ne pas souffrir d'un bruit désagréable qui se produit près de nous, il nous suffit de détourner notre attention vers un autre objet. Cependant, le bruit ne cesse pas pour cela de se produire et de nous impressionner; mais le timbre désagréable de la sensation peu à peu s'atténue jusqu'à s'effacer de la conscience. Au contraire, si nous portons notre attention sur un fait, qui d'abord se présentait à nous comme indifférent, il peut arriver que, par une illusion subjective, ce même fait nous devienne agréable ou désagréable.

En résumé, la tonalité affective étant essentiellement subjective, les états de plaisir et de douleur sont soumis à la loi de relativité.

Loi de relativité. — Le plaisir et la douleur sont relatifs aux *individus*, et, dans chaque individu, aux *dispositions du moment.* Cette variabilité s'observe aussi bien au point de vue de l'énergie, de l'intensité du sentiment, qu'au point de vue de sa qualité, c'est-à-dire des causes déterminantes du plaisir ou de la douleur. La même odeur, la même couleur peuvent être agréables aux uns, désagréables aux autres. Telle personne éprouve plus vivement les douleurs que les plaisirs; telle autre sort peu d'un état à peu près permanent d'apathie. Enfin, il est des moments où nous sommes plus réfractaires au plaisir et même à la douleur.

Les états affectifs sont, en outre, *relatifs les uns aux autres*, et n'acquièrent toute leur valeur et leur caractère propre que par leur opposition mutuelle, leur contraste. Ce caractère est très frappant, et certains philosophes, comme Schopenhauer, en ont conclu que la douleur seule est un état positif, et le plaisir un état négatif, puisque le désir est le fond de l'être, et que le désir naît du sentiment douloureux d'une privation. Cependant, le désir n'est pas toujours douloureux, il ne le devient que s'il est contrarié et s'il attend trop sa satisfaction : se sentir de l'appétit n'est-il pas un plaisir, quand nous savons qu'un bon repas nous attend ?

Le bien-être qui résulte de l'accomplissement normal des fonctions vitales est sans doute un plaisir diffus; on ne le goûte parfaitement et il ne devient tout à fait conscient qu'après un état de malaise.

La douleur n'est pas la condition nécessaire du plaisir; mais on peut dire que le plaisir n'est vraiment goûté dans toute sa force qu'après une certaine privation. De même, la douleur est plus vive après le plaisir. *Le plaisir et la douleur, en se succédant, se renforcent réciproquement.*

Caractères essentiels du plaisir et de la douleur. — Quelle que soit la cause du plaisir ou de la douleur, que cette cause soit physique ou morale, les états affectifs présentent les mêmes caractères essentiels.

Les différents plaisirs ou douleurs sont caractérisés par des modifications d'ordre physiologique et d'ordre psychologique.

Les modifications organiques qui accompagnent la douleur constituent dans leur ensemble une dépression et une désorganisation des fonctions vitales. La douleur se manifeste, en général, par une diminution de l'activité physiologique. Si certaines douleurs aiguës provoquent une surexcitation passagère, celle-ci est toujours suivie d'une période plus ou moins prolongée de prostration et d'épuisement.

Le plaisir, au contraire, est caractérisé par une activité organique plus grande, et par un accroissement de la vie psychologique. Tandis qu'on conçoit avec plus de lenteur, qu'on lie plus difficilement ses idées, qu'on se défie de soi-même sous l'influence de la douleur ou de la tristesse, au contraire, dans la joie, tout travail nous paraît léger, nous nous sentons plus de force, l'attention se fixe plus facilement, nous avons plus de confiance en nous-mêmes. C'est le sens de l'élan de Rodrigue, quand il s'écrie :

Paraissez, Navarrais, Maures et Castillans !

Causes du plaisir et de la douleur. — La cause profonde du plaisir et de la douleur réside dans les tendances et les instincts.

Le plaisir résulte d'une tendance satisfaite; la douleur, d'une tendance contrariée.

Cela est vrai pour les tendances acquises et anormales, aussi bien que pour les instincts innés. Ainsi s'explique que l'agréable et le désagréable diffèrent avec les individus, et pour le même individu, avec la disposition du moment.

Au fonctionnement de nos divers sens correspondent des plaisirs et des douleurs qui se rattachent plus ou moins directement à l'instinct de la conservation : tel ce sentiment de bien-être, d'allégresse qui accompagne le fonctionnement normal de la respiration, surtout en plein air, par un beau temps ; de même encore les jouissances du goût et de l'odorat, et, dans un ordre déjà plus élevé, la joie d'une pure et belle lumière. On pourrait le dire aussi du plaisir que nous procurent les beaux sons et les couleurs harmonieuses, car la symétrie, l'harmonie et le rythme sont parmi nos besoins essentiels.

Cependant, à mesure que nous nous élevons des sensations les plus primitives et les plus élémentaires, vers les sentiments plus complexes, *l'élément intellectuel* joue un rôle de plus en plus grand, quelquefois pour renforcer l'élément affectif, en tout cas pour l'affiner, souvent aussi pour se substituer à lui. Dans la joie que procurent les sons et les couleurs, la connaissance du rythme et de l'harmonie ajoute au sentiment de plaisir et le rend plus délicat. La part que l'élément intellectuel prend dans nos plaisirs et nos douleurs, part qui dépend beaucoup de l'éducation, est encore une cause des multiples variations individuelles des états affectifs.

Si nous poussons plus loin l'analyse, nous constatons que tendances et inclinations sont les voies par lesquelles l'homme cherche l'accroissement de sa vie. La douleur en marque la diminution. « La joie, dit Spinoza, est une passion par laquelle l'âme passe à une perfection plus grande, la tristesse une passion par laquelle l'âme passe à une moindre perfection. »

Le plaisir est l'accompagnement d'une activité harmonieuse de nos organes et de nos tendances, dans la mesure où cette dépense n'excède pas nos forces, mais où elle rend possible, au contraire, l'accroissement de notre activité organique.

La vie, en effet, est un mouvement continuel d'assimilation et de désassimilation, et pour qu'il y ait assimilation, il faut qu'il y ait dépense. *La joie est action, surabondance de vie, la douleur est arrêt, diminution, désorganisation des énergies vitales.*

Rôle du plaisir et de la douleur. — On a vanté la douleur comme un avertissement qui nous met en garde contre le péril. Cependant, la douleur n'est pas un avertissement infaillible, et souvent elle nous prévient trop tard. D'autre part, elle nous abat, nous déprime, et mène à l'anéantissement du courage, à la déformation du caractère, à la mort même. Le plaisir et la joie, au contraire, relèvent les énergies et rendent la confiance.

Il est juste de remarquer, toutefois, que, pour certaines natures, la douleur est l'école du courage ; c'est grâce à l'épreuve que ces natures acquièrent toute leur valeur et se surpassent. L'habitude du plaisir et du bien-être amollit et rend incapable d'effort.

Comment résoudre cette apparente contradiction ? La douleur n'est pas bonne en soi ; mais elle est bonne en ce qu'elle peut devenir la source d'un plus grand bien, par l'accroissement d'énergie et de valeur qu'elle détermine en nous, selon nos ressources morales. La douleur a toujours sa place, quoi que nous fassions, dans notre existence ; elle est inévitable. Dans une certaine mesure, on peut dire qu'elle est la condition même de la vie, car la vie est un effort perpétuel d'adaptation. L'effort peut devenir joyeux, parce qu'il nous donne le sentiment de notre force ; mais, en lui-même, il contient toujours un élément de peine. Ainsi, la douleur est la condition nécessaire du progrès dans l'ordre général de l'humanité, et celle du perfectionnement moral dans l'ordre individuel. Mais elle n'est jamais un bien par elle-même : chaque douleur est un degré par lequel nous nous élevons vers une joie ; ce que nous disions du rythme de la vie se vérifie encore pour la succession du plaisir et de la douleur.

Mais il est des douleurs qui terrassent ; certaines natures ne s'en relèvent point. On n'en peut donner une mesure exacte ; nos capacités de souffrance sont infiniment variables, aussi bien que nos forces de résistance à la douleur. Cependant, on peut dire que la douleur est l'épreuve de la force et de la bonté :

« Nuit où montent les bons, où tombent les méchants »

Certaines personnes sont aigries par la douleur ; d'autres, au contraire, deviennent, à son école, douces, bonnes, tolérantes.

Pour l'éducation de l'enfant, il est bon de l'endurcir prudemment à la souffrance, surtout à la souffrance physique ; on ne doit pas le laisser s'habituer à une vie trop molle ; il faut le tremper de bonne heure, en lui demandant un effort proportionné à ses forces. Qu'il apprenne à goûter la joie de l'effort et le plaisir de la difficulté vaincue. Il vivra ainsi dans la joie de l'activité saine et réglée. Mais, d'autre part, il faut qu'il se déploie librement dans une atmosphère de calme et de lumière ; les personnes qui l'entourent doivent avoir ce courage, cette vaillance aimable qui font accepter allégrement les difficultés de la vie. L'enfant élevé dans la tristesse reste souvent déprimé pour toute son existence.

En résumé, la douleur, quand elle ne dépasse pas la limite de nos énergies, est bonne en ce qu'elle nous oblige à mettre en œuvre toutes nos ressources d'intelligence et d'activité pour chercher et utiliser ce qui peut servir à nos besoins, ou au contraire nous fait modifier nos besoins d'après les conditions du milieu ; elle nous force à régler nos désirs, à établir en nous une harmonie assez souple pour se plier aux circonstances variables. C'est le sens du mot de Montaigne, quand il appelle la douleur « vraie fournaise à recuire l'âme ».

Mais l'accoutumance à la douleur mène à une résignation passive, qui est un affaiblissement du caractère. Il y a, d'autre part, des natures qui se complaisent dans la souffrance, où elles goûtent une sorte de plaisir d'orgueil et une volupté. En face de tels excès, il faut rappeler que la joie de l'activité seule est saine, belle et féconde, et que c'est vers elle que la douleur doit nous ramener.

RÉSUMÉ

La vie sensible ou affective se manifeste sous un double aspect : les états affectifs et les tendances affectives.

Les mots plaisir et douleur désignent les tons affectifs avec lesquels se présentent les phénomènes psychologiques.

Un fait de conscience n'est jamais un état affectif pur ; il contient toujours des éléments de connaissance et d'activité.

Le plaisir et la douleur sont relatifs aux individus, aux disposi-

tions du moment : ils sont aussi relatifs les uns aux autres. Ils se succèdent suivant un rythme et, en se succédant, se renforcent mutuellement.

Ils sont caractérisés par des modifications d'ordre physiologique et d'ordre psychologique : la douleur se manifeste par une dépression, le plaisir par une augmentation de l'activité physiologique et psychologique.

La cause profonde du plaisir et de la douleur est dans les tendances satisfaites ou contrariées. La joie est surabondance de vie, la douleur est arrêt, désorganisation des énergies vitales. Cependant, la douleur, quand elle n'est pas excessive, est bonne en tant qu'elle stimule l'effort pour nous ramener à la joie.

CHAPITRE VI

Les Émotions.

Nous avons étudié le plaisir et la douleur, en les considérant uniquement au point de vue du caractère général de la tonalité affective. Mais s'ils se présentent avec un caractère relativement simple dans certaines sensations, comme la souffrance que cause une brûlure, ou le plaisir d'une saveur, il n'en est pas de même dans les cas les plus ordinaires. Ils sont en général liés à des phénomènes complexes. L'état affectif dans sa réalité complexe, c'est l'*émotion*.

Sens du mot émotion. — Ce mot est pris dans diverses acceptions. Quelquefois il désigne tout état affectif, depuis la sensation la plus élémentaire de plaisir ou de douleur physique, jusqu'aux sentiments les plus complexes. D'autres fois, au contraire, on réserve ce terme pour désigner un état affectif se rapportant à un objet déterminé, l'admiration esthétique, l'émotion morale, par exemple.

D'après son étymologie, émotion veut dire agitation, ébranlement (même racine que le verbe mouvoir). C'est dans ce sens que le langage courant emploie les expressions : une vive émotion, une violente émotion. *L'émotion est un ébranlement de tout l'être*, à la suite d'une excitation externe ou interne. Elle a pour caractère essentiel de retentir dans tout l'organisme et dans l'ensemble de la vie psychologique. C'est comme une réponse de tout notre être à une excitation qui ne frappe, semble-t-il, qu'une partie de nous-même. Nul fait ne marque, d'une façon plus éclatante, la solidarité intime de nos fonctions vitales et de notre vie psychologique.

Description. — Tantôt c'est une excitation brusque, plus ou moins intense, qui occasionne un redoublement de l'activité vitale, ou, au contraire, un affaissement de l'organisme ; tantôt c'est un trouble qui gagne progressivement toutes les parties de l'être, mais dont les effets sont plus durables.

Soit la *peur*. Nous sommes en voiture ; tout à coup le cheval s'emporte. Une angoisse nous saisit, le cœur bat violemment, la respiration s'arrête, le visage pâlit, la peau se rétracte, se couvre d'une sueur froide ; les idées se troublent, leur cours naturel s'interrompt, tout ce qui n'est pas le danger n'entre pas dans la conscience, en revanche, une foule d'images se rapportant à lui se précipitent comme un torrent, sans que nous puissions les gouverner ni les maîtriser : incapables de dominer nos représentations, nous sommes impuissants à agir efficacement pour écarter les effets funestes du danger.

Soit la *joie* d'un succès. Nous apprenons notre réussite à un examen. Nous éprouvons une sensation d'allégement, comme la cessation d'une angoisse ; nous respirons plus librement, la circulation du sang est plus active, le teint se colore, les yeux brillent, la parole est plus rapide ; nous avons envie de chanter, de danser, de battre des mains; en un mot, l'activité physique et physiologique est accélérée. D'autre part, la pensée est plus alerte, il semble qu'on comprenne mieux toutes choses, qu'on soit capable de vaincre toutes les difficultés; pour peu qu'on ait l'imagination vive, on forme des espoirs et des rêves.

Analyse de l'émotion. — Ainsi, nous devons distinguer dans l'émotion plusieurs sortes de phénomènes :

1° La *réaction subjective*, agréable ou pénible, provoquée par un phénomène extérieur ou sa représentation ;

2° Un *émoi physiologique* ;

3° Un *trouble intellectuel*.

Ces trois ordres de faits sont inséparables: ce n'est que par abstraction qu'on peut séparer le sentiment agréable ou pénible des troubles organiques et psychologiques qui l'accompagnent. Sans ces troubles, l'émotion serait, pour ainsi dire, vide de contenu. Mais la question s'est posée de savoir quel ordre de phénomènes

constitue, à proprement parler, l'émotion. Les uns soutiennent que
ce sont les phénomènes intellectuels (changement dans le cours de
nos représentations et de nos idées, et conscience que nous prenons de ces changements); les autres, que c'est l'émoi physiologique (troubles viscéraux, vasculaires, moteurs).

1° Les *troubles organiques* jouent un rôle important dans l'émotion. Sans eux, l'émotion serait en quelque sorte dénaturée.

Nous savons qu'il y a un langage naturel de l'émotion (jeux de
physionomie, gestes, cris). C'est par ces signes extérieurs que nous
constatons l'émotion chez les autres, et quand nous voulons céler
à autrui le secret de nos sentiments, nous nous efforçons de paraître impassibles ; nous tâchons de suspendre le cours de l'excitation motrice.

Le langage témoigne aussi du rôle de l'organisme dans l'émotion; pour exprimer la douleur, la crainte, l'impatience, la joie,
nous employons des termes comme ceux-ci : le *cœur se brise*, se
serre, la douleur *terrasse*, la crainte *paralyse*, on *trépigne* d'impatience; la joie *éclate*; une grande joie est de l'*allégresse*; une vive
souffrance morale est *lancinante* comme une blessure, etc. Les
écrivains, poètes, romanciers ou moralistes, décrivent les sentiments et les émotions par leurs signes extérieurs. Enfin les artistes,
peintres ou sculpteurs, les traduisent par les attitudes et par les
expressions de physionomie.

Tout le monde sait que certaines émotions violentes, comme la
colère, ne tardent pas à s'évanouir quand on est arrivé à suspendre
l'émoi physiologique, en commençant par en arrêter les manifestations extérieures, cris, gestes violents, expressions de la physionomie; au contraire, si on laisse libre cours à ses cris, à **toute**
cette violence extérieure, on se surexcite soi-même, et la colère
monte au paroxysme. — Quand on s'applique à prendre l'attitude
de la tristesse ou celle de la gaieté, les idées deviennent tristes ou
gaies. — Les acteurs se suggestionnent eux-mêmes en jouant leur
rôle. De même, l'orateur se passionne à mesure qu'il parle, s'excitant par le son de sa propre voix et par son geste. Aussi, quand
on parle de l'insincérité de l'orateur, ne faut-il pas toujours croire
qu'il a menti sciemment; à la minute où il développait des idées
qui n'étaient pas les siennes, il a pu être en quelque mesure sincère, parce qu'il a vécu un moment ces idées.

On sait le rôle que joue dans l'éducation la suggestion par l'influence du milieu, il n'a pas d'autre cause que le pouvoir suggestif des signes extérieurs des émotions. La physionomie, les gestes, les intonations de voix des personnes qui entourent l'enfant en bas âge, le prédisposent à la douceur, à la patience, à l'affection, ou, au contraire, à la colère, à la nervosité, à l'égoïsme.

2° Mais les phénomènes physiologiques ne constituent pas seuls l'émotion; le ton affectif et les représentations y jouent un rôle essentiel; ils ne sont pas la simple traduction des phénomènes physiologiques pour la conscience; ce sont eux qui différencient l'émotion.

Il est des émotions de nature diverse, que le témoignage de la conscience distingue comme telles, et qui se manifestent par des troubles organiques et par des signes extérieurs presque semblables : ainsi la colère et certaines joies subites. En second lieu, il faudrait admettre que, dans tous les cas, l'émotion n'est qu'un simple réflexe. C'est vrai pour certaines émotions physiques comme le vertige ; mais la plupart de nos émotions ont pour point de départ une idée, une représentation, et elles croissent d'intensité, en se renforçant à la fois par la mise en branle des idées qui viennent s'agréger autour d'une idée centrale, et par le flux montant de l'émoi physiologique. Telle est la colère que suscite la résistance obstinée d'un enfant. C'est un fait mental qui en est l'origine ; des idées comme les suivantes font bouillonner le flot grandissant de la colère : l'enfant manque de confiance et de respect; il méconnaît notre autorité; il oppose l'obstacle de sa personnalité à notre volonté et à notre affection même, etc. Peu à peu, le sang s'échauffe, les nerfs frémissent, le visage pâlit et rougit tour à tour, la voix tremble... Cette excitation portée à son paroxysme nous met sous l'empire absolu de nos instincts; nous éprouvons le besoin de frapper, de faire souffrir, de détruire. Qu'un phénomène extérieur fasse brusquement diversion, la crise est suspendue; mais la colère se transforme en une rancune, qui est en quelque sorte la colère retardée. Notons, toutefois, que cette interruption de la scène permet à la raison de reprendre peu à peu ses droits.

Il est des émotions d'ordre intellectuel et moral, dans lesquelles l'organisme joue un rôle très faible; elles sont moins expansives; elles n'ont pas le caractère d'excitation violente; mais elles sont profondes et peuvent exercer une influence plus durable; ce sont les joies de la vérité, de la beauté, du bien accompli, ou, au contraire, les douleurs morales correspondantes.

Ainsi *l'émotion est une réaction à la fois mentale et organique, répondant à une excitation externe ou interne.* Elle est caractérisée par une diffusion du sentiment dans l'être tout entier.

Cause de l'émotion. — Comme pour le plaisir et la douleur, il faut chercher la cause de l'émotion *dans une tendance préexistante.* Elle résulte du jeu libre ou contrarié d'une tendance. La peur, par exemple, résulte de l'image d'un danger qui peut entraîner la mort ou la souffrance; c'est l'instinct de conservation physique qui est mis en éveil. Cependant, ce n'est pas toute l'explication. L'excitation se communique à tout l'être, en quelque sorte comme une commotion électrique, et ce fait ne peut s'expliquer que par une excitabilité particulière, en vertu de laquelle sensations et idées se relient en faisceau, déterminant une synthèse de mouvements organiques et extérieurs. De même que l'émotion, par ses manifestations physiologiques, témoigne de l'interaction des diverses fonctions organiques, elle montre, d'autre part, le jeu des représentations. Il se forme en nous des combinaisons de tendances, des associations d'images, de sensations, de souvenirs.

Si l'émotion est déterminée par une tendance satisfaite ou contrariée, elle ne s'explique donc que par l'*émotivité*

L'émotivité. — L'émotivité varie avec les diverses natures individuelles. Non seulement les natures se distinguent par les causes différentes qui déterminent le plus ordinairement en elles les émotions, mais par les caractères mêmes de l'émotion, quelle que soit la cause qui la fait naître. Les unes sont très impressionnables, les autres sont plus lentes à s'émouvoir; l'émotion est plus ou moins violente, plus ou moins profonde, plus ou moins durable, selon les tempéraments.

L'émotion est d'autant plus *vive* et *aiguë*, qu'elle éclate plus brusquement et que l'excitation se propage plus rapidement dans toutes les parties de notre être. Elle est d'autant plus *intense*, qu'elle envahit toute notre conscience et l'absorbe entièrement, la détournant de tout ce qui n'est pas son objet. Elle est d'autant plus *profonde* qu'elle éveille un plus grand nombre de sensations, d'images, d'idées, qu'elle ébranle les fibres les plus intimes de notre être, et qu'elle pénètre plus lentement en nous, pour y laisser une trace plus durable. Les natures profondes et délicates ne sont pas, en général, celles qui éprouvent les émotions les plus violentes.

La loi de relativité s'applique donc à l'émotion. Remarquons encore que les contrastes la font valoir. Elle se développe suivant un rythme : une émotion paraît d'autant plus vive qu'elle suit un état d'indifférence, et, d'autre part, un état d'apathie ou de prostration succède, en général, à une émotion violente.

La répétition fréquente affaiblit la violence de l'émotion, mais aussi peut lui donner plus de plénitude et de profondeur, en créant de nouveaux liens entre un nombre toujours plus grand d'éléments composant notre vie. Ce caractère contribue encore à mettre des différences entre les natures. Telles personnes recherchent surtout la nouveauté de l'émotion ; elles sont curieuses de sensations et de sentiments non encore éprouvés; d'autres, au contraire, plus tendres et plus fidèles, aiment à retrouver les émotions accoutumées; les unes s'étendent en superficie, les autres en profondeur; il y a souvent beaucoup de frivolité dans le besoin inquiet d'émotions.

Conclusions pédagogiques. — L'émotivité joue un très grand rôle dans la vie psychologique et a une influence considérable sur notre bonheur ou notre malheur. Il y a peu de ressources dans une nature apathique ; mais, d'autre part, une émotivité violente n'est pas facilement disciplinable; une nature trop impressionnable offre une trop grande prise à la souffrance et tombe aisément dans le pessimisme.

C'est pourquoi l'éducateur doit tantôt stimuler l'émotivité, tantôt la discipliner et la régler.

Les impressions de la première enfance ont une très grande importance. Pour combattre les prédispositions à la colère, à l'agitation et à la nervosité, rien ne vaut l'influence pénétrante d'une atmosphère de calme et de souriante harmonie. Une bonne hygiène, une activité saine et réglée tendent à établir l'équilibre moral. L'apathie ainsi que la nervosité sont souvent la conséquence d'une mauvaise santé, d'une dépression vitale ou d'un déséquilibre physique. Aussi l'éducation physique et le soin de la santé des enfants sont-ils la base nécessaire de l'éducation morale.

L'enfant violent doit être soumis à une discipline douce, mais fermc; on lui apprendra peu à peu à goûter la joie de se maîtriser. Chez l'enfant apathique, on développera l'imagination : le jeu plus actif des représentations arrivera à stimuler la sensibilité. D'une façon générale, il faut éviter à l'enfant les émotions trop vives ou déprimantes, mais il ne faut pas craindre de ramener son esprit sur les objets capables d'émouvoir sa pitié et sa sympathie, pour le déterminer ensuite à un acte de bonté. On évitera les lectures romanesques, le théâtre, mais on n'épargnera pas à l'enfant la vue de la misère ni de la souffrance.

La culture intellectuelle et la culture esthétique, bien dirigées, affinent la sensibilité, la tempèrent et l'approfondissent. Elles font contre-poids à la violence des émotions de la sensualité. Elles enrichissent la vie affective, sans qu'il soit besoin de recourir au stimulant de la nouveauté.

RÉSUMÉ

L'émotion est un ébranlement de tout l'être, à la suite d'une excitation externe ou interne. Tantôt c'est une excitation brusque qui redouble l'activité vitale, tantôt un affaissement de l'organisme, tantôt un trouble qui se propage dans toutes les parties de l'être.

L'émotion se présente à la fois : 1° comme une réaction subjective qui a le caractère du plaisir et de la douleur; 2° comme un émoi physiologique; 3° comme un trouble intellectuel.

Les troubles organiques donnent à l'émotion son caractère particulier qui la distingue des autres phénomènes psychologiques; d'autre part, le ton affectif et les représentations différencient l'émotion. La plupart de nos émotions ont, d'ailleurs, pour origine une idée, une représentation.

L'émotion a pour cause une tendance satisfaite ou contrariée; mais elle ne s'explique que par l'émotivité.

L'émotivité est l'aptitude plus ou moins grande que présente le tempérament à la diffusion du sentiment dans l'être tout entier. Elle varie avec les natures individuelles.

L'apparition de l'émotion est soumise à la loi de la relativité et à la loi de répétition.

Une nature émotive présente des ressources dans l'éducation; mais elle a aussi ses dangers. L'éducateur doit tantôt stimuler l'émotivité, tantôt la discipliner et la régler. Le calme des impressions dans la première enfance, l'hygiène physique et morale, la culture de l'imagination et de l'intelligence sont les moyens dont dispose l'éducateur pour agir sur l'émotivité de l'enfant.

CHAPITRE VII

L'Évolution du sentiment. Les Tendances.

Les émotions et les tendances. — Les états de plaisir et de douleur, les émotions sont les premières manifestations de la vie affective. L'enfant les éprouve sans en discerner d'abord la cause ; cependant, il ne tarde pas à lier le sentiment à un objet déterminé. Le nouveau-né crie parce qu'il a faim, mais ce cri est la manifestation involontaire d'un malaise. Sa bouche vient à saisir le sein nourricier ; il s'épanouit dans la béatitude. Au bout de deux ou trois expériences, il criera intentionnellement pour se faire accorder la satisfaction qu'il attend. Le plaisir éprouvé a précisé le besoin et désigné avec certitude l'objet vers lequel tendait le besoin.

Le plaisir et la douleur ne s'expliquent donc que par la préexistence des tendances. Antérieurement à l'expérience du plaisir, les tendances existent ; mais elles sont indéterminées. Par le plaisir et la douleur, *nous en prenons conscience.* Nous *désirons* alors renouveler le plaisir que nous procure la tendance satisfaite, et ainsi, le plus souvent, celle-ci redouble de force en se précisant.

Par la représentation de son objet, le sentiment perd son ingénuité primitive ; il se transforme. La tendance devient *désir,* ou *inclination.* La douleur ou déplaisir devient *aversion* ou *haine ;* le plaisir, *sympathie* ou *amour.* Dans la haine et l'amour, l'élément actif renforce la tendance par une sorte d'application de tout l'être tendu vers l'objet. Si l'état demeure plus passif, le

déplaisir prend le nom de *chagrin*, le plaisir s'appelle *joie* : chagrin et joie marquent une diffusion du sentiment.

La langue est riche en expressions pour désigner les diverses
nuances des états affectifs ; citons : *espoir, anxiété, angoisse,
crainte, doute, ennui, admiration*, etc. Dans certains cas, la joie
et le chagrin, sous ces diverses formes, se combinent et se
balancent pour former un état affectif mixte, la *mélancolie*.

L'évolution des émotions et des tendances. — Non seulement
l'expérience du plaisir et de la douleur rend consciente la tendance ; mais elle la *surexcite* (le désir est plus vif, plus impatient) ;
elle la *détermine et la spécialise* (le besoin de manger devient le
désir de tels ou tels aliments) ; elle la *modifie* et *l'oriente* vers
d'autres objets.

*Le jeu de nos représentations détermine aussi des transforma-
tions et combinaisons de tendances*, soit par contiguïté, soit par
ressemblance.

1° *Par contiguïté.* — Nous avons vu comment l'émotion lie
en faisceau des images, des représentations, des sentiments.
C'est ainsi que le sentiment peut se porter de l'objet primitif sur
un autre objet qui lui est associé : le souvenir d'une personne
aimée nous fait reporter une partie de notre affection sur ses
proches ; l'attachement aux lieux où nous avons vécu s'explique
par la même cause.

Le sentiment se transporte, par *substitution*, d'une fin primitive
au moyen, qui alors devient fin : ainsi s'explique, par exemple,
l'avarice. Le plaisir, l'émotion quelle qu'elle soit, peuvent devenir
des buts eux-mêmes (sensualité, dilettantisme, besoin d'émotion).

2° *Par ressemblance.* — Le plaisir que nous fait éprouver un
objet peut s'étendre à tout ce qui ressemble à celui-ci : la compassion, la sympathie élective résultent bien souvent d'une telle extension de sentiment : nous aimons certaines personnes à cause de leur
ressemblance avec d'autres.

3° *Par la fusion de plusieurs tendances* et *l'association de
diverses représentations* se produisent des sentiments *mixtes* ou
complexes : ainsi l'ambition, ou encore l'amour de la patrie.

De telles transformations peuvent devenir, parfois, des perver-
sions qui vont à l'encontre des fins primitives : telle est l'intem-

pérance. Enfin, l'*habitude* crée des tendances et des besoins nouveaux, qui ne sont pas donnés dans la nature.

On voit donc aisément qu'il existe en chacun de nous des *tendances innées* et des *tendances acquises*.

Définition. — On pourrait définir la tendance : *une disposition naturelle ou acquise de l'organisme physiologique ou mental, à exercer certaines fonctions définies.* C'est une loi du devenir, propre à une organisation déterminée, une sorte de volonté organique, originairement inconsciente, qui porte à produire certaine série de phénomènes.

Il y a des tendances innées, qui se retrouvent chez tous les individus humains normaux. Il en est d'autres qui sont plus particulièrement individuelles, soit qu'elles résultent de prédispositions héréditaires, soit qu'elles viennent d'habitudes acquises. L'évolution des inclinations dans les races et dans les individus s'explique par l'adaptation au milieu physique, à l'état social, aux conditions historiques, politiques, économiques, et par le développement intellectuel.

Classification des tendances ou inclinations. — Mais on peut toujours retrouver, à tous les degrés de l'évolution, des *tendances fondamentales, primitives,* qui tiennent : 1° à l'*organisation physiologique* ; 2° à l'*organisation psychologique* proprement dite.

Parmi ces dernières, d'autre part, on peut distinguer des inclinations qui dérivent de l'amour de soi, ou *inclinations personnelles*, des inclinations qui dérivent de la sympathie, et qu'on appelle *inclinations sympathiques* ou *altruistes*; enfin, des inclinations qui portent la personne vers des fins idéales, impersonnelles, par lesquelles elle se dépasse elle-même et dépasse ses semblables : ce sont les *inclinations supérieures*.

On obtiendrait donc, en résumé, le tableau suivant:

I. Les *tendances physiologiques*, que l'on appelle encore *besoins physiques* ; elles sont relatives aux fonctions biologiques, qui peuvent se différencier de la manière suivante : nutrition, relation (motricité, activité physique, exercice des sens) et reproduction.

II. Les *inclinations personnelles*; d'un caractère proprement psychologique, elles gravitent autour de l'*amour de soi*, tendent à la conservation du moi psychologique, c'est-à-dire conscient. Elles ont d'abord pour racines les besoins physiologiques et aboutissent au besoin du bien-être ; mais l'intelligence et la vie en société les compliquent d'éléments nouveaux : c'est ainsi que le besoin de nutrition entre comme élément primitif dans l'amour de la propriété ; mais celui-ci comporte, en outre, le besoin d'indépendance, le besoin de se prolonger soi-même dans les choses, l'ambition, l'instinct de domination, la vanité, etc.

A chaque faculté mentale correspondent des inclinations particulières : à l'intelligence, la curiosité ; à la sensibilité, le besoin d'émotion, etc. Enfin, l'instinct social se combine diversement avec les inclinations personnelles pour former des *inclinations mixtes*, que Spencer a appelées *égo-altruistes* : tels l'amour de la louange, ou encore la coquetterie sous la forme du désir de plaire.

III. Les *inclinations altruistes* ; elles ont pour fond commun la sympathie. Elles se différencient selon qu'elles se manifestent dans un groupe social déterminé, famille, tribu ou cité, patrie, humanité, — ou qu'elles spécialisent leur objet en vertu d'un choix personnel, dans les inclinations électives.

IV. A un degré supérieur de l'évolution intellectuelle et morale, les *inclinations supérieures* tendent vers un idéal du cœur ou de la raison ; ce sont les inclinations religieuses, morales, esthétiques, intellectuelles.

RÉSUMÉ

Les tendances *sont le fond primitif de la sensibilité. Le plaisir et la douleur rendent consciente la tendance, la précisent et l'orientent.*

L'émotion et l'intelligence modifient la tendance, en la surexcitant et en la spécialisant. Elles déterminent des combinaisons de tendances, des sentiments mixtes et des inclinations nouvelles.

On peut définir la tendance : une disposition naturelle ou acquise de l'organisme physiologique ou mental à exercer certaines fonctions définies.

Classification des tendances :

1° Tendances physiologiques *ou besoins physiques* ;

2° Inclinations personnelles (*amour de soi*) ;

3° Inclinations altruistes (*sympathie*) ;

4° Inclinations supérieures.

CHAPITRE VIII

Les Inclinations personnelles.

Nous ne nous arrêterons pas à la première classe des tendances considérées sous leur forme simple. Mais nous retrouverons les *besoins naturels comme éléments des inclinations personnelles.* Ainsi, les besoins correspondant aux fonctions de nutrition sont une des sources de l'instinct de possession, de la cupidité, de l'avarice. Les besoins correspondant aux fonctions de relation sont la racine du besoin d'activité sous toutes ses formes, activité physique, activité intellectuelle (curiosité), vie affective (besoin d'émotion), expansion de la personnalité (instinct de domination, ambition). Chaque faculté comporte une activité de luxe qui devient en quelque sorte nécessaire à son développement : c'est la source de l'amour du jeu, de l'amour du risque, de l'art, de la recherche spéculative.

Enfin, nous devons remarquer la transformation que subissent les besoins physiques par l'expérience du plaisir. On appelle *sensualité* la recherche exagérée des plaisirs physiques, de quelque nature que soit leur objet : par exemple, la gourmandise est une forme de la sensualité ; l'amour exagéré du bien-être en est un autre aspect. Mais, pour un être raffiné, des éléments intellectuels viennent se fondre dans ces tendances. Ainsi, l'amour du bien-être, peut être en même temps la recherche d'un confort douillet et l'expression d'un certain goût esthétique. Il y a une sensualité grossière et une sensualité plus ou moins raffinée.

Le caractère commun des inclinations personnelles, c'est qu'*elles tendent à la conservation de l'individu en tant qu'il prend conscience de soi*, et qu'il se distingue, comme personnalité, de tout ce qui l'entoure. L'enfant ne fait pas nettement cette distinction avant l'âge de trois ou quatre ans. Cependant, il manifeste dès le plus jeune âge des signes de *l'instinct de conservation :* ce sont les réflexes de la *peur*, et, un peu plus tard, ceux de la *colère*.

I. Instinct de conservation. — L'expression : instinct de conservation ne désigne pas une tendance spéciale, mais l'ensemble des tendances par lesquelles l'individu pourvoit à sa propre défense et à son expansion, ainsi qu'à la conquête et à la défense de tout ce ce qu'il croit nécessaire à sa vie et à son développement. Se protéger et attaquer, telles sont les deux faces principales de l'instinct de conservation. Il implique un effort, une lutte. Selon les individus, c'est la forme défensive ou la forme offensive qui prédomine. Dans la *peur*, c'est l'instinct de défense qui est mis en éveil ; la *colère* est une forme de l'attaque.

Avec l'évolution intellectuelle et morale, l'instinct de conservation se transforme. Il y a des gens qui aiment mieux la mort qu'une vive souffrance ; d'autres préfèrent la mort au déshonneur. *Les idées morales, religieuses ou sociales, les sentiments, les affections modifient et transposent l'instinct de conservation.* Chacun de nous peut avoir sa raison de vivre qui, pour lui, donne à l'existence tout son prix. Cette raison disparue, la vie ne semble plus avoir de sens. Ainsi le suicide, par lui-même, n'est pas en contradiction avec l'instinct de conservation.

Ceux qui sont physiquement faibles, ou dont l'activité, en quelque ordre que ce soit, est médiocre, sont souvent ceux-là qui, vivant en quelque sorte d'une vie précaire ou toute végétative, semblent tenir le plus à la vie. Il y a aussi des apathiques qui sont indifférents au péril, par impuissance de se le représenter. Enfin, certaines natures ardentes sont incapables de résister à l'entraînement d'une passion qu'elles savent destructive.

Cependant, *l'instinct de conservation physique* est un de ces sentiments puissants qui, ignorés de nous-mêmes au cours ordinaire de la vie, nous font résister aux causes de dissolution de la vitalité, et lutter contre le danger. Mais il y a des causes physiques ou psychologiques qui, en certaines occasions, rendent facile le sacrifice de la vie : ainsi le feu du combat, l'exaltation religieuse ou patriotique. Le dévouement est parfois irraisonné chez les natures généreuses; en d'autres cas, il apparaît comme une nécessité morale à laquelle l'habitude rend peu à peu indifférent : ainsi le médecin s'exposant à la contagion par devoir professionnel et ne songeant même plus aux risques qu'il court. Il est, enfin, des natures imprudentes qui volent au-devant du péril, quelques-unes par bravade, par vanité, d'autres par désœuvrement ou par besoin d'émotion.

Le *courage* ne consiste pas toujours à s'exposer au danger ni à sacrifier sa vie; il est quelquefois de résister à l'attrait du risque; il est plus souvent de supporter la douleur et l'épreuve morale; il est aussi dans la lutte obscure, mais persévérante. L'indifférence à la vie ne constitue pas le courage, mais aimer la vie et affronter la mort pour une noble cause, c'est proprement être courageux. Pour développer et soutenir le courage, il faut proposer à l'activité un idéal qui dépasse les limites étroites de l'intérêt et du bien-être individuels.

II. L'amour de soi. La personnalité. — Dans l'être parvenu à la pleine conscience de soi, on distingue des inclinations qui ne tendent plus seulement à sa conservation comme organisme individuel, mais à sa conservation comme personne et à son expansion. Ces inclinations peuvent se résumer dans ces deux formules : *tendance à l'être* et *tendance au bien-être*. Elles se concentrent dans un sentiment complexe, qui est l'*amour de soi*. Mais il ne faut pas confondre cet amour de soi avec l'*égoïsme*, qui est l'amour de soi réfléchi et ramenant toutes choses à soi.

L'amour de soi, au sens primitif, c'est un *vouloir-être*, qui fait que l'individu tend spontanément à persévérer dans son être, à déployer son activité psychologique dans un sens conforme à sa nature. Ainsi entendu, l'amour de soi s'achève dans la sympathie, dans l'amour des autres, dans l'amour de la vérité, du beau, de la justice, et même dans le dévouement et le sacrifice de soi à toute grande cause, s'il est vrai que tous ces sentiments existent dans la nature humaine, comme nous aurons à l'examiner.

Parmi les inclinations qui se rapportent à l'amour de soi, les unes prennent plus particulièrement la forme défensive et tendent à la *cons-vation* de l'être ; les autres prennent plus volontiers la forme active et tendent à *l'expansion* de la personnalité. La prédominance de l'une ou l'autre de ces formes de l'amour de soi contribue à caractériser les diverses natures individuelles. Les unes sont réservées, timides, prudentes ; les autres sont audacieuses, entreprenantes, impérieuses. Les premières sont plus disposées à l'humilité, à la patience, à la résignation ; les autres à l'orgueil, à l'ambition, à la recherche de la gloire. Chez les unes, *l'attachement aux habitudes* est plus ancré ; les autres sont plus sensibles à la *joie de l'effort* et *du changement*. Enfin, il est des natures qui s'attachent plus à la *jouissance*, d'autres à la *puissance* : celles-ci sont capables de renoncer au plaisir, de s'imposer même des privations pour atteindre plus de puissance ; les autres ne considèrent la puissance que comme un moyen de se procurer la jouissance.

Principaux sentiments qui se rattachent au développement de la personnalité. — La personnalité de l'enfant apparaît encore à demi inconsciente dans la manifestation de certains besoins, où les éléments psychologiques pénètrent déjà en plus grand nombre : ainsi le besoin de mouvement, le besoin d'émotion, la curiosité, le désir d'affirmer sa volonté.

1° **Besoin de mouvement.** — L'immobilité est insupportable à l'enfant ; exercer ses muscles, remuer ses membres est la condition même du développement normal de son corps. Un enfant tapageur, exubérant, est un enfant bien portant, chez qui la vie physique déborde. Contraindre les enfants à ne pas bouger, c'est nuire à leur développement physique ; cette contrainte répand peu à peu sur leur âme une teinte de tristesse. Il faut leur apprendre à modérer et à régler leur activité, mais non la réprimer.

2° **Besoin d'émotion.** — Comme l'immobilité physique, le calme absolu de l'âme est déprimant. Nous avons besoin d'émotion. Il est des natures qui ne sauraient se passer d'une existence mouvementée. Nous avons vu que c'est la nature du plaisir de s'émousser par la répétition ; il se renouvelle par le besoin, le désir, l'anxiété. Les gens trop heureux se créent des inquiétudes, des angoisses, des souffrances.

Déjà l'enfant recherche l'émotion dans ses jeux : il aime avoir peur ; il demande des récits dramatiques ; certains enfants, après avoir lu les contes de fées, jouent à *l'ogre*, ou à *Barbe-Bleue*. On voit ici le danger. C'est de la même façon que les adultes se passionnent pour les jeux cruels, combats de gladiateurs, courses de taureaux, exécutions de condamnés à mort, — ou encore pour les récits des crimes, des *faits-divers* tragiques, que la presse se complaît à rapporter avec un luxe de détails scandaleux.

Le besoin d'émotion est une des sources de l'art, en particulier des romans et du théâtre. Là encore, il y a un art grossier et malsain, qui flatte les passions de la foule par des excitations violentes ou basses.

L'inquiétude, l'ennui, dont se lamentent certaines jeunes filles, n'est autre chose que ce besoin d'émotion, exaspéré par l'inaction et par le vide d'une existence en quelque sorte factice, séparée de la vie réelle. Ainsi, le besoin d'émotion, quand il s'exagère, devient un dissolvant. Une activité utile, les exercices physiques, les promenades au grand air, les excursions, des occupations intellectuelles sérieuses et délicates en sont le meilleur antidote.

3° Curiosité. — L'intelligence, comme les membres, comme les yeux, comme tous nos sens, a besoin de s'exercer. La curiosité se manifeste de bonne heure chez l'enfant. L'attention que provoque une impression très vive produite par un objet extérieur est le commencement de la curiosité. C'est d'abord la *surprise*, puis *l'étonnement*. L'attention fixée sur l'objet détermine une *interrogation* : qu'est-ce que cela ? d'où cela vient-il ? à quoi cela sert-il ?

La cause primitive de la curiosité serait donc *l'instinct de conservation mis en éveil* par un événement nouveau ou inaccoutumé. Dans la surprise, il y a toujours une sorte de crainte. On se demande : cela peut-il être fâcheux pour moi ? L'inconnu produit une vague terreur. Puis, on s'y accoutume et on cherche à l'examiner et à l'expliquer. Enfin, en présence d'un objet nouveau, on se demande s'il peut être utile ou nuisible. L'homme primitif, le sauvage ignorent la curiosité désintéressée.

En essayant de pénétrer le mystère des choses, l'homme éclaire sa destinée. C'est ainsi que, par la science et l'industrie, il a adapté la nature à ses besoins, comme il s'est lui-même adapté au milieu physique.

Mais, le but d'utilité pratique peut n'être pas immédiat, ou même disparaître ; la curiosité revêt alors un *caractère désintéressé*. C'est un besoin pour l'intelligence de connaître et de comprendre, en dehors de l'application pratique qui peut en résulter. Ici apparaît la notion de *causalité*. C'est ce besoin qui déjà se manifeste dans les nombreux *pourquoi ?* et *comment ?* des enfants. La joie de l'activité intellectuelle et le plaisir de la découverte contribuent à développer l'amour de la recherche. Comprendre les choses, c'est en quelque sorte *prolonger notre personne dans les choses*. Chez les enfants, l'esprit de contradiction, l'esprit raisonneur sont des manifestations, maladroites sans doute, mais précieuses, d'un besoin d'indépendance intellectuelle, qu'il faut diriger, non humilier ni irriter.

D'autre part, la connaissance et la découverte donnent à l'homme le *sentiment de sa force*. C'est pourquoi elles peuvent être recherchées, non plus pour les avantages matériels qu'elles procurent, mais pour la *domination qu'elles assurent sur les choses et sur les personnes*. C'est l'*orgueil intellectuel*, et une déviation de ce sentiment est la *vanité de la science* ou pédantisme.

L'activité intellectuelle peut encore se proposer pour fin la *joie même de s'exercer*, et non la recherche désintéressée de la connaissance : c'est le *dilettantisme*.

Enfin, sous sa forme supérieure, le sentiment intellectuel est l'*amour du vrai*. Le véritable amour du vrai, c'est le besoin d'ordre et d'unité, et à ce titre il prend un caractère moral. Nous retrouverons l'amour du vrai quand nous étudierons les inclinations supérieures.

Mais la curiosité a ses déviations. Il y a une curiosité frivole, une curiosité malsaine ou malfaisante, une curiosité indiscrète et indélicate... Un esprit cultivé, ouvert aux joies intellectuelles et artistiques, ne connaît guère ces sortes de curiosités. Une forte éducation intellectuelle est la meilleure garantie contre la frivolité.

4° Besoin d'affirmer sa volonté. — La tendance à l'action, que nous avons rencontrée plus haut sous la forme encore très humble de besoin organique de mouvement, nous apparaît ici comme désir de manifester sa volonté. Elle se traduit tout d'abord par un besoin de liberté, d'indépendance, qui peut dégénérer facilement en indocilité, impuissance à supporter toute discipline et toute autorité, impatience de toute entrave apportée à l'expansion spontanée de notre être, mais qui est aussi le germe de l'autonomie, du sentiment de la dignité, de la solidité du caractère, de l'affirmation de soi, au sens le plus noble et le plus moral du mot. Elle est encore désir de se témoigner à soi-même sa force, sentiment de puissance, besoin d'étendre sa domination sur les autres, de les égaler et de les surpasser. Nous verrons bientôt quelques-uns des aspects qu'elle peut revêtir en s'associant à divers autres sentiments et tendances, en se transformant sous l'influence de l'évolution intellectuelle et des conditions du milieu social où se trouve placé l'individu.

5e **L'amour-propre et ses dérivés.** — Quand l'individu prend expressément conscience de sa personnalité, de sa force, de son pouvoir sur les choses, cette conscience de soi et le sentiment qui lui correspond est l'*amour-propre*.

L'amour-propre est d'abord le sentiment de fierté que l'homme éprouve quand sa conscience réfléchit les qualités qu'il porte en soi, force physique, adresse, beauté, intelligence, énergie, etc. Dans la vie sociale, l'amour-propre se complique d'idées et de sentiments, qui ont leur origine dans la sympathie, les idées morales, etc. : tels sont l'orgueil, la vanité, l'amour de la gloire, l'émulation, l'ambition, la coquetterie, le sentiment de l'honneur et de la dignité personnelle, avec leurs contraires : humilité, modestie, résignation, défiance de soi, honte, etc.

a) Orgueil et vanité. — L'orgueil et la vanité sont deux formes du désir que nous avons d'affirmer notre propre valeur, et, s'il se peut, notre supériorité. Affirmer sa personnalité à soi-même et aux autres, c'est en quelque manière la fortifier et l'étendre.

La différence essentielle entre l'orgueil et la vanité, c'est que l'orgueilleux se regarde de préférence dans sa propre conscience, tandis que le vaniteux a besoin de se voir dans la conscience des autres.

L'orgueil s'appuie en général sur des avantages réels et des qualités solides ; la vanité s'attache à des apparences, à des avantages frivoles, tout extérieurs. Dans l'étymologie du mot orgueil, on trouve le sens de *remarquable* ; vanité signifie *vide*, néant.

L'orgueilleux cherche à dominer : c'est l'homme d'action, industriel, politique, génie militaire, ou bien l'homme de pensée,

ou l'artiste qui veulent s'élever au-dessus des autres et qui sont
jaloux des succès de leurs rivaux. Le vaniteux est l'agité qui se
contente de bruit et de fumée : c'est M. Jourdain entiché de vains
titres et des manières des « gens de qualité » ; c'est la précieuse
qui imite le « beau langage » ; ce sont pédants et pédantes ; c'est
la coquette qui veut éclipser les autres femmes par ses toilettes et
ses parures, ou qui s'enivre d'un murmure d'hommages ; c'est
l'artiste ou le littérateur qui recherchent les succès de salons ; c'est
le snob qui admire tout ce qu'il croit nouveau.

L'orgueil présente différents caractères selon les qualités individuelles d'esprit, de cœur et de volonté. Il y a, l'orgueil révolté qui
refuse de plier devant la vie ; cet orgueil a quelque chose de pué-
ril dans son aveuglement ; il prouve une intelligence étroite ; il
est faiblesse encore plus que fierté. Il y a l'orgueil impérieux de
l'homme d'action qui n'est jamais arrêté par des scrupules de
conscience ou de sentiment, à qui tout cède, comme si la chance
devait toujours être de son côté : cet orgueil est étroit, féroce, et
devient souvent dangereux pour l'orgueilleux lui-même, qui, eni-
vré de sa force, ne connaît plus d'obstacles et croit pouvoir vio-
lenter jusqu'à la nature (tel fut Napoléon, tels sont aussi certains
hommes d'affaires, qui, après des succès étonnants, finissent par
sombrer dans une entreprise téméraire). De tels hommes ne connaissent qu'une passion, celle de la volonté. — Il y a encore l'orgueil intellectuel, qui isole le penseur, le savant, lui fait mépriser
l'action, l'éloigne de la vie réelle : un tel orgueil rétrécit toujours
en quelque manière l'intelligence elle-même ; le philosophe,
l'artiste, le savant, s'ils doivent se ménager une retraite dans le
travail et la méditation solitaire, ont besoin, pour éprouver leur
pensée et la vivifier, de se replonger dans le torrent de la vie. — Il
y a, enfin, l'orgueil supérieur de celui qui, après avoir travaillé,
souffert, s'est reconnu capable de surmonter les maux inévitables
et a pu découvrir, à travers la souffrance même, que la vie est belle
et qu'elle recèle des joies profondes : la conscience de sa force est
sa joie suprême. Mais on donne à cet orgueil un autre nom ; c'est
la grandeur d'âme de l'Auguste de Corneille.

Dans tout orgueil, il y a un principe de noblesse, une sorte de
fierté naturelle ; par l'orgueil, l'homme veut *être*. Le danger, c'est que
croyant qu'il *est déjà*, il ne cherche pas à devenir, et qu'il veuille

occuper une place qui n'est pas la sienne. Alors, il se rétrécit lui-même en voulant écraser les autres. Mais il est bon de soutenir chez l'enfant une juste fierté qui lui inspire la confiance en soi, lui apprend à goûter la joie de l'effort et aussi le courage de supporter un insuccès.

Au contraire, la vanité n'est que faiblesse et sottise. C'est le désir de paraître. Elle peut être moins insupportable que l'orgueil, mais elle est plus ridicule et plus déprimante. Elle nous rapetisse, nous rend inquiets, timorés, frivoles. Chez les jeunes filles, elle développe la coquetterie, la mièvrerie, la préciosité. Elle est une des sources de l'hypocrisie. Il n'est de pire obstacle à l'affranchissement intellectuel et moral que la vanité. Seul, le sentiment de l'indépendance donne à un caractère toute sa valeur : la fierté est le contrepoids de la vanité (1).

b) La coquetterie. — On donne le nom de coquetterie tantôt au soin délicat qu'une personne apporte à l'harmonie de sa toilette, tantôt au goût immodéré de la parure, ou bien au désir légitime de plaire, ou encore à ce jeu perfide par lequel une femme, par exemple, prétend attirer les cœurs et les traîner après soi.

Le sentiment qui est en quelque sorte le fond commun de toute coquetterie, c'est le *désir de plaire.* L'amour de la parure en est une forme dérivée. La beauté, la grâce, ne sont-elles pas des moyens de plaire et d'être admiré ? La parure sert à les faire valoir et à les rehausser. L'instinct de la parure se rencontre chez les enfants et chez les hommes primitifs. Mais la coquetterie a d'autant plus de ressources que l'éducation est plus raffinée : il y a une coquetterie du langage, de l'esprit, des sentiments.

Le désir de plaire est inné : il est fait du *besoin d'estime et de sympathie.* C'est par l'approbation des autres que l'enfant prend d'abord conscience de son mérite, et la confirmation de notre valeur nous est donnée par l'estime de nos semblables. Vouloir occuper une place dans la pensée et le cœur d'autrui, c'est bien de l'égoïsme encore, mais un égoïsme d'un ordre plus relevé, qu'on pourrait appeler social, car il implique une promesse de bienveillance réciproque. Le désir de plaire, bien que sa fin soit égoïste,

_____

(1) Voir La Bruyère, *Caractères : Du mérite personnel,* en particulier le portrait du vaniteux : Ménippe.

implique un élan vers nos semblables. C'est prouver à autrui
notre estime que d'attacher du prix à son suffrage. C'est lui témoigner notre bienveillance que de marquer notre désir de lui rendre
notre présence agréable.

Il y a un désir de plaire qui ne s'adresse qu'aux personnes d'un
autre sexe. Ce sentiment entre pour une grande part dans la
coquetterie au sens le plus employé du mot. Il est tout instinctif,
et s'éveille en général de bonne heure chez la jeune fille.

Le souci de plaire, chez les âmes frivoles, surtout quand la vie
est désœuvrée, tend à se développer dans de telles proportions
qu'il absorbe l'esprit, fausse le jugement et dessèche le cœur. Il
porte à se donner l'apparence des qualités qu'on n'a pas. La coquetterie devient souvent un mensonge et une hypocrisie. La *mode*
gouverne les différentes formes de la coquetterie, parce qu'elle est
l'arbitre des élégances mondaines.

Pour certaines femmes, la coquetterie est une sorte de dilettantisme: c'est un art où elles cherchent l'amusement de leur orgueil
ou de leur vanité (Célimène). Pour d'autres, c'est une arme dont
se sert leur ambition ou leur cupidité.

Une vie sérieuse, remplie par des occupations utiles et des devoirs importants, ne laisse guère de place à la coquetterie frivole
ou perfide; mais elle ne bannit point la grâce ni la bienveillance.
La coquetterie n'est plus alors que le respect de soi-même et d'autrui : *c'est une forme délicate de la dignité personnelle s'alliant à
la bonté*. Elle veut créer du plaisir pour les yeux, pour l'esprit et
le cœur. Au milieu des fatigues, des soucis et des tristesses de la
vie, elle met la joie des lignes et des couleurs harmonisées, la
grâce d'un geste, la lumière réchauffante d'un sourire.

La coquetterie est parfois même une vertu : elle a sa pudeur et
peut avoir son stoïcisme. Elle épargne à autrui le spectacle de
douleurs qu'elle dérobe sous une bonne grâce affable. Mais c'est
surtout dans la vieillesse qu'elle est touchante, lorsqu'elle s'ingénie
à répandre le charme d'une douce indulgence, qui ressemble à la
clarté sereine d'un beau soir.

c) L'ambition est une forme de l'expansion de l'amour-propre :
le *moi* veut s'affirmer, prendre conscience de sa force et la manifester par son pouvoir sur autrui et sur les choses. C'est *l'instinct
de domination* s'exerçant sur les hommes, et *l'instinct d'appro-*

priation, s'exerçant sur les choses. L'ambition est une extension de la personnalité en dehors de soi.

Il y a une ambition qui a pour objet la *jouissance matérielle* : c'est la plus commune; on cherche à améliorer sa situation pour acquérir plus d'aisance; cette ambition dérive de l'amour du bien-être; elle ne considère la puissance que comme moyen de la jouissance. Il en est une autre qui s'attache aux honneurs, aux hommages, aux *joies de la vanité*. Mais les vrais ambitieux veulent *dominer*, commander, pour jouir du sentiment de leur puissance. Ils ne s'arrêtent jamais dans la possession; ils sont insatiables. (On peut étudier, dans l'histoire, les grands ambitieux : César, Cromwell, Louis XIV, Napoléon, et dans la littérature : Auguste, Mithridate, et les types d'ambition féminine : Cléopâtre — dans Rodogune — Agrippine, Athalie, etc.) Enfin, il y a une ambition qui cherche le pouvoir, l'influence, en vue de réaliser une *œuvre bonne et utile* : c'est une expansion du besoin d'activité, et les mobiles les plus divers peuvent ici entrer en jeu : amour de la patrie, amour de la justice, charité, etc.

L'amour de la gloire est un sentiment complexe dans lequel l'ambition entre comme élément; mais dans le sentiment de la gloire, il y a une aspiration vers l'infini et l'éternité: l'homme veut immortaliser son nom et prolonger son œuvre dans les temps à venir.

Les formes de l'ambition varient donc avec les tempéraments, le milieu, les conditions politiques et sociales. L'ambition ne peut se manifester de la même manière dans un régime républicain et sous une monarchie. M. Jourdain, sous un régime parlementaire, devient M. Poirier (E. Augier : *le Gendre de M. Poirier*) (1). Dans une ploutocratie, l'argent est le principal objectif des ambitieux.

Les femmes, ne pouvant le plus souvent avoir d'ambition pour elles-mêmes, reportent leur ambition sur leurs maris ou sur leurs fils. L'ambition qu'on met dans les autres peut se tromper, non seulement sur la valeur des biens qu'on regarde comme les plus désirables, mais aussi sur les véritables aptitudes, les goûts et la vocation de ceux dont on veut le succès. C'est pourquoi les femmes ambitieuses deviennent facilement des tyrans pour leurs proches.

---

(1) Consulter aussi La Bruyère, *De la Mode, Des Jugements, etc.*

d) La cupidité est l'ambition des richesses. On peut poursuivre
la fortune comme moyen de *jouissances matérielles*, par sensualité, par amour du confort et de l'élégance, comme *moyen d'action
et d'influence*, et alors la cupidité se confond avec l'ambition,
comme *moyen d'éblouir*, par vanité et par ostentation, enfin par
amour même de l'argent, les richesses dans ce dernier cas n'étant
plus considérées comme moyen, mais comme fin.

L'avarice est la forme conservatrice de la cupidité; quand
l'avarice épargne jusque dans les plus petites choses, avec mes-
quinerie, elle s'appelle *ladrerie*. L'avare se prive et prive ses
proches des choses les plus nécessaires, pour conserver et pour
amasser. Il recule indéfiniment les jouissances qu'il pourrait se
procurer, pour la seule joie d'augmenter le chiffre de sa fortune.
Il en jouit dans la solitude, car il cache soigneusement aux autres
sa richesse : tel Harpagon ou le père Grandet.

Le cupide peut unir l'avarice à la largesse : il est avare pour les
choses qui ne se voient pas au dehors ; il est libéral en façade par
ostentation ; la même personne qui lésine sur le salaire ou la
nourriture d'un domestique ou d'un employé, dépensera large-
ment pour une réception ou pour une souscription publique.

L'une des causes les plus importantes de la cupidité est *l'amour
du luxe*. La notion de luxe est relative aux époques, aux conditions sociales, aux individus, car le minimum de biens matériels
nécessaire à la conservation de la vie et de la santé varie avec le
tempérament, les habitudes, l'éducation, la profession. Il y a
toujours un luxe nécessaire à l'homme, luxe de l'imagination, des
sens et de l'esprit, parce que c'est la condition même de l'extension de son activité ; mais c'est un luxe qui ne dépend guère des
richesses matérielles, quand l'homme est affranchi de la misère.

Ce que nous appelons luxe pour les classes aisées ou riches a pour
origine : 1° la *sensualité* (recherche du confort, des raffinements
du bien-être, des jouissances ; paresse dans l'effort) ; 2° la *vanité*
et l'*ostentation* ; 3° le *dilettantisme*, qui est encore une forme de
la vanité, mais mitigée de sentiments esthétiques ; cependant il ne
faut point chercher là un sentiment sincère de l'art ni l'amour
véritable du beau : c'est un goût de l'élégance trop soumis à
l'empire de la mode.

Le luxe d'ostentation est un gaspillage de richesses et de forces de production. Le luxe légitime au point de vue social est celui qui n'a pour condition aucun gaspillage dans l'ordre matériel ni dans l'ordre humain, mais qui tend à l'expansion de la vie dans le sens à la fois le plus large et le plus harmonieux.

RÉSUMÉ

Le caractère commun des inclinations personnelles, c'est qu'elles tendent à la conservation de l'individu, en tant qu'il prend conscience de soi.

La première expression de l'amour de soi, mais aussi la plus généralisée, c'est l'instinct de conservation.

Avec l'évolution de la conscience de soi, apparaissent des tendances plus spécialisées qui se rattachent au développement de la personnalité : le besoin de mouvement, le besoin d'émotion, la curiosité, qui correspondent à l'expansion de nos forces actives, affectives et intellectuelles. Le sentiment qui se rapporte à une conscience plus pleine de la personnalité, en opposition avec celle des autres, c'est l'amour-propre. Les principaux sentiments dérivés de l'amour-propre, sont : l'orgueil et la vanité. La coquetterie, l'ambition, la cupidité sont des inclinations mixtes qui ont aussi leur racine dans l'amour-propre.

CHAPITRE IX

Les Inclinations sociales, la sympathie.

Les inclinations sociales sont celles qui, au lieu de nous porter à satisfaire nos propres besoins, nous unissent aux autres. On les appelle *altruistes*, par opposition aux inclinations personnelles, qu'on nomme égoïstes.

Y a-t-il des inclinations altruistes ? — Certains philosophes, et en particulier La Rochefoucauld, ont nié l'existence des inclinations altruistes, et ont prétendu que tous nos sentiments et toutes nos vertus se ramènent à l'égoïsme, à un calcul d'intérêt. « L'amour-propre, dit-il, ne s'arrête dans les sujets étrangers que comme les abeilles dans les fleurs, pour en tirer ce qui lui convient. »

Il est vrai que, chez tous les hommes, surtout aux époques de civilisation raffinée, l'intérêt personnel se déguise souvent sous des formules de désintéressement et de générosité. Il est vrai aussi que bien souvent les sentiments d'affection, de bonté, s'effacent devant l'instinct de conservation, quand nous croyons notre vie ou seulement nos intérêts menacés. Il est vrai enfin que les mobiles et les motifs de nos actions les plus généreuses sont souvent très complexes et que des préoccupations égoïstes (par exemple la vanité, l'amour de la gloire) peuvent entrer comme éléments dans nos actes de charité, même dans le sacrifice et le dévouement.

Mais l'égoïsme réfléchi, qui ramène tout à soi, est le produit d'une civilisation déjà avancée ; les tendances altruistes l'ont précédé ; elles sont aussi primitives et aussi naturelles que les inclinations personnelles. C'est par abstraction que, dans le chapitre précédent, nous avons considéré l'individu isolé ; l'individu fait partie de l'espèce. *Toutes les tendances se ramènent à deux inclinations fondamentales : la conservation de l'individu et la conservation de l'espèce.* L'une n'est pas antérieure à l'autre ; la loi de la nature est la conservation et la perpétuation de la vie. C'est ce que nous prouve l'observation même des espèces animales. On sait la force de l'instinct maternel chez les animaux, et la puissance de l'instinct social chez les espèces qui vivent en colonies (fourmis, abeilles, etc.). Ce qui frappe chez les simples et les primitifs, c'est le caractère de spontanéité et d'irréflexion des manifestations des instincts altruistes.

« Un exemple caractéristique de sentiment impulsif et irréfléchi nous est fourni, écrit Guyau, par de pauvres ouvriers d'un four à chaux dans les Pyrénées. L'un d'eux, étant descendu dans le four, pour se rendre compte de je ne sais quel dérangement, tombe asphyxié ; un autre se précipite à son secours et tombe. Une femme, témoin de l'accident, appelle à l'aide ; d'autres ouvriers accourent. Pour la troisième fois un homme descend dans le four incandescent et succombe aussitôt. Un quatrième, un cinquième sautent et succombent. Il n'en restait plus qu'un ; il s'avance et va sauter, lorsque la femme qui se trouvait là s'accroche à ses vêtements, et, à moitié folle de terreur, le retient sur le bord. Un peu plus tard, le parquet s'étant rendu sur les lieux pour procéder à une enquête, on interrogea le survivant sur son dévouement irréfléchi, et un magistrat entreprit avec gravité de lui démontrer l'irrationalité de sa conduite ; il fit cette réponse admirable : « Mes compagnons se mouraient ; il *fallait y aller.* »

On a présenté le plaisir, la joie qui accompagne les actes de sympathie et de dévouement comme une preuve que ces actes sont un détour de l'égoïsme. Mais ce n'est pas notre joie qui est le but ; elle ne vient que par surcroît, comme le plaisir est la récompense de toute activité normale, sans en être la fin. D'ailleurs, reconnaître que l'homme est capable de trouver une suprême jouissance dans l'oubli et le sacrifice de soi, n'est-ce pas proclamer que l'altruisme lui est naturel, qu'il est le fond même de son être ?

Les inclinations altruistes peuvent avoir pour objet soit une personne, soit un groupe plus ou moins étendu de personnes, soit encore l'humanité tout entière. De là, différentes classes parmi ces inclinations : amitié et amour (affections électives), sentiments de famille, sentiment social, sentiment patriotique, sentiments humanitaires ; mais toutes se développent sur un fond commun : la *sympathie* et la *tendresse*.

La Sympathie. — Au sens étymologique, la sympathie (sentir avec) désigne cette aptitude que nous avons à nous mettre avec les autres dans un unisson émotionnel et affectif. « On entend par sympathie, dit Bain, la tendance d'un individu à s'accorder avec les états actifs ou émotionnels des autres, ces états étant révélés par certains moyens d'expression. »

La sympathie est donc tout d'abord un phénomène de *contagion* ou d'*imitation*. Elle se présente en premier lieu sous un aspect physiologique : c'est en quelque sorte une contagion nerveuse, de la même nature que celle du bâillement, du rire, des pleurs ; ainsi nous imitons inconsciemment les gestes, les mouvements de physionomie, les intonations des personnes qui nous entourent.

En second lieu, la sympathie est l'*unisson psychologique*. Ainsi la joie, le chagrin, l'indignation, l'admiration se communiquent d'une personne à l'autre. Cette sympathie s'établit d'autant plus facilement entre des êtres qu'ils présentent plus d'analogies de tempérament et d'habitudes. Il y a en quelque sorte une contagion permanente entre les membres d'une même famille, entre les citoyens d'un même pays : c'est en partie ce qui constitue l'âme collective, esprit de famille, ou esprit national.

Enfin, la sympathie peut revêtir un caractère plus proprement intellectuel : c'est ainsi que nous partageons les opinions, les croyances, que nous reproduisons la tournure d'esprit de ceux avec qui nous vivons.

La sympathie est le principe même de la vie sociale, puisque c'est elle qui a contribué à réunir les individus en groupes, et, d'autre part, son développement est favorisé par l'évolution de la vie sociale elle-même. Cependant, telle que nous venons de l'analyser, elle n'expliquerait pas à elle seule comment les sentiments altruistes ont pu déterminer des actes contraires à l'égoïsme, car elle n'est par elle-même qu'un phénomène passif.

L'Émotion tendre. — Mais à la contagion psychologique s'associe un phénomène nouveau, irréductible, l'émotion tendre. C'est une sorte d'attraction, de disposition à aimer. La première et la plus touchante manifestation de la tendresse, c'est le sourire de l'enfant, répondant au sourire maternel. L'émotion tendre participe de la nature de la joie, mais avec je ne sais quel besoin de sortir de soi-même pour se mêler à autrui ; c'est une aspiration vers nos semblables.

L'émotion tendre mêle à la douleur, quand nous la partageons avec d'autres, un élément de douceur et de joie. C'est pourquoi la sympathie allège les souffrances les plus cruelles. Mais dans le bonheur, la tendresse est peut-être aussi comme un pressentiment des douleurs fraternelles :

> On a dans l'âme une tendresse
> Où tremblent toutes les douleurs,
> Et c'est parfois une caresse
> Qui trouble et fait verser des pleurs.
>
> (SULLY-PRUDHOMME.)

Dans le cœur qui s'attendrit tressaille le mystère de l'universelle vie qui relie chaque être à des millions d'êtres, dans le passé comme dans le présent et dans l'avenir. La tendresse est un élargissement de l'être, qui embrasse dans sa conscience toutes les vies, depuis le frémissement de l'humble brin d'herbe, jusqu'à la palpitation puissante de l'immense océan.

La joie pure du contact des âmes dans la communion des sentiments généreux et des nobles idées, est la forme la plus haute de la tendresse.

Les sentiments altruistes. — La sympathie (unisson psychologique) s'unissant à l'émotion tendre devient la *bienveillance*, la *compassion* ou la *pitié*. Le mot sympathie, au sens vulgaire, exprime ce sentiment déjà complexe, à tendance altruiste nettement marquée. Il peut se traduire par cette formule : *Mon semblable est moi-même.* Nous souffrons à la vue de la souffrance d'autrui, et nous désirons la soulager. Nous nous réjouissons aussi de sa joie. La sympathie est comme un courant de sensibilité qui lie notre vie à celle des autres, et par lequel notre vie dépasse les limites étroites de notre propre individualité. Nous nous sentons les *membres d'un même corps*. « Je suis homme et rien de ce qui est humain ne m'est étranger. » (Térence.)

A un degré plus élevé, elle est la *bienfaisance*, le *dévouement*, qui nous porte à travailler activement au bonheur d'autrui, à y sacrifier même le nôtre propre, à faire de notre douleur la rançon de la joie de ceux que nous aimons. Cet oubli de soi, ce don de soi qui fait que les autres nous sont plus chers que nous-mêmes, voilà, en effet, le véritable amour. C'est, au sens étymologique même du mot, la *Charité*, cet élan généreux de tout l'être vers autrui, qui nous peut conduire jusqu'au renoncement absolu.

Formes primitives de l'altruisme. — Les sentiments altruistes se sont manifestés à l'origine sous deux formes irréductibles et également primitives : le *sentiment social*, dans le clan ou la tribu, les *sentiments de famille*, dans le groupe familial.

1° Dans le groupe social, des éléments nouveaux ont peu à peu fortifié le sentiment primitif de sympathie : la représentation d'un *intérêt et d'un but commun, la conscience plus ou moins vague d'une règle à observer* pour maintenir l'existence du groupe, enfin la *générosité expansive* de l'activité humaine, qui fait que l'homme éprouve de la joie à se dépenser en dehors de soi, et qu'il ne tarde pas à s'attacher à l'être ou à l'objet pour lequel il s'est dépensé et à l'occasion duquel il a éprouvé de la joie (loi de transfert des sentiments).

2° Dans le groupe familial, la sympathie, et surtout l'élément de *tendresse*, prend une très grande force, particulièrement chez la mère. L'*instinct maternel* est un des sentiments les plus primitifs ; cependant il est complexe, même à son origine : nous l'étudierons dans son développement au chapitre des affections de famille ; mais nous devons signaler ici l'importance de l'émotion tendre dans les rapports de la mère avec l'enfant. L'émotion tendre joue un rôle chez les espèces animales supérieures dans les soins de la mère pour ses petits ; ce rôle est bien plus considérable chez l'espèce humaine, par le fait même de la durée plus longue de l'allaitement et de l'éducation du petit être, longtemps faible et incapable de se suffire. D'autre part, les soins maternels fortifient la tendresse de la mère, en vertu de cette loi d'expansion du sentiment déjà indiquée ci-dessus. Chez l'enfant, les soins et les caresses de la mère favorisent l'éclosion des sentiments tendres. On peut dire que, dans l'humanité, le sentiment maternel est en quelque sorte le modèle de la sympathie attendrie de l'homme pour son semblable.

RÉSUMÉ

Les inclinations altruistes sont aussi primitives que les inclinations personnelles. On les trouve même chez les espèces animales.

Le fond commun des inclinations altruistes se ramène à deux éléments essentiels : la sympathie et l'émotion tendre.

La sympathie est d'abord un phénomène de contagion, en quelque sorte un réflexe ; puis c'est une imitation dans laquelle intervient un élément de conscience : elle devient un unisson psychologique. La sympathie est le fondement de la vie sociale. L'émotion tendre, qui s'associe à la sympathie, est une attraction du semblable vers son semblable

L'association de ces deux éléments compose les sentiments altruistes (bienveillance, compassion, pitié, bienfaisance, charité).

Les sentiments altruistes sont apparus et se sont développés sous deux formes : le sentiment social et les sentiments de famille (ici l'amour maternel a joué le plus grand rôle).

CHAPITRE X

Les Affections électives.

Parmi nos semblables, notre cœur fait un *choix* ; notre sympathie s'adresse plus particulièrement à certaines personnes, et s'il s'établit entre elles et nous des rapports fréquents qui fortifient ce sentiment, la sympathie devient *amitié*, ou *amour*.

Quelles peuvent être les *causes de ce choix*?

1° Des *affinités naturelles* se révèlent à nous, soit spontanément dans une première rencontre, ou dans une circonstance particulière, soit peu à peu dans un commerce suivi. Elles peuvent s'expliquer par une communauté ou *correspondance de goûts, de sentiments, d'idées*. Mais cette correspondance n'est pas toujours bien saisissable à l'analyse, et quand elle est très sensible, elle ne suffit pas à déterminer la sympathie ; celle-ci, en effet, n'unit pas toujours des personnes qui offrent des ressemblances de caractère et d'esprit très apparentes et que les circonstances rapprochent. C'est qu'au delà des sentiments, des idées, des habitudes conscientes qui composent notre caractère extérieur, tel qu'il se manifeste aux autres et à nous-mêmes, il y a tout le mystère de l'inconscient qui est en nous et auquel il faut des circonstances fortuites pour se révéler. Dans ce moi intime, qui dépasse les limites de la conscience, nous devons chercher l'explication profonde de certaines affinités naturelles. « Si on me presse de dire pourquoy ie l'aymoy, disait Montaigne, ie sens que cela ne se peult exprimer qu'en respondant : Parce que c'estait luy ; parce que c'estait moy. » — C'est ainsi qu'une personne dont la conduite et le caractère présentent une régularité et un équilibre harmonieux peut éprouver une sympathie très vive pour une personne impulsive, d'imagination fantasque, qui s'échappe de la règle commune.

Certaines *oppositions* ou *contrastes* peuvent être favorables à l'amitié. Nous cherchons parfois, non un ami qui nous ressemble, mais un ami qui nous complète ou qui réponde à un idéal que nous sommes impuissants à réaliser nous-mêmes.

Il faut faire aussi la part de l'erreur dans les sympathies spontanées, qui naissent souvent d'une illusion. C'est parfois une rencontre fortuite de deux états d'âme passagers qui ne sont pas le reflet du caractère réel, permanent. Les personnes jeunes, dans leur impatience de rencontrer une âme qui les comprenne, qui reçoive leurs confidences — « l'âme-sœur » — sont souvent victimes du mirage de leur imagination, qui leur fait prendre le besoin d'aimer pour l'amour même. C'est pourquoi, dans nos amitiés, il est bon d'être circonspects, afin d'éviter des désillusions parfois cruelles : nous devons attendre que le commerce plus ou moins prolongé d'une personne ait justifié et confirmé l'élan spontané de notre sympathie.

2° La *communauté d'éducation, d'intérêts, d'occupations, d'idées* crée ou resserre entre les personnes un lien qui s'établit par la fréquentation habituelle. Ceux qui vivent à côté de nous, partageant en quelque mesure notre vie, avec qui nous travaillons à une œuvre commune, deviennent comme une partie de nous-mêmes.

3° Un *échange de services réciproques* peut aussi parfois faire naître l'amitié. Ce n'est pas ici une simple union d'intérêts, une sorte de contrat tacite, mais c'est un mélange de sentiments de bienveillance et de reconnaissance, où la force du lien est le plus souvent du côté de l'ami qui a rendu les plus grands services.

Dans tous les cas, l'amitié ne saurait être véritable, sans une sympathie réelle des caractères : la reconnaissance nous est pénible envers une personne que nous ne pouvons aimer. Les sympathies intellectuelles elles-mêmes ne sauraient se passer entièrement de cette sympathie profonde des natures.

Caractères de l'amitié. — *L'amitié vraie est faite essentielle-*

ment de confiance. L'*estime* est nécessaire à la confiance ; mais celle-ci est encore quelque chose de plus : c'est l'assurance que, quoi qu'il puisse arriver, et quoi que nous fassions, nous serons compris de notre ami, et que, même s'il nous blâme, il saura se mettre à notre place.

L'écueil des affections est la *jalousie.* La jalousie constitue toujours une sorte d'offense à la personne qu'on aime : en même temps qu'une marque d'égoïsme et d'orgueil, elle est un manque de confiance et de respect. Sous aucun prétexte, nous ne devons exercer de tyrannie sur ceux que nous aimons ; nous devons avoir au contraire le plus grand respect pour leur liberté et leur personnalité. Mais cette tendance de nos affections à devenir tyranniques n'est que trop naturelle. Nous croyons avoir une sorte de propriété sur ceux que nous aimons, parce que nous prolongeons en eux notre personnalité ; il nous semble que le don que nous leur faisons de nous-mêmes les engage vis-à-vis de nous ; nous les voulons pour nous seuls.

C'est la part d'égoïsme qui se peut glisser dans l'amitié. Et ce sentiment est d'autant moins excusable que nous pouvons avoir plusieurs amis, sans que l'affection que nous portons à l'un fasse tort à l'affection que nous portons à l'autre. En agrandissant le cercle de nos aimés, nous ne diminuons la part d'aucun d'eux ; selon un mot heureux, nous leur donnons des frères. Et de la sorte encore, nous pouvons faire des distinctions dans nos amitiés, sans que ces distinctions soient nécessairement des préférences et marquent des degrés dans notre force d'attachement.

La véritable amitié est donc comme une pénétration mutuelle de deux âmes ; l'ami vit dans son ami si pleinement que l'amitié peut subsister après la séparation, même définitive : elle confère à ceux que nous aimons une sorte d'immortalité ; en nous-mêmes ils survivent.

L'amitié, quand elle est noble, est une force et un soutien. Par elle, le cœur s'élargit, s'humanise et s'ouvre aux affections généreuses. Elle est une *émulation* ; un ami est comme un témoin invisible et toujours présent de nos actes, dans l'esprit et dans le cœur duquel nous ne voulons pas déchoir. Mais, pour la même raison, il est des amitiés dangereuses, lorsque l'objet en est indigne.

RÉSUMÉ

Les affections électives résultent d'un attrait qui nous porte de préférence vers certaines personnes. Le choix de l'amitié résulte : 1° d'affinités naturelles (*correspondances de goûts, de sentiments, d'idées ; parfois certaines oppositions ou contrastes*) ; 2° *d'une* communauté d'éducation, d'intérêts, d'occupations, d'idées ; 3° *d'un* échange de services réciproques, *qui noue des liens de bienveillance et de reconnaissance mutuelles.*

L'amitié est faite essentiellement de confiance *et* d'estime. *Elle a une tendance à devenir exclusive ; mais la véritable amitié repose sur un respect mutuel.*

CHAPITRE XI

Les Affections de famille.

Par la famille se continue la chaîne des êtres, qui assure la perpétuation de la race. Grâce à elle nous nous prolongeons, pour ainsi dire, nous-mêmes en tous sens: nos ancêtres vivent en nous, comme nous vivons dans nos enfants. C'est dans ce fait et dans les sentiments qui y correspondent que réside le fondement des affections de famille.

1° **L'amour conjugal** est le sentiment qui lie les deux époux. Il est très complexe : autour de l'instinct primitif se groupent des sentiments affectueux où l'élément égoïste, l'élément intellectuel, esthétique et moral ont leur place, à côté de la sympathie, de la tendresse et du dévouement. Quelques-uns de ces éléments sont communs à l'amitié, mais l'amour les unit en un faisceau indissoluble et les exalte. En revanche, certaines inclinations égoïstes, la fierté et le sentiment de propriété, survivance d'une demi-barbarie, ont souvent une part plus grande dans l'amour, qui, plus que l'amitié, est porté à la jalousie et au despotisme.

Mais il y a, dans l'affection conjugale, un autre élément essentiel: le *sentiment de responsabilité familiale*. L'homme et la femme qui s'unissent pour créer une famille, prennent à l'égard l'un de l'autre et tous deux à l'égard de la société, à l'égard surtout des enfants qu'ils élèveront en commun, un engagement dont on ne saurait exagérer la gravité,

L'amour est d'autant plus solide et plus durable qu'il se fonde sur une correspondance plus profonde de caractère, d'humeur, d'aspirations, de goûts, de sentiments, de croyances, d'éducation, et même, dans une certaine mesure, sur des convenances matérielles de situation et de fortune. La vie en commun, quand la sympathie est profonde, resserre de plus en plus fortement les liens affectueux et, si l'habitude calme la passion, elle rend l'attachement en quelque sorte indissoluble.

2° Amour des parents pour les enfants. — *L'amour maternel* est d'abord un instinct naturel puissant. On le rencontre dans toutes les espèces animales où la mère nourrit et élève ses petits. *L'instinct paternel* est moins primitif. Dans une civilisation avancée, à l'instinct naturel viennent s'ajouter des sentiments délicats et profonds : pitié et protection pour la faiblesse de l'enfant, tendresse et admiration devant l'innocence puérile et le mystère d'avenir que l'enfant représente, responsabilité, dévouement. D'autre part, il y a aussi l'orgueil paternel et maternel : les parents revivent dans leurs enfants, qu'ils regardent un peu comme leur œuvre. De là l'aveuglement et la faiblesse de certains parents, ainsi que leur injustice à l'égard de tout ce qui est étranger à la famille ; de là aussi la tentation de considérer leurs enfants comme leur propriété exclusive ; de là encore leur colère et leur rancune contre l'enfant qui a trompé leur attente, ressentiment d'autant plus fort qu'ils ont cru faire pour cet enfant des sacrifices plus grands.

Cependant l'enfant n'est à aucun moment la propriété de ses parents ; ceux-ci doivent s'accoutumer à voir en lui une personne qui, en se développant et en s'épanouissant, se distinguera d'eux chaque jour un peu plus. Ainsi l'oiseau apprend à ses petits à voler — avec quelle tendre sollicitude ! — pour que ceux-ci, un jour, se sentant assez forts, quittent à jamais le nid paternel. Une conscience plus éclairée doit ramener le sentiment élargi dans le sens des fins primitives de l'instinct, mais en leur donnant une signification plus haute. Le but que doivent poursuivre les parents, c'est la création dans chacun de leurs enfants d'une personnalité morale indépendante.

3° Amour filial. — Cette affection se manifeste d'abord par le besoin qu'a l'enfant d'être protégé : instinctivement, le petit enfant se réfugie entre les bras de sa mère. Dans la famille normale, l'amour filial est fait essentiellement de *confiance et de sécurité dans la tendresse*. L'enfant apprend à aimer en se sentant aimé ; le plaisir qu'il éprouve à se sentir caressé et choyé lui fait reporter son attachement sur ceux qui lui procurent ce plaisir. Plus tard, la représentation plus nette des bienfaits qu'il tient de ses parents fortifie ce sentiment, qui devient une *reconnaissance attendrie*.

Un élément de *respect* et d'*admiration* se mêle de très bonne heure à la tendresse filiale. C'est, dans les premières années de l'enfance, un respect presque religieux du petit être pour quelqu'un de fort, de puissant, dont il dépend, dont il reçoit la nourriture et à l'autorité duquel il est soumis. Quand il commence à réfléchir, il se propose pour modèle, *lorsqu'il sera grand*, son père ou sa mère. Ce sentiment d'admiration presque instinctif communique une grande force à l'autorité naturelle des parents. Il coexiste d'ailleurs avec l'étonnement et le trouble que provoquent un peu plus tard certains actes et certaines paroles. Il peut aussi s'attacher aux actes les plus condamnables, pourvu que ces actes manifestent aux yeux de l'enfant une puissance et une supériorité quelconque.

Autour de la tendresse et de la reconnaissance filiales, s'agrègent, pour les mieux fixer au plus profond de notre être, les *habitudes de la vie familiale*, tout un ensemble de visions, d'images qui, plus tard, représenteront pour nous toute une période de notre passé lointain, certainement le plus cher, et que dominent la figure d'un père et celle d'une mère.

4° Amour fraternel. — Nous avons vu que les liens de la sympathie s'établissent d'autant plus facilement et d'autant plus solidement que la correspondance de nature est plus grande entre les personnes. Le mot *fraternité* exprime le sentiment d'une communauté d'origine et de nature, et l'affection qui en résulte. Son emploi pour désigner la sympathie qui unit les hommes marque bien que cette sympathie a pour modèle le sentiment des frères les uns pour les autres. L'affection mutuelle des frères et des sœurs est faite surtout de la *communauté* des habitudes, des sentiments, des idées, des souvenirs, fruit d'une éducation commune et de la vie en commun dans la famille. Un frère, une sœur sont les premiers compagnons de nos jeux. Nous nous sentons rapprochés par une commune affection, un commun respect pour les parents. Des oppositions d'intérêts ou de caractère peuvent parfois briser cette union ; mais quand le culte filial est puissant, il maintient en général l'affection fraternelle, malgré les divergences de goûts, d'idées et d'intérêts que la vie souvent accentue. C'est pourquoi l'amour des frères entre eux est pour une grande part déterminé par la tendresse clairvoyante et également partagée des parents pour leurs enfants.

L'*esprit de famille* est fait à la fois du culte des parents et des ancêtres, d'un sentiment d'étroite solidarité d'intérêts, de traditions, d'honneur. S'il peut se produire entre membres d'une même famille des oppositions d'intérêts matériels ou des jalousies, il y a cependant quelque chose de plus fort qui subsiste et qui maintient un lien, c'est une solidarité morale résultant d'éléments complexes et assez obscurs : l'hérédité, la tradition, l'éducation. L'esprit de famille est un soutien de la vie morale. Il a d'autant plus de force qu'il se résout dans un idéal conscient et qu'il s'incarne dans une figure aimée et vénérée, celle du père, par exemple, ou de la mère, ou des deux à la fois. C'est ce qui explique pourquoi, dans les familles aristocratiques de l'ancien régime, la « galerie des ancêtres » était pour ainsi dire le centre, le sanctuaire de la maison.

L'esprit de famille peut d'ailleurs devenir exclusif et injuste à l'égard de tout ce qui dépasse le cercle de la famille. Il existe un *égoïsme familial,* non moins déplaisant que l'égoïsme individuel, et qui peut mener à d'odieux abus, que l'opinion flétrit sous le nom de *népotisme.*

En résumé, la famille est l'école des sentiments affectueux, du dévouement, de la reconnaissance, du respect et d'une justice tempérée de bonté. C'est le foyer où se gardent les traditions et où s'élabore l'avenir, où se conserve l'âme des ancêtres pour composer avec ce qu'elle a de plus pur l'âme de l'avenir.

RÉSUMÉ

La famille est un prolongement de nous-mêmes, une sorte d'immortalité qui nous est assurée dans l'avenir de la race. Les principaux sentiments de famille sont :

1° L'amour conjugal *qui lie les époux ; sentiment très complexe, où l'instinct primitif qui rapproche l'homme de la femme devient tendresse et dévouement ; le sentiment de* responsabilité familiale *y mêle un élément moral puissant ;*

2° L'amour maternel *et l'amour* paternel, *faits de tendresse, de protection, d'orgueil et du sentiment de la responsabilité ;*

3° L'amour filial, *composé de reconnaissance attendrie, de respect et d'admiration ;*

4° L'amour fraternel, *qui repose surtout sur une communauté de sentiments, d'éducation, d'habitudes et d'intérêts.*

L'esprit de famille résulte d'une solidarité d'intérêts, de traditions et d'honneur qui unissent tous les membres d'une même famille et que les générations se transmettent.

CHAPITRE XII

Le Sentiment patriotique. — Les Sentiments humanitaires.

Le sentiment patriotique, tel que nous l'entendons aujourd'hui dans nos grandes nations modernes, se distingue de l'amour du sol natal. Il s'attache à une idée, celle de la nation, tandis que l'amour du sol natal s'attache à un coin de terre. Le sentiment de la patrie peut même se trouver en conflit avec l'amour du sol natal : les Alsaciens-Lorrains qui, en 1871, ont opté pour la France, ont quitté leur terre natale pour émigrer vers une terre restée française.

C'est que le sentiment patriotique est en réalité un sentiment très complexe, dans lequel sont venus se fondre des sentiments multiples et des idées différentes ; il a suivi dans l'histoire l'évolution de la notion même de patrie, et s'est peu à peu modifié sous l'empire des idées, de plus en plus élargies, de justice et d'humanité.

Analyse du sentiment patriotique. — Le sentiment de la patrie s'est révélé dans l'histoire par l'opposition d'une tribu à une autre tribu, d'une cité à une autre cité, d'un peuple et d'une civilisation à un autre peuple et à une autre civilisation. C'est à l'origine un instinct de *conservation sociale* s'éveillant dans un groupe, à l'occasion d'une opposition contre un autre groupe rival ou hostile. Le même caractère tantôt agressif, tantôt défensif, que prend l'instinct de conservation individuelle, devient celui du sentiment de conservation sociale.

Cet instinct se fixe et s'approfondit à mesure que des images plus nombreuses et plus précises lui représentent un objet mieux déterminé. Alors des sentiments nouveaux viennent s'agréger à lui. C'est ainsi que le sentiment de la patrie ne s'est guère développé en général que chez les peuples qui se sont fixés sur un sol, qui ont adopté une vie sédentaire et qui se sont donné des lois religieuses et politiques.

Les principaux sentiments qui se sont confondus à l'origine dans le sentiment patriotique sont *l'amour du sol natal*, le *culte des ancêtres*, les *traditions religieuses et nationales*. Chacun de ces sentiments renferme des éléments émotionnels et des éléments intellectuels, images, idées ou symboles.

L'amour du sol natal est encore un prolongement de l'amour de nous-mêmes et des affections de famille ; c'est l'attachement à la terre où nous sommes nés, qui nous a nourris, que nous avons fait fructifier par notre travail ; c'est une sorte de fraternité avec les choses familières qui, témoins de notre vie, semblent avoir fixé en elles le souvenir de notre passé et de ceux que nous avons aimés. Pour le paysan, la terre est une collaboratrice, presque son œuvre, son enfant, et c'est encore le sol fécondé par les aïeux, et qui, après leur mort, a reçu leur poussière. Cette terre, c'est une race tout entière en quelque sorte qui l'a pétrie, qui l'a créée, et qui, en vérité, l'a composée.

Ainsi l'amour du sol natal, formé du vague instinct de la *filiation de l'homme et de la terre*, d'un *sentiment d'appropriation par le travail*, enfin *d'une sympathie pour les choses familières*, est encore approfondi et ennobli par le *culte des ancêtres*. S'il faut défendre cette terre contre l'attaque de l'étranger, de l'envahisseur, les chefs de famille s'unissent pour la défense commune, afin que le patrimoine commun soit transmis intact aux descendants. Par là, le sentiment de *fidélité* au devoir, *d'honneur commun*, fait partie de ce culte.

Enfin, quand la *cité* ou la *patrie* se réalise dans un culte national et dans des *croyances communes*, dans des *lois* et des *traditions, des gloires et des défaites, une civilisation communes*, le sentiment de la patrie n'est plus un vague instinct qui se résout en manifestations guerrières : c'est un sentiment profond, qui anime une commune volonté de poursuivre une même œuvre et qui rayonne dans toute la vie morale.

Évolution du sentiment et de l'idée de patrie chez les peuples modernes. — L'amour de la patrie a suivi l'évolution historique des peuples modernes ; il s'est modelé sur l'idéal féodal, plus tard sur l'idéal monarchique. Au moyen âge, les sentiments de religion et de race se sont confondus souvent avec l'attachement au sol et aux traditions, spécialement à l'époque des croisades, et surtout en Espagne, où la croisade était en même temps une guerre nationale pour la possession du sol.

L'idée de la patrie française n'a commencée à se dégager dans le peuple qu'avec Jeanne d'Arc. Elle resta confuse sous l'ancien régime, où le sentiment de la patrie s'incarna dans la royauté. Cependant la patrie française apparaissait déjà dans le sentiment vague du génie de la France, que représentaient la clarté de son ciel, l'aspect riant de son sol, l'antique vaillance, la lucide raison, l'alerte esprit de ses habitants. Dans les classes éclairées se forme peu à peu l'idée consciente du génie national, se traduisant par l'art, la littérature, la philosophie : le dix-huitième siècle cosmopolite conçoit déjà l'idéal français, et les philosophes qui travaillent pour « l'humanité » affirment le génie français.

C'est la Révolution qui a dégagé l'idée de la patrie moderne. Pour les hommes de 1789, la France incarne les idées de liberté, d'égalité, de souveraineté du peuple.

Mais, à côté de l'idée vraiment française des nationalités, subsistent aujourd'hui encore des survivances de conceptions anciennes : entre autres, la croyance en la toute-puissance de l'État, un respect superstitieux de ses droits propres, qu'entretiennent les princes et les classes au pouvoir ; d'où des spoliations scandaleuses, telles que la réunion de l'Alsace-Lorraine à l'empire allemand, en 1871. Elles prétendent se réclamer de l'idée de *race*, de *langue*, de *religion*, ou d'un prétendu *droit historique*. Mais ni la race (idée qui pour les peuples modernes ne peut être définie que bien arbitrairement), ni la langue, ni la religion ne constituent les éléments essentiels de la nationalité (ex. : la Suisse). Ce qui fait vraiment une nation, c'est *la volonté commune des citoyens d'un même pays, de poursuivre sous les mêmes lois la réalisation d'un idéal commun*, idéal qui se dégage du caractère même d'un peuple prenant conscience de son génie et de ses destinées.

Le patriotisme, dans le passé, a surtout pris la forme guerrière parce qu'il était déterminé avant tout par la haine de l'ennemi. Le patriotisme moderne, sous sa forme la plus haute, est, au contraire, pacifique dans son essence. Il est opposé au chauvinisme qui correspond à une idée étroite de la patrie, et qui s'appuie sur la jalousie et sur la haine. On peut le définir : *le culte profond, attendri et enthousiaste du génie national*. Dans ce culte se puisent les hautes énergies de la race pour l'accomplissement d'une œuvre civilisatrice, où chaque peuple apporte sa part, en conformité avec son caractère propre.

> Ma patrie est partout où rayonne la France,
> Où son génie éclate aux regards éblouis,

dit Lamartine.

Ainsi le patriotisme s'est élevé en se pénétrant des sentiments de justice et d'humanité qui se sont eux-mêmes élargis. On peut concevoir une harmonie des patries dans l'humanité, comme une harmonie des individus dans une société. Le sentiment de l'honneur national va donc se transformant comme celui de l'honneur individuel. De même qu'on condamne le duel au nom d'une morale plus élevée, on en arrive à déplorer, à condamner la guerre. Les principes généraux du droit s'étendent de plus en plus aux rapports des nations entre elles. Toutefois, tant que la majorité des hommes pratique encore le « droit du plus fort », le *droit* au vrai sens du mot est obligé de résister à la violence par la force, sans quoi il serait écrasé et la force brutale triompherait. Une nation qui a la volonté de vivre ne meurt pas : pour les sociétés, il est vrai à la lettre que la vie est dans la volonté de vivre (ex. : la Pologne). Aussi la force d'un peuple n'est-elle pas uniquement dans la supériorité de son armement, dans la puissance de ses canons ; elle réside encore et surtout dans l'énergie des caractères et dans l'élévation des consciences.

Dans l'antiquité grecque et romaine, à l'époque féodale, la femme, la mère encourageait le courage guerrier chez l'homme. Aujourd'hui, si la femme doit être l'apôtre du pacifisme, ce ne doit pas être, à coup sûr, pour remplacer la bravoure par la lâcheté, mais pour enseigner un autre courage et un autre honneur, ceux du citoyen prêt à se sacrifier, s'il le faut, à un idéal de justice.

Le sentiment humanitaire. — La sympathie et les sentiments altruistes ne s'étendaient, à l'origine, qu'à l'intérieur d'un groupe social restreint. Cela tient d'abord à la nature même de la sympathie, qui est une attraction du semblable vers son semblable. Il est difficile de se mettre à la place de ceux qui ont une tout autre manière que nous de penser et de sentir. Les Grecs appelaient Barbares tous ceux qui ne parlaient pas leur langue. Les différences de langue, de religion, de couleur, de civilisation ont constitué et constituent encore des barrières entre les hommes.

D'autre part, les intérêts d'un groupe, et la défense de ces intérêts, en opposition avec ceux d'un autre groupe, ont fait obstacle à l'extension des sentiments altruistes. De même que les sentiments égoïstes, instinct de conservation personnelle, désir de vengeance, etc., lorsqu'ils sont mis en éveil, s'opposent à la sympathie et l'empêchent même parfois de naître ; de même, l'instinct de conservation sociale, limité à un groupe restreint, empêche les hommes de ce groupe de reconnaître pour leurs semblables ceux qui ne sont pas liés à eux par des intérêts communs.

Mais à mesure que les relations sociales se multiplient, les hommes de nationalités différentes apprennent à se connaître : ils s'aperçoivent de ce qu'ils ont de commun ; les barrières s'abaissent et la sympathie s'étend. Le développement du sentiment humanitaire tient surtout à la conception de plus en plus précise et de plus en plus large à la fois qu'on se fait de la nature de l'homme, de ses droits et de ses devoirs. Les progrès de la pensée philosophique ont ainsi beaucoup contribué à les hâter. Ce fut une conquête immense de la philosophie morale du dix-huitième siècle que la définition des *droits de l'homme et du citoyen* par les hommes de 1789. Depuis lors les idées humanitaires n'ont cessé de recruter des adeptes de plus en plus nombreux. La guerre est considérée par beaucoup de personnes aujourd'hui comme un reste de barbarie.

Bienfaisance et philanthropie. — Non seulement le progrès de la civilisation a amené l'extension de la sympathie à des groupes de plus en plus importants et enfin à l'humanité tout entière ; mais encore il a contribué à transformer les manifestations de la sympathie et de l'amour pour autrui. Les hommes se sont préoccupés de rendre plus vraiment efficaces, plus délicatement moraux aussi, les actes accomplis en vue du bien de leurs semblables, en s'inspirant d'une connaissance plus parfaite des conditions du bonheur.

Pour être la forme la plus répandue de la bienfaisance, l'*aumône* n'en est pas la plus pure : bien des sentiments égoïstes, en particulier l'orgueil et la vanité, s'y peuvent mêler à la pitié. La charité, éclairée par l'étude de la sociologie, et spécialement de la loi de solidarité, ne s'arrête pas à l'aumône : elle considère, au delà du soulagement, presque toujours provisoire et insuffisant, des misères individuelles, les conséquences sociales d'un acte inspiré par la pitié. La *philanthropie* est la charité pratiquée d'une façon en quelque sorte scientifique, et inspirée non plus seulement par la pitié pour les individus, mais par l'idée plus générale du bien de l'humanité. La charité et la philanthropie, réglées par une notion plus précise de l'équité et du respect dû à la personne humaine, regardent comme leur idéal la réalisation d'une justice toujours plus haute et plus parfaite. Le dix-neuvième siècle, depuis Vigny et V. Hugo, jusqu'à Tolstoï, a prêché « la religion de la souffrance humaine ». Cependant, la pitié peut devenir une faiblesse, un abandon de soi-même, une résignation au mal, surtout au mal moral. Elle peut d'ailleurs être indiscrète, et ne pas aller sans un certain mépris : il est des souffrances qui ne veulent pas être découvertes ; la pitié leur serait une offense. Cette pudeur est sacrée : il y a parfois plus de véritable amour dans les yeux qui se détournent que dans les yeux qui pleurent. Il existe enfin une pitié qui ressemble à un scepticisme élégant, à une sorte de dilettantisme. Mais malgré tout l'amour reste le principe fécond qui développe la justice elle-même, qui tend à promouvoir l'humanité vers des fins plus hautes.

Éducation de la sympathie. — La sympathie est, suivant les natures et parfois aussi suivant les occasions, plus ou moins vive à s'émouvoir, plus ou moins forte, plus ou moins profonde et durable, plus ou moins efficace. Les causes qui la rendent faible ou lente sont souvent, ou l'apathie du tempérament, ou l'inexpérience de la douleur, ou encore la pauvreté de l'imagination, l'impuissance à se représenter une douleur chez des êtres tout différents de nous-mêmes. C'est cette dernière cause qui explique, par exemple, dans l'antiquité, la cruauté des hommes libres à l'égard des esclaves, et, dans les temps modernes, celle des blancs à l'égard des noirs, des enfants pour les animaux.

Les douleurs physiques ne sont pas toujours celles qui excitent le plus notre sympathie, parce qu'il est plus difficile de les imaginer, soit que nous n'en ayons pas l'expérience personnelle, soit que, les ayant déjà éprouvées, nous soyons impuissants à en évoquer le souvenir avec vivacité. Au contraire, la douleur morale étant constituée surtout par un cortège d'idées, de représentations, qui éveillent des émotions plus ou moins profondes, il nous est facile de les ressentir par sympathie, pour peu que nous ayons l'imagination vive.

Pour développer la sympathie chez l'enfant, il faut donc lui apprendre à voir la souffrance d'autrui, lui faire découvrir l'analogie entre les émotions des autres et ses propres émotions. Il faut éveiller et développer son imagination, élargir sa conscience afin que, de lui-même, il puisse sentir les liens multiples et mystérieux qui l'attachent à ses semblables et à tous les êtres. La poésie, en particulier celle de V. Hugo, peut contribuer pour une grande part à développer ces sentiments. Mais il y a des écueils à craindre : la sensiblerie et le dilettantisme de la pitié. C'est pourquoi il importe d'initier de bonne heure l'enfant à la pratique de la charité et des œuvres sociales.

Enfin, il ne faut pas assombrir l'imagination de l'enfant. Accoutumons-le à se réjouir du bonheur d'autrui. A ce point de vue particulier, la connaissance du caractère et du tempérament de l'enfant permettra à l'éducateur d'approprier les moyens d'éducation aux dispositions individuelles.

RÉSUMÉ

Le sentiment patriotique est un sentiment très complexe. Il est fait à l'origine de l'instinct de conservation sociale. En lui viennent se con-

fondre l'amour du sol natal, *le* culte des ancêtres, *les* traditions religieuses èt nationales. *Il est fortifié par les institutions religieuses, nationales, les lois et l'éducation commune.*

Le sentiment patriotique a suivi l'évolution historique de l'idée de nationalité. On pourrait le définir aujourd'hui : le culte profond, attendri et enthousiaste du génie national. *Il n'affecte plus nécessairement la forme guerrière et il se subordonne à un idéal de justice.*

Le sentiment humanitaire *est l'extension de la sympathie et des sentiments altruistes à l'humanité tout entière*

Bienfaisance et philanthropie. — *Les manifestations actives de la sympathie et de la charité se transforment en s'éclairant par l'étude de la sociologie. La philanthropie est la charité pratiquée d'une façon en quelque sorte scientifique et inspirée par l'idée abstraite du bien de l'humanité.*

Éducation de la sympathie. — *Il faut éveiller et développer la sympathie chez l'enfant, en l'habituant à compatir à la souffrance d'autrui et en l'initiant de bonne heure à la pratique de la charité.*

CHAPITRE XIII

Les Inclinations supérieures.

I. — LE SENTIMENT MORAL

L'Émotion morale. — En présence d'une action, nous éprouvons parfois un sentiment de répulsion ou d'attrait, de peine ou de joie, indépendant de toute considération des conséquences mauvaises ou bonnes que cette action peut avoir pour nous. C'est tantôt du *mépris* ou de l'*indignation*, tantôt de l'*estime* ou de l'*admiration*, s'il s'agit d'un acte accompli par autrui ; et, s'il s'agit de nous-mêmes, c'est le *remords* ou la *satisfaction morale*. Ces sentiments divers, qui accompagnent l'appréciation portée sur la conduite ou le caractère d'une personne, constituent ce qu'on appelle l'*émotion morale*.

L'émotion morale révèle un ensemble de tendances qui nous portent à agir en vue d'autres fins que la conservation personnelle. Elle implique un jugement, et suppose donc le sentiment d'une règle, d'une hiérarchie de tendances qui *doit* être établie.

Analyse du sentiment moral. — 1º Un des éléments les plus importants du sentiment moral, c'est la *sympathie* et les sentiments *sociaux*. Certains moralistes ont même identifié le sentiment moral avec la sympathie. Cependant la sympathie ne se présente pas par elle-même avec le caractère de fixité du sentiment moral ; elle est intermittente, inégale, aveugle ; le sentiment moral, dans la généralité des cas, s'exprime indépendamment des circonstances, et quels que soient nos sentiments particuliers à l'égard des personnes.

2° Ici apparaît un nouvel élément du sentiment moral, c'est le *sentiment de justice*. Ce sentiment résulte d'une généralisation de l'instinct de défense. Il implique la notion d'**égalité**. Cette notion elle-même s'étend à mesure que les sociétés évoluent. La justice a deux aspects : *justice défensive* (conservation et respect des personnes), *justice distributive*, qui est le partage équitable des biens que l'organisation en société assure à tous par les progrès de l'ensemble ; l'équité tient compte d'une hiérarchie des services dans la communauté. Le sentiment de justice implique un élément intellectuel, qui prend de plus en plus d'importance à mesure que l'instinct primitif de défense et de compensation s'épure et se généralise. Alors il suppose l'idée d'un ordre social et la comparaison des valeurs humaines. Aussi cette notion de justice a-t-elle varié dans ses applications, selon l'importance attribuée aux différentes qualités d'un être humain (force physique, santé, bravoure, beauté, loyauté, bonté, résignation, etc.). Au sentiment de justice se rapporte le besoin de *sanction*. Le désir de la récompense et la crainte du châtiment sont pour ainsi dire l'accompagnement de l'instinct de justice.

3° Le sentiment moral revêt un caractère d'*obligation* qui est sa marque originale, et qui en fait un sentiment irréductible, distinct de tous les autres sentiments. Un acte conçu comme moral s'impose à la volonté. C'est ce sentiment que quelque chose *doit être fait* qui constitue proprement le sentiment moral : là se trouve l'explication du remords et de la satisfaction morale. On pourrait alors définir le sentiment moral : le *sentiment de la dépendance de l'individu à l'égard d'une loi supérieure à ses instincts*.

4° Au sentiment de l'obligation s'associe un sentiment de *dignité personnelle* qui nous porte à désirer l'approbation des autres, l'estime et l'admiration ; c'est pourquoi nous réglons le plus souvent nos actions sur l'opinion générale. Avec le progrès intellectuel, l'homme est amené à ne chercher sa loi qu'en lui-même ; il ne se modèle plus sur un idéal extérieur et collectif, mais sur un idéal intérieur, personnel. Le sentiment moral maintenu constamment devant la conscience comme le phare de la vie individuelle contient donc, à ce degré de l'évolution, le *sentiment d'un idéal*, qui tend à créer en nous l'unité et l'harmonie. Il s'impose à la conscience comme le régulateur de la vie, sans lequel celle-ci manquerait de dignité. Mais, ici, nous nous trouvons en présence d'un élément intellectuel prédominant, le besoin d'ordre et d'harmonie, qui est la loi même de la raison. Cependant cette loi n'a toute sa valeur pratique que par le sentiment d'un idéal à la fois désirable et obligatoire qui s'y associe indissolublement : nous ne pouvons, en effet, nous la représenter que comme une loi qui nous oblige et nous détermine à l'action, malgré les résistances de nos autres sentiments.

On le voit, les éléments du sentiment moral sont très complexes ; dans les différents cas, et selon les natures individuelles, c'est tantôt un élément, tantôt l'autre qui prédomine, mais en présentant toujours ce caractère d'obligation qui est la marque propre de l'instinct moral. Ils se transforment d'ailleurs, s'éclairent, s'épurent et s'élèvent en se pénétrant d'éléments intellectuels.

Chez certaines personnes, le sentiment moral se présente plus particulièrement comme *sentiment de l'honneur* ; chez les autres, comme *sentiment de la justice* ; chez d'autres, comme *charité* et *amour de l'humanité* ; chez d'autres encore, comme *sentiment du beau*, etc. Quand la conscience conçoit la dépendance de l'être individuel à l'égard d'un ordre supérieur universel, le sentiment moral prend un *caractère religieux*, indépendamment d'ailleurs de toute religion positive.

La culture du sentiment moral s'appuie d'abord sur des traditions, des habitudes morales, et sur la culture des sentiments qui le composent. Mais elle ne s'achève vraiment que par la formation de la conscience libre. La *sincérité* est la condition essentielle d'une haute moralité, car sans elle, il n'y a pas d'unité, pas de fidélité à des principes librement voulus.

II. — LE SENTIMENT RELIGIEUX

Les mots : *religieux, religion*, ont des sens très divers. Dans un sens très étroit, *religion* signifie un ensemble de rites liés à un système de dogmes ; c'est ce qu'on appelle une religion positive. Dans un sens large, on pourrait dire que c'est le sentiment d'un lien de dépendance de l'homme à l'égard de la vie universelle, conçue comme poursuivant une fin idéale : l'homme qui se sent engagé envers cette fin est religieux.

Analyse du sentiment religieux. — Il y a dans le sentiment religieux des éléments psychologiques qui tiennent à la nature profonde de l'âme humaine, et qui sont le fond commun de toutes les âmes religieuses, quelle que soit la croyance, et même en dehors de toute croyance positive. L'émotion religieuse est avant tout ce frisson de l'inconnu, cette *horreur* sacrée qui n'est d'abord qu'un émoi physiologique, et qui devient l'aspiration de l'âme vers la lumière, lorsqu'elle se sent plongée dans le double mystère du monde et de l'homme. L'homme, en face de la nature, éprouve ce sentiment du mystère et ce pressentiment de l'infini, surtout en présence de la mer, des hautes montagnes, ou dans les grandes forêts. Il l'éprouve aussi quand il se recueille en lui-même : « Quel prodige est-ce donc que l'homme ? » s'écrient Pascal et Bossuet. Devant l'injustice et les misères sociales, il s'étonne encore douloureusement.

Le sentiment religieux est, d'autre part, un élan d'*amour* et d'*adoration* vers un être qui résume en lui toute bonté, toute grandeur et toute beauté.

Évolution du sentiment religieux. — Le sentiment religieux a des origines très humbles : *l'adoration est d'abord une forme de la crainte.* L'homme primitif n'a pas la notion logique de cause ; il ne conçoit pas le lien de causalité comme une succession nécessaire des phénomènes dans la nature; tout lui paraît animé, plein de caprices, de désirs, d'intentions. Pour conjurer la mauvaise volonté d'éléments ou d'êtres mauvais ou hostiles, il offre des prières et des sacrifices. C'est comme une sorte de contrat entre l'homme et la divinité ; de là les présages, les augures. D'autre part, le culte des morts prend un caractère religieux et fait partie de la religion. Il apparaît chez les Grecs et les Romains comme un lien social entre les générations successives ; l'âme des ancêtres divinisée protège la famille, la race.

D'une façon générale, le culte religieux est devenu un *lien social*. Les législateurs se sont préoccupés de régler les rites. Chez certains peuples, la caste des prêtres a absorbé le pouvoir ; ils ont fondé à la fois les lois religieuses, politiques et morales.

L'évolution même des sociétés, celle des idées morales et les progrès de la connaissance humaine ont donc contribué à transformer le sentiment religieux.

Dans ce sentiment apparaît l'idée d'un ordre naturel et cosmique: la divinité est une puissance régulatrice de l'univers. De là sont sorties les *cosmogonies*. Les lois physiques nous révèlent l'ordre physique ; mais l'épreuve de la souffrance et de la douleur morale montre à l'homme comme une lutte dans l'univers, et il conçoit un *ordre moral* se superposant à l'ordre naturel. L'idée du bien, de la justice, a pénétré le sentiment religieux (le *Prométhée*, d'Eschyle). La fatalité s'incline devant la justice (*les Euménides*) ; le sentiment humain s'élève ; la vague terreur de l'homme primitif devient le *respect, la vénération*. Le sentiment de la grandeur et de l'infini se pénétrant de l'idée morale de *bonté* et d'*amour*, l'âme aspire à un amour idéal pour un Être infiniment grand et bon, quand le cœur a éprouvé douloureusement le caractère inachevé et éphémère des choses humaines.

Le sentiment religieux ainsi transformé contient : 1° un élément de *sympathie et d'amour ;* 2° un élément *esthétique et poétique ;* 3° un *élément intellectuel ;* 4° un *élément moral*.

Il y a quelque chose du sentiment religieux dans l'émotion du savant qui pressent une grande loi générale englobant les lois particulières. Mais l'idée et le sentiment religieux dépassent la science pour embrasser l'inconnaissable, et en même temps ils poussent l'esprit à se poser sans cesse de nouveaux problèmes.

Est religieuse aussi la croyance à un ordre moral dans l'homme et dans l'univers (la *Bouche d'Ombre*, dans V. Hugo). Cet ordre moral apparaît comme un idéal de justice de plus en plus haut, s'édifiant par delà l'ordre naturel des lois nécessaires, par l'effort des volontés conscientes qui ont d'abord accepté sans révolte la soumission aux lois inflexibles.

L'élément esthétique et poétique du sentiment religieux a été aux différentes époques une des principales sources de l'art (musique, architecture, sculpture), des mythes, de la poésie, et en particulier du lyrisme (*Psaumes*, Pascal et Bossuet — Rousseau et Chateaubriand. Les poètes du dix-neuvième siècle).

Le sentiment religieux agrandi, et en même temps réglé par la notion de la réalité, élève l'âme, sans la détourner de l'action pratique. Il s'oppose à ce mysticisme malsain qui résulte du reploiement de l'âme sur elle-même, en vue d'analyser ses sensations et ses émotions personnelles.

RÉSUMÉ

I. *Le* sentiment moral *comprend comme éléments essentiels :*

1° *La* sympathie *et les sentiments sociaux ;*

2° *Le* sentiment de la justice (*primitivement instinct de défense*);

3° *Un* sentiment d'obligation (*caractère irréductible du sentiment moral*);

4° *Le* sentiment de dignité personnelle, *qui se lie à un sentiment d'idéal personnel.*

Le sentiment moral prend différents caractères selon qu'il se lie, dans les diverses natures individuelles, à un sentiment prédominant parmi ceux qui viennent d'être indiqués.

II. *Le* sentiment religieux *contient primitivement deux éléments essentiels, la* crainte *et* l'amour. *Au sentiment primitif d'adoration (crainte et amour) s'agrègent un* élément esthétique et poétique, un élément intellectuel *et un* élément moral.

CHAPITRE XIV

Les Inclinations supérieures (suite).

I. — LES SENTIMENTS INTELLECTUELS.

Les sentiments intellectuels correspondent à l'exercice de l'intelligence. L'activité intellectuelle est pour nous une source d'émotions.

La forme primitive du sentiment intellectuel est la curiosité, qui est le besoin de connaître. Nous avons étudié la curiosité au chapitre des inclinations personnelles. Sous sa forme supérieure, le sentiment intellectuel est l'*amour de la vérité*. Il consiste moins dans le désir de connaître plus de choses, que dans le besoin de savoir avec exactitude et précision, et d'expliquer les faits en les rattachant à des lois. Une telle recherche a un caractère désintéressé. Elle n'est plus dirigée en vue d'une utilité pratique ; elle ne résulte plus du simple besoin d'exercer notre intelligence ; enfin elle n'est plus poursuivie en vue d'accroître notre valeur et notre force. Nous voulons la vérité pour elle-même, à cause de son prix infini, et nous ne la voulons pas garder jalousement, mais nous tâchons de la répandre. La vérité a ses prosélytes et ses martyrs.

L'amour du vrai a sa source dans ce *besoin d'ordre et d'unité* qui, dans le domaine du sentiment, correspond à la raison. La connaissance du vrai suppose l'esprit critique et l'esprit de synthèse. Une nécessité de la science actuelle, c'est la spécialisation

des étders et des recherches ; mais nous éprouvons impérieu-
sement le besoin d'apercevoir la place de chaque étude spécialisée
dans l'ensemble des sciences, dans l'ordre des choses. Une découverte scientifique qui éclaire une question encore obscure, qui
vérifie une grande hypothèse, est une source de joie. Mais quand
une découverte détruit les opinions déjà acceptées, elle cause
d'abord un trouble et une inquiétude ; puis elle devient une
cause de joie, si elle nous ouvre de nouveaux horizons et nous
met sur la voie de nouvelles découvertes.

L'incohérence des faits et des notions, la contradiction, l'obscurité sont pour certaines natures la cause de sentiments très pénibles.
Le doute, l'incertitude, le mensonge sont aussi insupportables à
certaines âmes qu'à d'autres la laideur, la discordance des couleurs
et des sons, les fautes de goût. Au contraire, la certitude, la véra-
cité nous procurent un sentiment de sécurité ; un raisonnement
juste, une démonstration élégante amènent une jouissance ; c'est
comme un rayon de lumière qui pénètre dans notre esprit et y
apporte une allégement.

La vérité, par l'ordre et l'harmonie qui sont ses conditions, renferme un élément esthétique ; cependant le sentiment intellectuel
et le sentiment esthétique ne sont pas du même ordre. L'objet du
sentiment intellectuel, la vérité, est essentiellement impersonnel.
Le sentiment esthétique résulte d'un accord entre les harmonies intérieures de notre nature et les réalisations objectives de la beauté.

Il y a également un ordre moral distinct de l'ordre du sentiment
intellectuel, bien que le savant puisse considérer la recherche et
la divulgation de la vérité comme l'objet du devoir. L'ordre intellectuel proprement dit se limite au domaine de la vérité spéculative, l'ordre moral embrasse le domaine de l'action pratique, de
la volonté. Le respect du vrai est une partie seulement du contenu
du devoir ; les vertus auxquelles il correspond sont la *probité
intellectuelle* et la *tolérance*.

II. — LES SENTIMENTS ESTHÉTIQUES

Le sentiment du beau n'apparaît pas, dans sa source, comme un
instinct utile à la conservation, ni de l'individu, ni de l'espèce : il

semble un luxe. Cependant il se manifeste de très bonne heure
chez l'enfant. Les hommes primitifs nous ont laissé des témoins
d'un art rudimentaire ; les sauvages ont aussi des arts, la danse,
par exemple.

On a rattaché *l'art* au *jeu*. L'art, comme le jeu, a en effet le
caractère d'une activité désintéressée, se déployant librement, sans
but utile. Mais, tandis que le plaisir du jeu résulte essentiellement
de tout exercice de l'activité, le plaisir esthétique est dans la réalisation ou dans la contemplation d'objets qui provoquent un
exercice libre et harmonieux de l'intelligence et de l'imagination.
Le propre de l'activité esthétique, c'est qu'elle est spécialement
l'activité libre des facultés représentatives. « C'est, dit M. Ribot,
le jeu de l'imagination créatrice sous sa forme désintéressée. »

Analyse de l'émotion esthétique. — L'émotion du beau est
provoquée par des objets d'ordres très différents : une belle couleur, un bel arbre, un beau visage, un beau tableau, un beau
poème.

1° L'émotion esthétique a pour premier caractère d'être DÉSIN-
TÉRESSÉE : le beau se distingue de l'*utile* ; il se distingue aussi en
une certaine manière de l'*agréable*, bien que l'émotion esthétique
soit essentiellement un plaisir. Nous disons : une saveur, une odeur
agréables ; mais nous disons : une belle couleur, un beau son. Le
sens de la vue et celui de l'ouïe sont les sens esthétiques par excellence : c'est qu'ils ne sont pas directement liés à une activité utile
au maintien de la vie organique ; ils sont surtout les organes de
la connaissance. Les sensations qu'ils nous donnent font surgir
une foule d'images qui s'associent entre elles, fournissant à l'imagination une riche matière.

2° Cependant les perceptions se présentent sous un double
aspect : la représentation, élément propre de l'activité intellectuelle, et le ton affectif. Toute sensation détermine un ébranlement nerveux qui élève ou abaisse la tonalité de l'organisme,
sans que nous en ayons d'ailleurs toujours nettement conscience.
L'impression esthétique se rapporte au ton affectif des perceptions
sensibles. On peut se complaire à la contemplation des choses,
non pour la joie de les connaître (émotion intellectuelle), mais
pour le plaisir des yeux ou de l'oreille, en dehors de toute satis-

faction d'utilité ou de bien-être physique. Une lumière pure,
une ligne harmonieuse, un son doux et plein sont une joie : ils
déterminent comme une exaltation de notre puissance de voir et
de sentir ; ils élèvent en quelque sorte le ton de la vie. L'activité
intellectuelle, de même que l'activité organique, nous semble plus
aisée : l'allégresse des choses entre en nous. Ce qu'on appelle
*l'émotion esthétique résulte de ce mouvement plus libre, plus har-
monieux de l'activité de nos sens et, par eux, de l'imagination et
de la pensée.* Et ainsi le plaisir du beau, même le plus élémentaire, résulte d'une HARMONIE, d'un accord instantané entre le
rythme du monde extérieur et le rythme de notre vie. C'est pourquoi il y a dans le sentiment du beau tant de variations individuelles et aussi de variations collectives, correspondant aux différences de races, d'époques, de civilisations.

3° Le plaisir du beau ne saurait toutefois se produire sans une
surprise qui détermine comme un réveil des sensations. L'homme
des champs sent rarement la beauté de la nature : il y est trop
habitué. De même, on ne voit bien les beautés de son pays qu'en
le retrouvant après l'avoir quitté. Pour une raison analogue, l'enfant est surtout attiré par les couleurs brillantes, les sons écla-
tants, qui se détachent sur la monotonie ambiante. Il faut une
éducation affinée pour sentir les nuances délicates. C'est par la surprise et la joie des choses brillantes que se révèle d'abord le sentiment esthétique. Elles exercent un prestige, parce qu'elles semblent
contenir et communiquer une puissance. Cette LOI DES CONTRASTES
complète la loi d'harmonie : c'est ce qu'on exprime quand on
définit le beau : l'unité dans la variété (l'ombre faisant valoir les
lumières — mise en valeur des couleurs par leur opposition —
variété dans le rythme en musique et poésie).

4° Le plaisir du beau est d'autant plus vif que la sensation est
plus riche et plus pleine, et qu'elle se propage plus profondément
dans la vie organique et dans la vie psychologique. Par sa VERTU
ÉVOCATRICE, elle appelle tout un cortège d'images et de sentiments.
Nous disons par exemple : une belle étoffe, pour désigner un
ensemble de qualités de coloris, de brillant, de souplesse, de
moelleux, de finesse. A la joie de la vue s'associent des sensations
du toucher, des images et des idées de grâce, d'élégance, de somp-
tuosité.

Entre les images et les sensations d'ordres différents s'établit une correspondance et une similitude de ton affectif. Certaines couleurs, par exemple, portent à la mélancolie ou à la tristesse ; de même certains sons. De là un rapprochement entre les sons, les couleurs, les lignes, et parfois même les odeurs, les saveurs, les sensations du toucher, parce qu'elles se suggèrent réciproquement et qu'elles suggèrent une disposition d'âme commune. Dès lors, l'intérêt d'une sensation n'est plus principalement dans la sensation elle-même, mais dans l'association des images et des sentiments qu'elle éveille. Une ligne onduleuse, par exemple, représente une grâce un peu fuyante ; une colonne qui s'élance est l'image de l'élan libre de l'âme dans l'azur infini. C'est ainsi que les formes et les couleurs des objets inanimés, les bruits de la nature, sont évocateurs des sentiments humains. Telle est la source des *symboles* et des *mythes*. L'homme projette les formes et les modes de sa vie dans les choses de la nature.

Variétés du sentiment esthétique. — L'harmonie entre les mouvements et le sentiment, la puissance suggestive des signes extérieurs, peuvent donc être la cause d'une émotion esthétique. Ici encore, le jeu libre de l'imagination, par l'association spontanée d'images et de sentiments, redouble en nous le sentiment de la vie.

L'harmonie des idées entre elles est elle-même élément de beauté. On dit : une belle pensée, un beau raisonnement, une solution élégante, une belle hypothèse. Le beau intellectuel est fait d'ordre et de clarté dans la richesse et dans la puissance ; c'est la lumière de l'esprit éclairant la confusion des choses.

Dans l'ordre moral, l'énergie de puissance et, d'autre part, l'harmonie intérieure de la volonté consciente de sa force, peuvent être objets de beauté et provoquer une émotion esthétique.

Le joli, le gracieux, l'élégant, le sublime sont des variétés différentes du beau, qui se distinguent entre elles selon que l'un des éléments du beau y prédomine. Le *joli* résulte de l'agrément des nuances ; il ne présente pas la puissance ni la grandeur du beau. Le *gracieux* réside essentiellement dans la souplesse, dans l'aisance des mouvements ; toute activité qui se déploie sans effort et harmonieusement donne l'impression de la grâce. L'élé-

gance implique une certaine distinction, une certaine noblesse. Le *sublime* donne une impression de grandeur en dehors des proportions ordinaires, mais qui élève vers une harmonie supérieure; il provoque d'abord l'étonnement, et seulement ensuite l'admiration. L'*émotion poétique* peut se mêler à l'émotion esthétique ; elle l'approfondit en y ajoutant une aspiration vers l'idéal, un sentiment d'infini et de mystère. Le sentiment poétique est l'éveil de tout un cortège de sensations indéfinissables qui font vibrer le plus intime et le plus profond de notre être : la musique, le rythme des vers, les symboles sont, avec les bruits de la nature, avec le rythme de la lumière et de l'ombre, les sources les plus fécondes de l'émotion poétique.

L'émotion esthétique varie à l'infini quant aux objets qui la provoquent et quant à ses caractères, selon les natures individuelles ; elle varie en intensité, en profondeur, en richesse, en raison des tempéraments, des habitudes, de l'éducation, de l'expérience.

L'Art. — Le plaisir du beau peut naître du spectacle des choses, des émotions et du rythme même de la vie au cours de l'existence ordinaire ; il naît aussi de l'art. *L'art est l'exercice de l'activité humaine en vue de la création de la beauté.*

A l'origine, l'idée du beau était étroitement liée à l'idée de force, de puissance : l'homme a une plus haute idée de lui-même quand il se voit paré de choses éclatantes. Les chefs sont parés, de même les idoles ; tout ce qui est somptueux exerce un prestige sur la plupart des hommes, en particulier sur les hommes primitifs et sur les enfants. La parure et la danse furent les premières formes de l'art. La *danse* est d'abord un surplus d'activité ; puis à ce plaisir du jeu s'ajoute le plaisir particulier du rythme, qui exalte les sentiments et les sensations. Ces arts primitifs furent collectifs et resserrèrent le lien social : c'est ce qui explique pourquoi l'art fut d'abord rattaché à la religion et à la vie nationale ; ce furent des arts d'État, destinés à fortifier certains sentiments nécessaires à la conservation de l'État.

L'art s'individualise à mesure que, par le développement de la richesse matérielle d'une part, et de l'individualisme moral d'autre part, l'homme se crée une vie personnelle dans la vie de la cité. En Grèce, on voit apparaître l'ornementation de la maison, le luxe domestique et personnel, à l'époque où Socrate enseigne le « Connais-toi toi-même », et où le drame psychologique d'Euripide remplace le drame religieux et national d'Eschyle et de Sophocle.

Le lyrisme intime et personnel, tel qu'il s'épanouit à l'époque romantique, ne peut être le fruit que d'une civilisation avancée et déjà raffinée. Cependant le grand art sera toujours celui qui rapproche les hommes dans la communion du beau. Sa source est dans une personnalité forte qui vibre en harmonie avec la nature et avec l'humanité, qui en pénètre les harmonies profondes. Un grand génie artistique n'appartient pas seulement à une nation, ni à une époque ; il appartient à l'humanité. Mais, d'autre part, chaque peuple reflète son génie national dans l'œuvre de ses artistes et de ses écrivains.

L'art est une exaltation de la vie. Tout ce qui exprime avec puissance une manifestation de la vie peut être objet de l'art ; la laideur (physique ou morale) peut avoir sa place dans l'art, comme contraste ou comme manifestation de l'énergie, ou encore comme aiguillon de la sympathie et de la pitié. Mais le danger, c'est que la laideur ou la misère peuvent causer une dépression, qui va à l'encontre du but même de l'art. De là l'erreur du naturalisme, quand, de parti pris, il représente le laid et le mal.

Le but de l'art est-il de reproduire la réalité objective ? L'art est une création ; ce n'est pas une photographie ; c'est « l'homme ajouté à la nature ». Il n'y a pas d'art réaliste au sens étroit et littéral du mot. Une copie habile n'est pas de l'art ; ce n'est qu'un trompe-l'œil.

L'art est-il le serviteur de la morale ? Le caractère du beau est d'être avant tout désintéressé. Il y a plusieurs ordres de beauté ; mais à un degré supérieur ils se rejoignent. Le grand art est une élévation de la vie humaine, et, en ce sens, il est moral. Mais il ne saurait se confondre avec l'enseignement d'aucune morale étroite, d'aucune doctrine. D'autre part, ce qu'on appelle « l'art pour l'art » n'est qu'un art rapetissé, rétréci, réservé à quelques initiés qui cherchent dédaigneusement des sensations raffinées et rares.

Quelle peut être la place de l'art et du sentiment esthétique dans la vie moderne ? On a prétendu que le champ du beau et de l'art se rétrécit à mesure que s'étend celui de la science. Il y a aussi une beauté dans la science, et celle-ci d'ailleurs ne fait que reculer le champ du mystère. Enfin, la connaissance ne décolore pas la nature et ne déflore pas la sensation ni le sentiment.

A mesure que l'homme se rend plus maître des forces matérielles, il se réserve plus de temps et plus de place pour l'activité désintéressée et libre ; son âme affranchie est plus ouverte aux joies de la beauté. Le beau peut ainsi trouver sa place dans la vie ordinaire et pénétrer de son rayon les choses les plus humbles. Les femmes, en particulier, par leur goût naturel, par leur sentiment instinctif de la grâce, de l'harmonie, peuvent mettre de la beauté dans la vie domestique et dans la vie sociale. Mais elles doivent se défendre contre les déformations de la mode, les tentations du luxe et de la vanité. Une saine culture, en élevant leur esprit et leur cœur, les préparera à remplir ce rôle bienfaisant, qui est une partie de leur mission éducatrice.

RÉSUMÉ

I. **Sentiments intellectuels.** — *La forme primitive de ce sentiment est la* curiosité, *la forme supérieure,* l'amour du vrai. *L'amour du vrai a sa source dans un* besoin d'ordre et d'unité. *L'incohérence et la contradiction sont la cause de sentiments pénibles.*

II. **Sentiments esthétiques.** — *L'émotion esthétique a pour caractère essentiel d'être désintéressée ; elle résulte d'un mouvement plus libre, plus harmonieux de l'activité de nos sens, de l'imagination et de la pensée.*

Elle se présente sous divers aspects : beau, joli, gracieux, élégant, sublime, poétique.

L'art est l'exercice de l'activité en vue de la création de la beauté. D'abord social, il s'individualise de plus en plus. Il est une exaltation de la vie et a partout sa place.

CHAPITRE XV

La Passion.

Sens du mot passion. — Dans la langue courante, le mot passion signifie généralement une inclination violente qui nous enlève notre liberté de jugement et nous entraîne avec une force irrésistible. Des expressions telles que celles-ci : être *en proie* aux passions, devenir *le jouet* d'une passion, *le feu* des passions, marquent ce caractère de violence et de tyrannie. On a aussi appelé les passions des *maladies de l'âme*, parce qu'elles détruisent l'équilibre intérieur, et qu'elles aveuglent celui qu'elles possèdent, semblables en cela à une sorte de folie.

Les philosophes et les moralistes n'ont pas toujours nettement distingué la passion de l'émotion ou de l'inclination. Les uns, la confondant avec l'émotion, l'appellent un mouvement violent de l'âme ; les autres la définissent une inclination exagérée ou pervertie.

La passion est, en effet, une source très riche d'émotions plus ou moins vives ; mais le caractère de l'émotion, c'est d'être momentanée et non permanente ; la passion est, au contraire, de la nature de la tendance. Elle se distingue d'ailleurs de l'inclination, non pas seulement en degré, mais par des caractères nouveaux.

Description. Caractères de la passion. — La passion est impétueuse et impérieuse, jalouse et exclusive, aveugle, tyrannique.

La passion entre en conflit avec d'autres inclinations, s'oppose à elles, jusqu'à ce qu'elle prédomine victorieusement, soit qu'elle étouffe les autres sentiments, soit qu'elle les mette à son service (l'ambition chez Agrippine se subordonne l'amour maternel ; l'avarice chez Harpagon ou chez le père grandet détruit les sentiments paternels, l'honneur, la probité).

Mais la passion elle-même peut être complexe et donner cours à des impulsions contraires ; ainsi l'amour, chez Hermione, est fait à la fois de tendresse et de jalousie.

De ces divers conflits naît le *rythme* de la passion. La passion est donc à la fois principe de désharmonie et d'harmonie. Elle est *désharmonie* en ce sens qu'elle détermine des luttes, des conflits souvent douloureux, qu'elle désorganise la vie mentale, en attirant à elle toutes les pensées, en aveuglant l'intelligence, qu'elle détourne de tout ce qui ne se rapporte pas à son objet, en nous livrant sans force et sans contrôle à la puissance de ses impulsions parfois contraires. Elle est *harmonie* en ce sens qu'elle fait concourir les énergies de l'être vers un même but, les exalte, les amène parfois à leur paroxysme de puissance (par exemple, le patriotisme chez les héros de la Révolution, la foi religieuse chez les prosélytes et les martyrs de la religion).

Quand la passion se concentre sur un objet indigne, et que nous avons conscience de cette indignité, sans pouvoir nous en arracher, elle est toujours un principe de désorganisation. Elle est suivie de lassitude et du dégoût de soi-même. Elle ne peut devenir dans ce cas un principe d'énergie que si nous trouvons enfin la force de triompher d'elle (tel est Auguste triomphant de l'ambition et de sa passion de vengeance).

La passion est donc une inclination devenue prédominante, qui se subordonne toutes les autres ou qui les étouffe, et qui concentre les énergies de notre être vers un même but, en dépit de la raison qui abdique devant elle. C'est donc essentiellement une *habitude de la sensibilité*, et c'est en cela qu'elle diffère de la tendance. La passion devenue maîtresse rend l'âme impuissante à se gouverner.

La passion dans les divers âges et les différents caractères. — Les enfants, en général, ne connaissent pas la passion. L'enfant est gouverné tour à tour par ses diverses inclinations, selon l'ordre de ses besoins et selon les circonstances. Déjà pourtant apparaissent certaines tendances plus fortes à mesure que l'émotion les précise ; mais un enfant sain, à qui on laisse une suffisante liberté d'agir tout en l'habituant à une activité réglée et joyeuse, peut bien avoir des émotions vives, non des passions. La nouveauté inépuisable des impressions de l'enfant satisfait son besoin d'émotion. D'autre part, son développement physique et moral étant inachevé, les prédispositions natives ne sont pas encore nettement accusées en lui ; ses tendances les plus profondes restent hésitantes, ou même ne sont pas encore éveillées.

Chez l'adulte, la passion naît et se développe, soit par la *répétition* habituelle de certaines émotions qui deviennent en quelque sorte indispensables, soit par la *révélation soudaine* de l'intérêt puissant d'une émotion nouvelle. Dans le premier cas, c'est ce qu'on a appelé la formation par *cristallisation*, dans le deuxième cas, c'est le *coup de foudre*.

L'intensité du sentiment de la vie dans la jeunesse, cette ardeur qui veut tout envelopper de sa flamme, et d'autre part, l'inquiétude, le malaise qui résulte d'une organisation physique et psychologique non affermie, enfin l'inexpérience des choses et la transition trop brusque (dans notre éducation française surtout) d'une enfance étroitement surveillée à une jeunesse trop libre (pour les garçons), expliquent la fougue, l'imprudence et d'ailleurs aussi l'inconstance, le manque de profondeur des passions vers la fin de l'adolescence. Toute émotion vive éblouit, et l'imagination s'enflamme à la moindre étincelle. Pour peu que le sentiment rencontre des obstacles, voilà qu'il s'obstine, et c'est assez pour croire à la passion. Plus tard, la passion, en général, est moins prompte mais plus durable. Au fond, ce que la jeunesse poursuit dans la passion, ce sont les émotions vives ; l'âge mûr s'attache plus aux choses mêmes, jusqu'à ce qu'enfin, instruit par l'expérience, il ne retienne que les biens les moins incertains et les moins fragiles.

« Une grande vie, a dit Quinet, est une pensée de la jeunesse réalisée par l'âge mûr. »

Causes et développement de la passion. — Les passions sont déterminées : 1° par le *tempérament* physique et moral plus ou moins prompt, plus ou moins ardent, ou au contraire apathique, calme ; — 2° par les *prédispositions héréditaires*, par les *habitudes de l'éducation*, les *influences du milieu*, les *circonstances*, le *genre de vie*, enfin par les *habitudes de la volonté*.

Ce sont les dispositions héréditaires ou acquises de notre caractère qui nous inclinent de préférence vers telle ou telle passion ; mais encore faut-il que les circonstances permettent à la passion de naître et de se développer : la contrainte imposée par les personnes ou par les choses, ou au contraire la liberté absolue peuvent être également un excitant pour la passion (ex. : les deux jeunes gens de la pièce des *Adelphes* de Térence). Une volonté bien réglée discipline la passion ; l'imagination l'exalte.

Les diverses passions. — On distingue communément des *passions basses* et des *passions nobles* selon leur objet. — Les passions basses se rapporteraient à la sensualité, les passions nobles aux inclinations sympathiques ou idéales. Cependant la même passion peut être noble ou basse selon les objets auxquels elle s'attache : ainsi l'ambition. Les passions basses rétrécissent notre vie et l'appauvrissent, les autres l'élargissent et l'enrichissent. Les passions de la sensualité, l'avarice, une ambition étroite ne peuvent donner des joies bien variées, les premières surtout ont besoin d'excitations factices, parce qu'elles se blasent très vite et laissent un dégoût. Les passions altruistes et intellectuelles, au contraire, sont fécondes en joies qui se renouvellent sans cesse ; elles n'étouffent pas en général les autres sentiments mais les coordonnent et les harmonisent, tandis que les passions égoïstes font le vide autour d'elles et dessèchent l'âme.

Rôle de la passion. — La passion crée l'unité de l'activité ; mais cette unité est parfois un appauvrissement (passions égoïstes) et, en tout cas, elle peut n'être que passagère selon le rythme même de la passion. Ce qu'il faudrait pouvoir maintenir c'est l'intensité de la vie qui a sa source dans la passion, tout en dirigeant ses énergies de telle sorte que l'harmonie en soit durable. La question de l'éducation se ramènerait donc à ce problème : découvrir en chaque personne le mobile le plus puissant et en même temps le plus noble qui harmoniserait les forces en les dirigeant pour une

activité féconde et joyeuse. Mais la raison doit toujours être tenue en éveil pour établir son contrôle sur les sentiments et pour être le régulateur de la volonté.

RÉSUMÉ

La passion se distingue à la fois de l'émotion et de l'inclination. Elle est impétueuse et impérieuse, jalouse, aveugle, tyrannique. Elle ramasse pour ainsi dire toutes les activités et est à la fois principe de désharmonie et d'harmonie.

Elle prend des aspects différents selon les âges et les caractères.

Ses causes doivent être cherchées dans le tempérament, les dispositions héréditaires, l'influence du milieu, les circonstances, les habitudes de la volonté.

Suivant leur objet, il est des passions basses et des passions nobles.

Il s'agit moins, dans l'éducation, de détruire les passions que de les régler.

CHAPITRE XVI

Rapports entre le Sentiment et la Pensée.

I. — SENTIMENT ET INTELLIGENCE

Nous avons vu dans les chapitres précédents que l'intelligence intervient dans nos sentiments et les modifie. La vie intellectuelle et la vie affective se pénètrent mutuellement. La vie affective est primitive, avec les besoins et les tendances ; mais elle ne se développe et ne s'enrichit que par le jeu des représentations qui sont liées aux émotions.

On a cependant opposé l'intelligence au sentiment, et l'on a prétendu que le développement de la vie intellectuelle est en raison inverse de la sensibilité.

C'est un fait d'observation qu'une émotivité excessive contrarie l'activité méthodique d'une pensée qui cherche à se rendre maîtresse d'elle-même. « Le sentiment, plus prompt que l'éclair, vient remplir mon âme, dit J.-J. Rousseau ; mais au lieu de m'éclairer, il me brûle et m'éblouit. Je sens tout et je ne vois rien. Je suis emporté mais stupide ; il faut que je sois de sang-froid pour penser. » On a remarqué, d'autre part, qu'une certaine direction de la pensée tempère l'excitabilité affective, et calme les passions. C'est ce qui explique l'influence modératrice de l'étude, surtout de l'étude des sciences abstraites, sur le sentiment.

Cependant ce serait une erreur d'en conclure qu'une vie intellectuelle intense est nécessairement liée à une sensibilité froide. Il ne faut pas confondre irritabilité déréglée avec émotivité vive, ni surtout avec sensibilité profonde. Une activité intellectuelle bien dirigée peut contribuer à régler le sentiment et à équilibrer la vie affective, sans l'affaiblir, mais au contraire en l'élargissant et en la rendant plus riche. D'ailleurs l'évolution supérieure du sentiment est liée, nous l'avons vu, au développement de l'intelligence.

C'est l'abus de l'analyse et de la recherche du plaisir intellectuel pour lui-même, qui dessèche la sensibilité, ainsi que peut le faire l'exercice de toute activité, dirigée en vue de la recherche unique de la jouissance.

Nous remarquons au surplus que certaines formes du développement de l'intelligence paraissent résulter à la fois des caractères de l'émotivité et de la prédominance de certaines tendances. La *loi d'intérêt*, qui joue un si grand rôle, comme nous le verrons, dans la mémoire, dans l'association des idées et dans l'imagination, exprime le rapport qui existe entre les formes de l'activité intellectuelle et les modes de la vie affective.

II. — INFLUENCE DU SENTIMENT SUR LA PENSÉE

Cette influence est très profonde car la vie intellectuelle a sa première source dans la vie affective.

1° *Le sentiment détermine un choix entre les représentations* des choses qui nous entourent, *nous ne voyons que ce qui nous intéresse* (loi d'intérêt). C'est ce qui explique la puissance aveuglante du sentiment dans toutes les choses qui n'ont pas rapport à lui, et, par contre, sa clairvoyance pour tout ce qui le touche. C'est ce qui explique aussi, dans une certaine mesure, les tendances diverses des esprits et les aptitudes intellectuelles.

2° Le sentiment *prête une couleur aux objets* et exerce son influence sur toutes les sensations et toutes les représentations, même sur celles qui ne se rapportent pas à lui. C'est ainsi que les mêmes choses et les mêmes événements nous apparaissent très différents suivant nos diverses humeurs. Si nous sommes tristes, nous trouvons dans les choses les plus indifférentes des causes de chagrin, la vie nous paraît mauvaise, l'avenir sombre.

3° *Il détermine souvent des associations* entre représentations d'ordre différent. C'est la ressemblance du ton émotionnel qui permet d'établir un rapprochement, par exemple, entre des sensations colorées et des sensations auditives : on dit un son clair, comme on dit une couleur claire ; on a même établi des rapports entre certaines couleurs et le son de certaines voyelles (1).

4° *Le sentiment, tantôt précipite et facilite, tantôt ralentit et rend plus pénible la démarche de la pensée.*

5° *Le sentiment concentre la pensée, idéalise les objets, devance l'expérience, pose des problèmes* à la pensée, *impose à l'esprit la recherche des fins* (c'est le sentiment qui pose d'abord les problèmes métaphysiques et religieux). De là sa puissance stimulante sur la pensée, de là son rôle prépondérant dans l'art, mais aussi la prudence que la science doit avoir à l'égard de ses suggestions.

6° Le sentiment agit sur la pensée soit *comme pouvoir d'arrêt*, soit *comme pouvoir de conservation* (l'amour de l'humanité chez les anciens ne dépassait pas les hommes de leur race : pour les Grecs, tout ce qui n'était pas Grec était Barbare). Le sentiment devient ainsi un obstacle à l'élargissement de la pensée ; mais quand la pensée s'est enfoncée dans l'âme, le sentiment en devient le gardien fidèle : c'est ce que démontre la force des traditions et des atavismes.

Ce n'est donc que grâce à une large et intelligente sympathie que nous pouvons arriver à comprendre chez d'autres hommes des opinions et des croyances différentes des nôtres. C'est en cela que consiste réellement la tolérance dans le sens large et élevé du mot.

D'autre part, ce n'est que lentement, par une éducation scientifique profonde et large à la fois, que peut s'établir l'harmonie entre la vie sentimentale et la vie intellectuelle, sans que l'une s'appauvrisse ni que l'autre se rétrécisse.

(1) A noir, E blanc, I rouge, U vert, O bleu, voyelles,
Je dirai quelque jour vos naissances latentes...

(A. RIMBAUD, *Voyelles.*)

III. — INFLUENCE DE LA CONNAISSANCE SUR LE SENTIMENT

, Le sentiment (émotion et tendance) ne se précise que par la connaissance de la cause qui le détermine ou de l'objet vers lequel il porte notre activité. La représentation des circonstances, du milieu où nous avons éprouvé une joie ou une douleur, sert également à donner plus de réalité au souvenir de cette joie ou de cette douleur, et peut nous aider à la reproduire. C'est ce qu'on peut remarquer quand on observe l'éveil et le développement de la passion.

Par la liaison des images et des représentations qui accompagnent les émotions, les sentiments se transforment, se transposent ou se combinent.

1° *Le sentiment transpose son objet* (loi de transfert). L'avare porte tout son attachement sur l'or lui-même et non plus sur les jouissances que l'or pourrait lui fournir.

2° *Le sentiment spécialise son objet.* La fierté, l'orgueil n'est d'abord que le sentiment de puissance que donne la conscience de la force physique ; si ce sentiment de puissance s'associe à l'idée du savoir, de l'intelligence, la fierté devient le désir de la science et de la pensée indépendante : c'est le sentiment du droit à la pensée libre.

3° *Le sentiment se développe par extension de son objet.* Ainsi la sympathie que l'on ressent pour les personnes composant le groupe restreint qui nous entoure, peut s'étendre de plus en plus en dehors des limites de ce groupe.

4° *Le sentiment se modifie par combinaison et fusion d'images.* Lorsque deux images, correspondant chacune à un sentiment, s'associent, les sentiments aussi s'associent et se combinent, tantôt en se renforçant, tantôt en se partageant la conscience. Ainsi le sentiment religieux résulte, comme nous l'avons vu, de la fusion de plusieurs sentiments: l'émotion esthétique, le sentiment du bien, la tendresse, etc. La mélancolie est faite à la fois de joie et de tristesse.

Conclusion. — Grâce à l'évolution de la connaissance, les instincts primitifs se transforment en sentiments supérieurs (tels

sont l'amour maternel, l'amour du vrai, l'amour du beau). La
vie affective s'enrichit et s'approfondit. Le progrès intellectuel,
toutefois, devance de beaucoup le progrès corrélatif de la vie affective ; c'est pourquoi le pouvoir de l'instruction est limité ; il ne
s'exerce que d'une façon lente. Ce qui compose surtout ce que
nous appelons la mentalité, ce sont les mœurs, les habitudes de
sentiment liées aux habitudes de pensée.

« La pensée, dit Höffding, est la partie la plus mobile de notre
être ; le sentiment, lui, forme l'assise profonde vers laquelle les
effets ne se propagent que peu à peu de la superficie plus mobile.
C'est donc une illusion que d'espérer des effets soudains et
rapides des lumières et de l'instruction... Par suite des racines
profondes et solides que le sentiment pousse dans la conscience,
toute évolution mentale plus profonde exige du temps, et la
marche ainsi que la rapidité de l'évolution ne dépendent pas seulement des lois de la vie intellectuelle, mais encore des lois
propres de la vie affective. »

RÉSUMÉ

I. *On oppose souvent l'intelligence et le sentiment, comme si le
développement de l'un était en raison inverse de l'autre. Une irritabilité excessive du sentiment trouble, en effet, l'intelligence, et d'autre
part, l'abus de l'analyse et de la réflexion dessèche le cœur. Mais
une vie intellectuelle intense peut être unie à une sensibilité profonde.*
II. *L'influence du sentiment sur la pensée est très profonde.*
1° *Le sentiment détermine un* choix *parmi les représentations, suivant la loi d'intérêt ;* 2° *il prête une* couleur *aux objets ;* 3° *il opère des
associations de représentations ;* 4° *il* précipite *ou* ralentit *la marche
de la pensée ;* 5° *il* concentre *la pensée, devance l'expérience, pose
des problèmes à l'esprit et lui impose la recherche des fins;* 6° *il agit
sur la pensée comme un pouvoir d'arrêt et de conservation.*
*C'est par une éducation scientifique profonde et large que peut
s'établir l'harmonie entre la vie sentimentale et la vie intellectuelle.*
III. *Le sentiment ne se précise que par la connaissance; de là l'influence de l'intelligence sur la vie affective.*
Le sentiment transpose *son objet ; il le* spécialise *; il se développe
par extension de l'objet; il se modifie par* combinaison *et fusion
d'images.*
Conclusion. — *Grâce à l'évolution de l'intelligence, la vie affective
s'enrichit et s'approfondit. Mais le progrès intellectuel devance de
beaucoup le progrès du sentiment.*

CHAPITRE XVII

La Vie intellectuelle.

LES SENSATIONS

Dans les faits psychologiques, nous avons déjà étudié les éléments affectifs. La *connaissance* est un autre aspect fondamental sous lequel nous allons étudier la vie psychologique. Cette distinction, ainsi que nous l'avons vu, est tout abstraite, et ne correspond pas à la réalité vivante, qui présente toujours les faits et les états psychologiques dans leur complexité.

On désigne sous le nom d'*intelligence*, ou encore de pensée, *l'ensemble des faits par lesquels nous nous formons une représentation du monde :* le mot intelligence enveloppe *tous les faits de connaissance*, par opposition aux faits affectifs et aux faits de volonté.

Pour connaître, il faut d'abord recevoir des objets une impression qui laisse en nous une image susceptible de survivre, dans notre esprit, à la présence de l'objet, et de s'associer, de se combiner avec d'autres images ; ce sont ces phénomènes qu'on appelle *sensations représentatives, images*, et *associations d'images*. Ce n'est pas tout ; de ces sensations et de ces images, la pensée dégage des *idées*, qu'elle rapproche et lie entre elles, pour former des *jugements* et des *raisonnements*. Elle forme des *concepts généraux* qui jouent un rôle important dans l'activité intellecluelle (idée de cause, de loi, etc.). Enfin, elle exprime ces idées, ces concepts; ces jugements et ces raisonnements par le *langage*.

La Sensation. — Définition. — Les premiers éléments de la connaissance sont les sensations.

La sensation est l'état de conscience qui correspond soit à une modification organique, sous l'influence d'une excitation extérieure, soit à un changement dans l'état ou le jeu de nos organes internes. (Exemples : sensations externes de couleur, de son, d'odeur, etc. ; sensations internes de faim, de soif, etc.)

Une sensation peut être étudiée sous deux aspects, l'*aspect objectif* qui nous donne la représentation de l'objet et qui est l'élément de la *connaissance* ; l'*aspect subjectif*, qui est le *ton affectif* (plaisir, douleur, émotion), élément du sentiment. Nous n'étudierons donc ici dans la sensation que ce qui est élément intellectuel.

Dans les sensations internes prédomine l'élément affectif; au contraire, les sensations visuelles et auditives sont surtout cognitives.

Dans les sensations, envisagées au point de vue de la connaissance, on peut considérer :

1° La *qualité de la sensation* ; sous cet aspect, on distingue les sensations correspondant aux différents sens : visuelles, auditives, olfactives, gustatives, tactiles, thermiques, musculaires, et, pour chaque ordre de sensations, des espèces différentes, par exemple, dans l'ordre des sensations visuelles, le rouge, le vert, le bleu, etc.

2° L'*intensité de la sensation* : une couleur peut être plus ou moins soutenue, une lumière plus ou moins vive, un son plus ou moins fort, etc.

3° Le *caractère extensif ou spatial* sous lequel nous apparaissent certaines sensations; par exemple, une ligne, une surface, un volume ont des dimensions.

Apparition de la Sensation. — Ses caractères. — Une sensation externe est produite par une *excitation extérieure* qui s'exerce *sur notre organisme* et qui se traduit par un *état de conscience*.

En général, l'impression est reçue par un organe sensoriel (l'œil, par exemple, ou l'oreille, ou la peau, etc.), et transmise par l'intermédiaire des nerfs aux centres nerveux. Dans ce phénomène, il y a donc une action physique et une action physiologique qui précèdent l'état de conscience.

Conditions physiques et physiologiques. — On a observé qu'une impression ne détermine un état de conscience, qu'à la condition que l'excitation extérieure ait une certaine *intensité minima* et présente un *minimum de durée*. Ces limites sont d'ailleurs variables selon les individus, et, pour la même personne, selon les circonstances. Telle personne percevra un son très faible qui ne sera pas entendu par une autre, d'ouïe moins fine. Pour les sensations tactiles, la sensibilité varie avec les régions du corps, et aussi, pour la même personne, avec la fatigue, l'irritation nerveuse, etc. Il y a aussi une adaptation au milieu qui détermine des variations; par exemple, quand on est habitué à l'obscurité, on arrive à distinguer des objets dans les ténèbres. Les organes peuvent d'ailleurs devenir plus subtils avec l'éducation et l'habitude : un aveugle a généralement l'ouïe très fine.

Les physiologistes ne sont pas encore parvenus à déterminer le mode de propagation de l'impression à travers le système nerveux, non plus que la nature des modifications qui se produisent dans les centres cérébraux. Mais on est arrivé à délimiter approximativement les régions du cerveau où se localisent certaines sensations ; ainsi les sensations visuelles dans les lobes occipitaux, les sensations auditives dans les parties postérieures de la première et de la deuxième circonvolution temporale, etc. De quelque façon que s'exerce une excitation sur ces régions, c'est toujours la même espèce de sensations qui y est ressentie ; ainsi l'excitation du nerf optique provoquera toujours des sensations lumineuses, qu'elle soit produite par des rayons lumineux, par un choc, une pression, un courant électrique.

Conditions psychologiques. — Pour qu'une impression produise une sensation, *il faut qu'elle puisse se distinguer pour la conscience de l'impression qui la précède ou de l'ensemble des impressions qui sont reçues en même temps.* Il faut, en un mot, qu'elle se détache sur l'arrière-plan formé par toutes les autres sensations simultanées : c'est la *loi de contraste.*

Une impression ne se distingue d'une autre qui la précède, qu'à la condition : 1° qu'il y ait entre elles un certain *intervalle de temps* ; 2° qu'il y ait *opposition entre leur intensité ou leur qualité.*

Exemples : Quand on passe le doigt assez lentement sur une fine roue dentée, on perçoit les dents ; si le doigt passe plus vite, on n'éprouve plus qu'une impression de rugosité ; plus vite encore, on éprouve une sensation de poli. — Si on augmente très lentement la température de l'eau dans laquelle on plonge la main, cette variation n'est pas perçue : on a pu ainsi cuire des grenouilles sans qu'elles aient manifesté le moindre signe de souffrance. — Dans les soleils couchants, la dégradation des couleurs et des teintes du ciel est telle que l'on passe insensiblement du rouge à l'orangé, au vert, au bleu, au violet.

L'apparition de la sensation est donc soumise à des lois qu'on peut formuler de la manière suivante :

Lois de l'apparition des sensations. — 1° Une sensation n'est déterminée que par une impression *d'une intensité* et *d'une durée minima* (ce minimum étant d'ailleurs soumis à de nombreuses variations).

2° *L'intensité de la sensation croît, non proportionnellement à l'intensité de l'excitation, mais plus lentement* : quand la sensation précédente est faible, il suffit d'une faible augmentation pour que l'on perçoive un changement ; au contraire, quand la sensation est déjà intense, il faut une augmentation plus forte, pour que le changement soit sensible.

3° *Chaque sensation est déterminée, quant à sa qualité et quant à son intensité, par son rapport avec les autres sensations ou états de conscience qui se produisent soit en même temps qu'elle, soit auparavant.* C'est ainsi que des couleurs se font valoir par leur opposition et par leur combinaison (couleurs complémentaires, ombres et lumières) ; il en va de même pour les sons, les odeurs, les saveurs, les sensations de poids, de chaleur, etc. Des sensations hétérogènes se renforcent même mutuellement ; ainsi une vive excitation lumineuse augmente d'ordinaire la finesse de l'ouïe. « Tout le monde sait, remarque W. James, que le bruit et la lumière augmentent la douleur. »

4° *Toute sensation, même la plus simple, est donc un phénomène complexe* qui résulte de la combinaison d'éléments divers.
— La lumière blanche est la combinaison des couleurs du prisme.
Un mélange de poudre jaune et de poudre bleue produit une
poudre de couleur verte. Les notes de l'accord parfait sont perçues comme un son unique par une oreille peu exercée ; même
une note simple donnée par un instrument ou par la voix est un
son composé d'une note fondamentale et d'harmoniques.

Cette *loi de synthèse* se déduit d'ailleurs de toutes les lois précédentes. Des conditions d'intensité et de durée, il résulte qu'une
sensation ne peut se produire qu'en un temps appréciable qui se
décompose lui-même en plusieurs moments ; il faut donc que
l'impression produite à ces moments successifs soit conservée, ce
qui est comme une *mémoire élémentaire* ; en outre, l'opposition
d'une impression à une autre impression, qui est la condition
même de la sensation, suppose aussi une mémoire, et, de plus, un
discernement, une comparaison. Ainsi, *la sensation, qui est le
fait intellectuel le plus élémentaire, contient en germe les fonctions les plus élevées de l'intelligence.*

Dans la sensation, on aperçoit déjà la *continuité de la conscience*, qui est l'élément de l'idée du *moi*, ainsi que la *notion de
durée*, qui semble une intuition primitive de l'expérience.

Avons-nous de même, par la sensation, *l'intuition concrète de
l'espace*? Il est certain que l'œil ne peut faire l'appréciation précise de l'espace sous les trois dimensions, qu'à la suite d'une éducation assez longue et délicate, dans laquelle interviennent des
sensations tactiles et des sensations de mouvement. Mais le con-
cours des sensations musculaires, des sensations de la vue et du
toucher nous donne assez vite *l'intuition de l'espace*, sous le rapport du volume et sous le rapport de la surface.

En terminant, nous devons observer que toute sensation implique une *attention spontanée*, ce qui signifie que nous ne sommes
pas entièrement passifs, mais qu'il y a déjà dans la sensation une
sorte d'adaptation, un choix, une préférence, en rapport avec notre
tempérament et notre nature individuelle. Elle n'est donc pas
donnée uniquement par le monde extérieur, mais aussi par notre
nature intime.

RÉSUMÉ

L'intelligence *est l'ensemble des faits par lesquels nous nous formons une image du monde : ce sont les* faits de connaissance.

Les premiers éléments de la connaissance sont les sensations.

La sensation est le fait de conscience qui correspond soit à une modification organique, sous l'influence d'une excitation extérieure, soit à un changement dans l'état ou le jeu de nos organes internes.

La sensation peut avoir un ton affectif : envisagée sous cet aspect, elle est élément de sentiment. Envisagée au point de vue de la connaissance, elle est élément de pensée.

On peut étudier la sensation comme représentation : 1° au point de vue de sa qualité *(sensations correspondant aux différents sens) ; 2° au point de vue de son* intensité *; 3° de son* caractère extensif.

Une sensation externe est produite par une excitation extérieure, qui s'exerce sur notre organisme, *et qui se traduit par* un état de conscience.

Conditions de la sensation. — *Une impression ne détermine un état de conscience qu'à la condition : 1° que l'excitation extérieure ait une* intensité *et une* durée minima *; le minimum sensible est d'ailleurs variable selon les individus et, pour le même individu, selon les circonstances ; 2° la sensation est soumise à la loi de* contraste *(intervalle minimum de temps, opposition nécessaire des intensités).*

D'où les lois suivantes : 1° une sensation n'est déterminée que par une impression d'une intensité et d'une durée minima ; 2° l'intensité de la sensation croît avec l'intensité de l'excitation, mais plus lentement ; 3° chaque sensation est déterminée, quant à sa qualité et quant à son intensité, par son rapport avec les autres sensations ou états de conscience soit simultanés, soit précédents ; 4° toute sensation est un phénomène complexe, une synthèse, qui implique une mémoire élémentaire, et une attention spontanée, donc un choix élémentaire.

CHAPITRE XVIII

La Perception extérieure. Éducation des Sens.

Sensation et perception. — Les sensations, aussi simples que nous les supposions, sont toujours des phénomènes complexes. Mais, dans la réalité, une sensation n'apparaît jamais isolée. Quand nous voyons un objet, nous ne percevons pas seulement sa couleur, mais aussi sa forme, ses dimensions, nous savons de quelle matière il est fait, nous le nommons. Nommer un objet, c'est le *reconnaître* avec ses différentes qualités ; c'est superposer à des sensations présentes fournies par cet objet des sensations passées dont nous avons gardé l'image. C'est par l'analyse que, dans l'ensemble des sensations qui constituent la vue d'un objet, nous distinguons chacune des sensations qui la composent. Au contraire, il nous semble tout d'abord que la perception totale de cet objet soit une intuition immédiate. Sur une branche de rosier je vois une rose : il semble que je n'aie eu qu'à porter les yeux de ce côté pour voir que c'est une rose. Pourtant j'ai dû en distinguer la forme, le port, la couleur, reconnaître son rapport avec la plante qui la porte. Comment aurais-je pu reconnaître tous ces caractères, si ma sensation actuelle ne se superposait pas à des sensations antérieures, et si je n'en saisissais pas les rapports ?

La représentation d'un objet déterminé résulte donc d'une liaison de sensations différentes, et d'expériences plusieurs fois répé-

lées qui nous ont fourni les mêmes groupes de sensations. C'est ce qu'on appelle une *perception.*

Éducation des sens. — Comment se fait-il qu'un de nos sens, la vue le plus souvent, suffise à nous donner une perception qui implique des sensations multiples et d'ordres différents, sensations de couleur, de forme, de poli ou de rugueux, etc. ? La vue évoque même des images olfactives, gustatives, auditives, musculaires : en regardant un fruit, nous devinons sa saveur ; quand nous voulons soulever un objet, nous estimons d'avance l'effort musculaire qu'il nous faudra déployer.

C'est que nos divers sens se prêtent un mutuel secours, et, par cette collaboration, arrivent à se substituer l'un à l'autre. Nous interprétons au moyen d'expériences antérieures les sensations actuelles. Cette interprétation résulte d'une véritable éducation des sens.

L'éducation des sens se présente d'ailleurs sous deux aspects : 1° éducation de chaque sens dans les limites de ses données propres ; 2° éducation des sens les uns par les autres.

1° Chaque sens, en s'exerçant, acquiert plus de finesse, plus de précision : l'œil, par exemple, apprend à mieux discerner les nuances, à mieux reconnaître les objets éloignés ; l'oreille, à mieux percevoir les intervalles des sons musicaux, les timbres de voix ; le toucher, à identifier les objets dans l'obscurité, etc... Qu'est-ce à dire, sinon que la mémoire de chaque sens, mieux exercée, contribue à aider son discernement ? « Si l'ouvrier des Gobelins distingue entre les si nombreuses nuances de vert ou de bleu (plus de 2.000 pour le premier, plus de 800 pour le second), ce n'est pas que son œil est devenu un instrument d'optique plus délicat, c'est qu'il a appliqué son attention à ce discernement, qu'il a un souvenir plus net des perceptions antérieures. »

2° Mais la partie la plus délicate de l'éducation des sens consiste à apprendre à interpréter exactement les données d'un sens particulier, grâce au secours des expériences antérieures des autres sens. Les renseignements qu'un sens apprend à nous fournir sur des qualités qu'il n'est pas disposé pour saisir directement, c'est ce qu'on appelle ses *perceptions acquises,* par opposition à ce qu'on nomme ses *perceptions naturelles.* Par exemple, des propriétés telles que le *rugueux*, le *poli*, sont perçues directement par le toucher ; cependant, nous disons souvent d'un objet qu'il est rugueux ou poli, à la simple inspection visuelle, sans l'expérience du toucher. Par l'oreille, nous arrivons à discerner la direction du son, la distance, la nature de l'objet qui l'a produit.

Ces perceptions acquises ne se présentent pas toutes d'ailleurs avec la même forme ni le même caractère. Tantôt, nous avons l'illusion qu'un sens nous fournit la sensation de certaines propriétés qui ne nous sont données actuellement qu'à titre d'images ; c'est ainsi que nous croyons *voir* réellement la rugosité d'un corps, ou sa forme sphérique, cylindrique, etc. ; tantôt, au contraire, nous avons conscience d'interpréter la perception naturelle comme *signe* d'une propriété, que nous savons devoir se rencontrer dans l'objet, mais que nous ne pensons pas saisir réellement par le sens qui s'exerce : en voyant un fer rouge, nous *jugeons* qu'il est chaud, mais nous n'avons pas l'illusion de voir la température.

C'est qu'il y a certaines sensations et images de sensations qui se fusionnent si intimement, que nous ne distinguons plus ce qui est donné à titre de sensation de ce qui est donné à titre d'image. Comment l'expliquer ? D'abord, nous remarquons que certaines propriétés s'accompagnent d'une façon régulière, et ainsi l'une peut être prise comme le signe certain de l'autre, et nous n'avons même plus conscience que le signe est pris pour la chose signifiée : par exemple, telle sensation visuelle (une certaine distribution des ombres et de la lumière) est toujours liée dans l'expérience à telle sensation tactilo-musculaire (rugosité ou forme sphérique). D'autre part, en fait, les propriétés qui se soudent en quelque sorte indissolublement, ce sont tout particulièrement les propriétés visibles et les propriétés tactilo-musculaires, c'est-à-dire celles précisément qui revêtent la forme extensive et, pour cela, apparaissent comme constitutives des corps, comme des qualités premières ; c'est le même espace occupé qui est perçu comme coloré et comme sphérique ou rugueux.

Dès lors, nous comprenons comment une telle interprétation des données d'un sens peut donner lieu à des erreurs. En réalité, le sens ne nous trompe point ; il nous fournit toujours correctement la sensation qu'il doit nous fournir, étant données les circonstances où il s'exerce ; mais nous l'interprétons inexactement comme signe de certaines autres propriétés qui lui sont d'ordinaire associées, sans tenir compte des conditions particulières où nous sommes placés. En ce sens, faire l'éducation des sens, c'est apprendre à interpréter correctement les données qu'il nous fournit.

Faire l'éducation des sens, c'est donc proprement faire *l'éducation de la perception.* Le point de départ d'une perception est bien une sensation (par exemple, une sensation visuelle : soit la vue de la rose sur la branche de rosier). Mais la perception elle-même, c'est le système des images de toutes sortes (visuelles, tactilo-musculaires, olfactives, etc.) qui, évoquées spontanément par la sensation, viennent se combiner avec elle, font corps avec elle. Nous devons cependant remarquer qu'il y a des erreurs dues à l'objectivation illégitime de sensations purement subjectives : ce sont les *hallucinations.*

Comme exemple de l'éducation des sens, nous allons étudier sommairement l'éducation de la vue et celle de l'ouïe.

Éducation de la vue. — Le sens de la vue est le plus précieux de tous pour la connaissance des objets, car c'est lui qui nous fait connaître, soit directement, soit par la fusion de ses données avec celles des autres sens, le plus grand nombre de leurs propriétés ; de plus, il a l'avantage de porter beaucoup plus loin et de s'appliquer à beaucoup plus d'objets. Les propriétés qui relèvent directement du sens de la vue sont la lumière et les couleurs. Mais l'œil apprécie la forme, l'étendue et la distance, par la fusion des sensations visuelles avec les sensations tactilo-musculaires.

1° La première condition pour que les données de la vue soient exactes, précises, et aussi étendues que possible, c'est l'intégrité de l'organe : une bonne éducation de la vue suppose donc, en premier lieu, une bonne hygiène de l'œil. — Notons ici que la myopie résulte bien souvent, soit de mauvaises habitudes (tenir son travail ou son livre trop près des yeux, par exemple), soit de mauvaises conditions extérieures (lumière insuffisante ou trop vive, finesse excessive des caractères d'imprimerie dans les livres scolaires, etc.).

2° Au point de vue de la perception de la lumière et des couleurs, nous avons dit que l'exercice affine et redresse, au besoin, le sens de la vue. Les travaux de pliage avec des bandes de papier coloré, dans les écoles maternelles, les ouvrages de tapisserie exercent l'enfant à la perception de nuances de plus en plus délicates. Mais il y a des illusions dues à des conditions particulières de la lumière ou de l'œil, que l'éducation de la vue peut apprendre à redresser : par exemple, le même objet varie de couleur selon qu'il est vu à la lumière solaire, à la lumière du gaz, ou à la lumière électrique ; l'opposition de couleurs différentes donne à chacune des couleurs une valeur, une tonalité variables ; le passage d'une vive lumière à un endroit sombre a d'abord pour effet de confondre toutes les couleurs; un objet d'une certaine couleur, que nous avons regardé longuement, nous apparaît au bout d'un certain temps revêtu de la couleur complémentaire.

3° L'appréciation de la forme des objets au moyen de l'œil peut donner lieu à certaines illusions ; on connaît les illusions dues à la réfraction et à la réflexion (bâton qui paraît brisé dans l'eau, images déformées par les miroirs convexes ou concaves, etc.). Une toile peinte, un dessin ombré nous donnent des illusions de relief. Dans l'éloignement, la forme des objets peut donner lieu à des apparences fausses (une tour carrée qui nous apparaît cylindrique). L'expérience, l'exercice peut nous aider à corriger ces erreurs.

L'évaluation de l'étendue et de la distance résulte d'une éducation assez longue. Ce sont les points de repère dans l'espace, la comparaison des objets entre eux, en tenant compte de l'éloignement et de la perspective, qui nous permettent de faire cette évaluation. A ce point de vue, des erreurs peuvent naître de la disposition même des objets et de leur couleur (de deux objets de mêmes dimensions dont l'un est blanc, l'autre noir, le blanc nous paraît plus grand ; la disposition verticale d'une ligne nous la fait voir plus grande que dans la disposition horizontale, etc.).

Les *exercices de dessin* contribuent à donner à la vue plus de précision et d'exactitude. .

4° L'éducation de la vue, pour être complète, doit comporter une *partie esthétique*. La vue et l'ouïe sont les sens esthétiques par excellence. Il y a donc une éducation esthétique de l'œil, au double point de vue des formes et des couleurs. Le dessin, les travaux manuels, le modelage, l'arrangement de l'école et de la maison, les spectacles de la nature, la vue de belles gravures, la visite des musées contribueront à cette éducation esthétique.

Éducation de l'ouïe. — Le sens de l'ouïe nous fournit des sensations sonores ; il faut d'ailleurs distinguer les *sons* qui ont une valeur musicale, et les *bruits* qui sont des mélanges confus de sons plus ou moins discordants. Les sons et les bruits, par leur fusion avec les données de la vue et du toucher, nous permettent d'inférer la nature des objets qui les produisent, et la distance à laquelle se trouvent ces objets. C'est pourquoi l'ouïe peut servir de substitut à la vue, notamment dans l'obscurité. De plus, ce sens est indispensable au *langage vocal* : aussi est-il un sens social par excellence. Enfin, il a une *valeur esthétique*. Les sons présentent trois qualités essentielles : l'*intensité*, la *hauteur*, le *timbre*. C'est par l'éducation que nous apprenons à discerner les nuances plus ou moins délicates entre les sons, au triple point de vue de leurs qualités ; comme l'œil, l'ouïe a besoin d'être exercée.

L'*éducation musicale* comprend l'étude du solfège et du chant, et peut être complétée par l'étude d'un instrument. Les sons musicaux doivent être appréciés au point de vue de la *mélodie* (intervalles de *hauteur* entre des sons successifs), de l'*harmonie* (accords de sons différents au point de vue de la hauteur et aussi du timbre, quand ils sont produits par divers instruments jouant simultanément), du *rythme* et de la *valeur expressive*. La musique est un des arts qui ont le plus d'efficacité sur le développement et la direction des sentiments ; c'est pourquoi elle est un auxiliaire puissant dans l'éducation. De là l'importance du chant à l'école et dans l'éducation populaire.

L'art de la *diction*, l'harmonie et le rythme de la *poésie* jouent aussi un rôle essentiel dans l'éducation de l'oreille : il y a une musique de la parole, à laquelle il faut rendre l'enfant sensible.

RÉSUMÉ

Une sensation n'apparaît jamais simple ni isolée ; elle se fusionne avec d'autres sensations et des images résultant d'expériences antérieures. Cette représentation complexe d'un objet déterminé est une perception.

· L'éducation des sens *comprend* : 1° *l'éducation de chaque sens* dans les limites de ses données propres ; 2° l'éducation des sens les uns par les autres. On appelle perceptions acquises les renseignements qu'un sens nous fournit sur des propriétés qu'il n'est pas disposé pour nous fournir directement (par ex. : le rugueux, le poli, perçus par la vue). C'est dans l'appréciation des perceptions acquises qu'un sens est le plus exposé à se tromper : c'est ce qu'on appelle illusions des sens ou erreurs des sens. Une autre source d'illusions des sens est l'hallucination, qui consiste à attribuer une réalité objective à des sensations et à des perceptions dues à une excitation interne.

Faire l'éducation des sens, c'est apprendre à interpréter correctement les données de la sensation.

Éducation de la vue. — La vue est le sens de la connaissance par excellence. Il nous fait connaître directement, par ses sensations propres, les propriétés de lumière et de couleur, et, par la fusion de ses données avec les sensations tactilo-musculaires, les propriétés de forme, d'étendue, de distance.

L'éducation de la vue comporte une bonne hygiène de l'œil, l'exercice de l'œil pour l'appréciation de plus en plus précise et délicate des couleurs et des nuances, l'expérience de la forme, du relief et de la distance. Il y a enfin une éducation esthétique de la vue. Les exercices de dessin et les travaux manuels sont d'excellents moyens d'éducation pour la vue, soit au point de vue de la précision et de l'exactitude des données, soit au point de vue esthétique.

L'éducation de l'ouïe comporte aussi une partie esthétique, par l'étude de la musique et par l'art de la diction.

CHAPITRE XIX

Les Images. — L'Association des Images.

I. — LES IMAGES

En l'absence des objets, les états de conscience provoqués par ces objets peuvent être reproduits. C'est ce qu'on appelle les *images*.

A chaque ordre de sensations correspondent des images : il y a des *images visuelles*, des *images sonores* (nous entendons mentalement une mélodie entendue), des images *olfactives, gustatives, thermiques, musculaires* (la preuve pour celles-ci, c'est l'effort que nous faisons d'avance pour soulever un poids).

Il y a aussi des *images émotionnelles* ou affectives. Certaines images représentatives apparaissent toujours accompagnées d'un ton affectif bien distinct : ainsi le dégoût qui est inséparable de certaines odeurs ou de certaines saveurs. Les sensations internes sont surtout caractérisées par la douleur ou le plaisir physique ; chez certaines personnes, le souvenir de ces sensations est comme une réapparition de la douleur ou du plaisir même ; les autres, et c'est le plus grand nombre, se souviennent seulement qu'elles ont eu mal ou qu'elles ont éprouvé une jouissance. Pour les émotions proprement dites, et en particulier pour celles qui ont une cause morale, on se rappelle bien avoir ressenti une émotion en telle circonstance, et pour telle cause, mais l'état émotionnel lui-même n'est pas toujours reconstitué. Cependant tel souvenir peut raviver en nous une émotion ; c'est bien, en réalité, une émotion actuelle, mais causée par un fait passé, et que nous reconnaissons comme semblable (quoique plus faible en général) à l'émotion déjà éprouvée en présence de l'objet. Quelquefois même, c'est l'émotion qui surgit d'abord comme résurrection d'une émotion passée, et le souvenir des circonstances réapparaît seulement ensuite.

Le pouvoir des images émotionnelles est très variable suivant les natures. Certaines gens n'ont qu'une mémoire intellectuelle ; les émotions, les affections ne se rappellent à eux que par les circonstances ou les mots. D'ailleurs, les aptitudes à reproduire les diverses catégories d'images varient en général avec les natures individuelles. Les uns ont surtout la mémoire des couleurs et des formes, les autres, celle des sons, d'autres, celle des idées abstraites, d'autres, celle des mots, d'autres enfin, celle des émotions et des sentiments. Ces différences sont très importantes à noter dans l'éducation.

L'image est de même nature que la sensation. Elle diffère seulement en degré. En effet, il n'est pas toujours facile de distinguer, d'une façon nette, l'image et la sensation elle-même. C'est ce qui nous arrive lorsqu'une sensation se prolonge après que le phénomène extérieur qui l'a provoquée s'évanouit : ainsi, nous conservons l'image lumineuse un moment après avoir cessé de fixer une vive lumière. D'autre part, nous avons précédemment observé que, dans la perception, il est malaisé de distinguer la sensation actuelle des images antérieures qui s'y associent. Les images du rêve et de l'hallucination nous donnent l'illusion de la réalité. Enfin, on peut observer que les effets physiologiques de l'image (par exemple, le dégoût, l'angoisse), ainsi que ses effets psychologiques (évocation d'idées, d'images connexes, de sentiments), sont les mêmes que les effets de la sensation, quoique, d'ordinaire, plus faibles.

Ce qui distingue l'image de la sensation, c'est que nous rapportons la sensation à un objet présent, tandis que le sentiment de l'objectivité manque à l'image ; de plus, nous reconnaissons celle-ci, en général, comme ayant été déjà éprouvée.

II. — ASSOCIATION DES IMAGES

Les sensations, les images, les idées peuvent se susciter, se suggérer les unes les autres. Le nom de *Marat* prononcé devant moi fait surgir immédiatement dans ma pensée le nom de *Charlotte Corday*. Un seul mot suffit à évoquer une foule d'images. L'évocation suppose évidemment une liaison associative préalablement établie. Les images, les idées peuvent d'ailleurs être liées sans que nous le sachions ; c'est le phénomène de l'évocation, du rappel, qui nous révèle l'existence de cette liaison. Il convient donc d'étudier successivement la *liaison* associative et l'*évocation* associative.

A. **Liaison associative.** — 1º *Comment peut s'établir une liaison associative ;* en d'autres termes, quels rapports peuvent déterminer cette liaison ? Remarque importante : c'est essentiellement une association qui s'établit dans notre conscience entre nos sensations, nos idées, nos souvenirs. Il s'agit d'une *liaison subjective*, qui peut d'ailleurs correspondre à une liaison objective, mais ne la suppose pas nécessairement. La lune n'est proche du clocher que dans ma représentation. En outre, il n'est pas nécessaire que cette connexion subjective ait été remarquée par nous pour exister. L'expérience nous montre que deux images ou deux idées peuvent se suggérer l'une l'autre, sans que nous ayons remarqué leur rapprochement. Par exemple, passant habituellement dans une rue aux mêmes heures, j'y rencontre chaque jour les mêmes visages, mais sans les avoir expressément remarqués : vienne un jour où, de deux personnes qui se trouvent d'ordinaire ensemble, une seule passe près de moi, j'évoque aussitôt l'image de celle qui est absente.

Une association peut s'établir entre divers états psychologiques, *de quelque nature qu'ils soient*. Par exemple, j'entends jouer un morceau de musique que j'aimais autrefois à écouter, quand il était exécuté par une amie ; je revois la pièce où elle avait l'habitude de le jouer ; j'évoque diverses autres circonstances qui se rapportent à cette époque de ma vie; je retrouve en moi les émotions alors éprouvées : ainsi s'associent des images auditives, visuelles, des souvenirs intellectuels, des émotions, etc. Les lois de l'association que nous allons déterminer se rapportent donc à toute la vie psychologique dans sa diversité et son étendue.

Les rapports qui déterminent la liaison associative se ramènent à trois : la contiguïté, la ressemblance, le contraste.

a) LOI DE CONTIGUITÉ. — *Deux ou plusieurs états de conscience simultanés, ou qui se succèdent immédiatement, tendent à s'associer, et, par la suite, à s'évoquer réciproquement.* Il ne peut se produire de liaison sans cette condition de contiguïté. Nous pouvons donc dire : il faut et il suffit qu'il y ait contiguïté dans la conscience entre deux ou plusieurs images, pour que l'association se forme.

La raison déterminante de cette contiguïté est d'ailleurs variable : tantôt c'est une cause extérieure accidentelle qui nous présente ensemble deux objets ou deux faits qui peuvent n'avoir entre eux aucun rapport ; tantôt ces objets ont un rapport logique étroit, rapports de cause à effet, de partie à tout, de moyen à fin, etc. (fumée et feu, par exemple, mât et navire, etc.).

b) LOI DE RESSEMBLANCE. — *Un état de conscience quelconque tend à rappeler les états qui lui sont semblables.* Des sensations et des images peuvent offrir bien des sortes de ressemblance, soit par les *qualités* et les *propriétés* de l'objet (couleur, forme, matière, mots qui les désignent, sons, etc.), soit par le *nombre*, les *dimensions*, *l'étendue*, la *disposition* des objets (les étoiles comparées aux grains de sable, ou encore aux fleurs qui émaillent les champs, ou bien aussi aux épis des moissons, etc.), soit par le *timbre affectif* et l'*émotion* qui accompagnent l'idée ou l'image (de là vient que les mêmes adjectifs qualifient des sensations et des images de nature hétérogène : une couleur claire et un son clair, une lumière éclatante et une note éclatante, une forêt sombre et une voix sombre, une idée sombre, un front sombre, etc.). Cette sorte de ressemblance est une très riche source de métaphores et de symboles.

c) LOI DE CONTRASTE. — Le contraste est un cas particulier de la ressemblance. Une sensation, une image ou une idée ne saurait s'opposer à une autre que si elles renferment toutes deux des éléments communs et si elles ont été présentées ensemble ou successivement dans la conscience (loi de contiguïté). Mais, en vertu

même des lois de la sensation et de la conscience en général, le
contraste réveille l'attention. L'habitude de penser par des oppositions et des contrastes révèle un esprit critique déjà éveillé. Elle
rend l'esprit attentif et le met en garde contre les généralisations
trop hâtives.

*La loi de similarité ne pourrait-elle se ramener à la loi de
contiguïté?* — La ressemblance ne porte jamais que sur certaines
parties des sensations et des images. Celles-ci se décomposent
spontanément, et chaque élément ainsi mis à part dans une sensation présente peut faire partie d'autres groupes différents qui la
contiennent pourtant en commun. Ainsi la partie rappelle le tout,
avec lequel elle forme une association de contiguïté.

Il ne faudrait pas toutefois se figurer cette évocation comme le
résultat d'un travail conscient de dissociation. *Dissociation,
fusion des éléments et liaison des images se font spontanément;*
elles sont le résultat d'une activité spontanée de l'esprit. Cette
activité de l'esprit dépend de tendances, d'instincts qui déterminent l'attention. La liaison associative dépend donc plus encore
du sentiment qui oriente le choix des représentations que des
rapports objectifs de ressemblance et de contiguïté. Nous retrou-
vons ici la *loi d'intérêt*, que nous avons déjà signalée dans l'étude
de la sensation elle-même.

Ainsi *l'activité spontanée de l'esprit présente des phénomènes
d'analyse et de synthèse* que la pensée réfléchie imite, mais avec
une méthode et une direction volontaires. Avant la classification
scientifique, se fait en nous une classification d'après les caractères extérieurs *qui nous frappent le plus*.

2° *Conditions qui favorisent la liaison associative*. — La liaison associative peut être plus ou moins solidement établie. Cette
force, dépend :

a) De la *vivacité et de l'intensité des impressions reçues*, et cette
intensité varie avec la force de l'excitation extérieure, avec la puissance de l'attention prêtée, avec l'intérêt qu'offre la cause, avec
le ton émotionnel : elle est donc variable avec les natures individuelles, et avec les objets eux-mêmes qui suscitent la liaison.

b) De la *durée et de la répétition* des présentations de l'objet.

c) Du *nombre de liens contractés* entre les éléments divers des sensations et des images associées : par exemple, on retient mieux des vers (association de mots, d'idées et d'images), quand on les apprend par la lecture à haute voix, dans laquelle les images auditives s'associent aux images visuelles des mots et aux représentations des choses. •

d) De *facteurs physiologiques* (âge, état de santé ou de maladie, repos, fatigue, humeur, régularité des fonctions organiques, substances ingérées). La fatigue, par exemple, diminue la puissance des associations et la rapidité de leur rappel. Le thé, le café, à doses variables, stimulent la faculté d'association.

e) Des réactions mutuelles des associations. Des associations peuvent s'entraver les unes les autres : si nous avons l'habitude de voir une personne habillée de telle couleur, avec des vêtements de telle forme, nous hésitons à la reconnaître, quand nous la voyons habillée de façon inaccoutumée. C'est pour cela que nous avons de la peine à nous habituer aux transformations apportées aux choses familières.

Tous ces facteurs peuvent concourir, ensemble ou séparément, à renforcer ou à affaiblir le pouvoir d'association. L'un d'eux ne suffit sans doute pas à donner à la liaison une grande puissance : par exemple, il ne suffit pas de répéter très souvent la lecture d'une page à haute voix pour la savoir par cœur, si on la lit d'une façon machinale et l'esprit distrait.

3° Comment peut-on expliquer le phénomène de l'association des idées ? — On a essayé de donner de ce phénomène une explication physiologique ; mais cette explication n'est qu'une hypothèse, et qui ne rend d'ailleurs pas compte de la complexité du mécanisme de l'association ni de sa cause.

Quand deux états de conscience ont été donnés ensemble (loi de contiguïté), ils tendent à se reproduire ensemble, en vertu de cette loi que tout acte, tout état de conscience déjà produit, crée une disposition à se répéter à nouveau. C'est la *loi même de l'habitude*, dont la loi de l'association n'est qu'un cas particulier. Elle pourrait donc s'énoncer ainsi : *tout fait de conscience qui se reproduit tend à restaurer l'état total dont il a fait partie.* Cette loi fondamentale, qui a été appelée *loi de totalisation*, semble résulter de la nature même de la conscience, considérée comme une activité synthétique.

B. Évocation associative. — Comment les idées associées s'évoquent-elles réciproquement? Il ne suffit pas de dire qu'elles s'évoquent parce qu'elles étaient liées, car une même sensation, une même idée, n'est pas liée à une seule autre, mais à une foule plus ou moins considérable d'images et d'idées. Exemple : le mot *feuille*, suivant les cas, éveillera l'image d'une plante ou d'un arbre, ou celle d'une feuille de papier, ou celle d'une lamelle très mince de métal, or, argent ou étain, ou encore un ornement d'architecture, etc. Le vrai problème doit donc se poser en ces termes :

Pourquoi, dans tel cas particulier, une idée éveillera-t-elle telle série d'images plutôt que telle autre ?

Nous venons de le remarquer, l'idée est liée à tout un ensemble de représentations; elle fait partie d'un système, d'un réseau plus ou moins complexe d'images, dans lequel, lorsqu'elle se présente à nouveau; elle tend à se replacer. Si donc, quand j'entends prononcer le mot feuille, mon esprit et celui de la personne qui parle sont occupés par la pensée d'un arbre, l'idée de feuille (feuille d'arbre) vient spontanément reprendre sa place dans le système d'images auquel appartient l'idée d'arbre, à l'exclusion de tout autre système répondant à d'autres significations du mot feuille. Ainsi s'exerce l'*influence du milieu* sur nos représentations. C'est dans ce sens qu'il faut interpréter la *loi d'intérêt*, en ce qui concerne l'évocation associative. Parmi les idées qui pourraient être évoquées par une image, ou par un mot, surgissent celles qui correspondent le mieux à l'ensemble de nos sensations, idées, perceptions, à la direction de notre attention, à notre état émotionnel du moment. D'où cette loi :

L'évocation d'une idée résulte de tout le contenu de la conscience à un moment donné.

Dans l'évocation, comme dans l'établissement de la liaison, se manifeste donc l'importance des dispositions naturelles, l'influence du milieu, de l'éducation, des habitudes. Il est des personnes dont les idées ont une tendance marquée à s'évoquer par l'effet d'une simple assonance verbale. Il en est qui reproduisent des séries d'idées uniquement parce qu'elles se sont déjà présentées dans cet ordre, et sans que l'esprit prenne actuellement conscience des rapports qui les lient : telles sont ces formules qu'on répète sans penser à ce qu'on dit, sans se rendre compte des relations logiques qui rattachent les termes. Parfois, l'individu, durant l'évocation, a conscience de la valeur du rapport, et c'est cette valeur même qui contribue à déterminer l'évocation. Or, suivant que, chez une personne, prédominent habituellement les associations de l'une ou l'autre espèce, nous avons affaire à un type intellectuel différent. Sur ces habitudes d'associations influent puissamment l'éducation, l'attention, la volonté. On peut laisser se développer la disposition à la superficialité, au mécanisme, ou fortifier au contraire l'aptitude à la pensée logique, à la réflexion, au gouvernement méthodique et rationnel des pensées.

III. — CONCLUSIONS PÉDAGOGIQUES

L'éducateur s'efforcera de substituer aux associations superficielles, mécaniques et illogiques, des associations logiques et rationnelles, en sollicitant et en dirigeant l'attention sur les vrais rapports des choses, en recourant à des moyens mnémotechniques rationnels. Mais son action à cet égard ne sera efficace que s'il connaît la nature de l'enfant, pour savoir comment il pourra éveiller son intérêt, puisque la *loi d'intérêt* est la loi profonde de l'association des idées. D'ailleurs, il faudrait éviter de contrarier la nature et de détruire l'originalité de l'esprit.

Nous avons vu combien il est important d'habituer l'esprit aux associations par contraste et par ressemblance, pour prévenir ou rompre les associations fausses ou purement mécaniques, qui sont la cause de l'abus des formules et des clichés. — Les associations de sentiments et de mouvements jouent un grand rôle dans l'éducation de la volonté, ainsi que nous l'avons montré à propos de l'émotion : l'image du mouvement, qui est un commencement d'imitation, suscite le sentiment, qui, à son tour, communique à l'idée sa force impulsive. — La vivacité de l'esprit résulte pour une grande part de la vitesse de l'évocation. La plupart des facteurs qui influent sur la force de la liaison associative déterminent aussi la vitesse de l'évocation. La force et la rapidité de l'association font en partie la vivacité de l'imagination. On voit donc qu'en agissant sur les facteurs de la liaison associative, l'édu-

cateur peut développer chez l'enfant la vivacité de l'imagination
et de l'intelligence.

RÉSUMÉ

*On appelle images des états de conscience reproduisant les sensa-
tions, en l'absence des objets qui ont provoqué ces sensations. Il y a
des images visuelles, auditives, tactiles, olfactives, gustatives, musculaires, etc. Il y a aussi des images émotionnelles.*

*L'aptitude à reproduire les différentes sortes d'images varie avec
les natures individuelles.*

*L'image est de même nature que la sensation, mais en général plus
faible.*

Association d'images. — *Les sensations, les images et les idées
peuvent se suggérer les unes les autres. Ce pouvoir d'évocation résulte
évidemment d'une* liaison associative *préétablie.*

*La liaison associative est essentiellement subjective. Elle peut être
établie entre divers états psychologiques, de quelque nature qu'ils
soient. Elle est déterminée par des rapports qui se ramènent à la contiguïté, la ressemblance et le contraste. Le contraste est d'ailleurs
un cas particulier de la ressemblance, et la ressemblance elle-même
peut en quelque manière se ramener à la contiguïté, par la dissociation spontanée des éléments de la sensation et leur fusion avec
d'autres éléments. La liaison associative manifeste l'activité spontanée
de l'esprit, qui est à la fois analyse et synthèse, et elle est soumise à
la* loi d'intérêt.

*La force de la liaison associative dépend de plusieurs facteurs :
vivacité et intensité des impressions, répétition et durée, nombre des
liens contractés, dispositions physiologiques, réactions mutuelles
des associations.*

*La loi de l'association est un cas particulier de l'habitude. Elle
peut s'énoncer ainsi : Tout fait de conscience qui se reproduit tend à
restaurer l'état total dont il a fait partie.*

Évocation associative. — *Une image, une idée appartiennent à la
fois à plusieurs systèmes d'associations. Elle évoque selon les cas les
représentations appartenant à l'un ou l'autre groupe. L'évocation
d'une idée résulte de tout le contenu de la conscience à un moment
donné.*

*L'évocation associative, de même que la liaison associative, dépen-
dent donc des natures individuelles, de l'éducation, de l'habitude.*

Conclusions. — *Dans l'éducation, il faut s'efforcer de substituer
aux associations superficielles, des associations logiques, mais sans
détruire l'originalité de l'esprit. — Fortifier la liaison associative,
c'est assurer une plus grande rapidité de l'évocation; c'est donc développer la vivacité de l'imagination et de l'intelligence.*

CHAPITRE XX

La Mémoire.

Définition. — *La mémoire est l'ensemble des fonctions psychologiques qui concourent à la conservation, au rappel et à la reconnaissance des images et des idées apparues antérieurement dans la conscience.*

Avoir le souvenir d'une personne, cela signifie : 1° que l'image de cette personne s'est gravée dans notre esprit ; 2° que cette image se réveille actuellement ; 3° que nous la reconnaissons pour avoir été vue autrefois ; 4° que nous pouvons même retrouver l'époque et les circonstances où nous l'avons vue. C'est ce que nous exprimons, quand nous disons que la mémoire complète implique : 1° la *conservation de l'image* ; 2° la *restauration* ; 3° la *reconnaissance* ; 4° la *localisation* du souvenir. De nombreux souvenirs peuvent d'ailleurs être conservés en nous sans qu'ils renaissent : les vieillards rappellent des souvenirs d'enfance qui pendant de longues années n'avaient pas reparu. Ils peuvent être évoqués sans être reconnus comme souvenirs : ce sont alors des *réminiscences*. Enfin, nous pouvons les reconnaître d'une façon vague, sans les localiser : c'est ainsi que nous éprouvons parfois de la difficulté à nous rappeler quand et où nous avons vu une personne.

Les *qualités* et les *aptitudes* de la mémoire varient suivant les personnes.

1° On peut avoir la mémoire *facile* ou *rebelle*, *tenace* ou *fugitive*, *prompte* ou *lente*, *fidèle*, précise, exacte, ou, au contraire, *confuse*.

2° Certaines personnes ont surtout la *mémoire des sensations*, et parmi elles, les unes ont particulièrement la *mémoire visuelle*, les autres la *mémoire auditive*, etc... D'autres ont plus spécialement la *mémoire des émotions* (type affectif ou émotif) ; d'autres encore, la *mémoire des idées*, des rapports abstraits (type intellectuel).

I. — CONSERVATION DES SOUVENIRS

Un souvenir n'est pas un fait simple, c'est *un groupe d'images associées entre elles*. La conservation du souvenir résulte donc de la fixation et de l'association des images qui composent ce souvenir. Or, nous avons vu que ces phénomènes se produisent sans que nous en ayons conscience. Ce qui relève de la conscience, c'est l'évocation. Aussi conservons-nous beaucoup plus de souvenirs que nous ne sommes capables d'en rappeler. Ces souvenirs sommeillent dans le mystère de l'inconscience et peut-être y sommeilleront-ils toujours. Pourtant, qui peut dire s'ils n'exercent pas une influence sur nos sentiments, nos idées, nos actes ? La conservation des souvenirs est donc un phénomène obscur. On a cherché à l'expliquer par les faits physiologiques qui y correspondent. Mais la connaissance du mécanisme cérébral est trop imparfaite pour qu'on n'en soit pas réduit sur ce point à des suppositions très discutables et très discutées. Au surplus, ce qui nous importe particulièrement, c'est de savoir (ce que l'on a pu constater depuis longtemps par l'expérience) dans quelles conditions les souvenirs se gravent plus fortement. Ces conditions sont, en partie, celles que nous avons déjà indiquées en étudiant l'association des idées.

1° Les *conditions physiologiques* sont l'intégrité des centres nerveux, l'activité saine et vive des cellules ; elles varient donc avec l'âge, avec l'état de santé, avec l'état de repos ou de fatigue ; enfin certaines substances agissent comme excitants ou stupéfiants de la mémoire.

2° *Conditions psychologiques.* — Toute circonstance qui tend à accroître la vivacité et la force de l'impression première en favorise la conservation : ainsi l'*intensité émotionnelle* (exception faite de tout violent ébranlement qui produirait un état de confusion mentale), la *force de l'attention*, la *durée et la répétition des présentations* et, plus encore, des *restaurations*. On retient mieux une page que l'on a relue plusieurs fois, que l'on a récitée à plusieurs reprises ; une leçon apprise hâtivement est très vite oubliée. L'attention surtout joue un rôle considérable. Enfin, la conservation du souvenir dépend dans une très large mesure de l'organisation des associations : des noms, des dates, des faits isolés sont voués à un oubli prochain, auquel échappent des idées liées entre elles, formant des systèmes cohérents ; la coordination logique est celle qui favorise le mieux la conservation.

I. — RESTAURATION

Le rappel des souvenirs peut être *spontané* ou *volontaire.* Une sensation présente nous suggère une image : c'est le rappel spontané. Le *rappel spontané* n'est donc autre chose que l'évocation d'un souvenir par suite du jeu automatique, non dirigé par l'attention, de l'association des idées. Mais il n'est pas toujours facile de discerner comment une idée qui surgit tout à coup dans notre mémoire a pu y apparaître : c'est ce qui arrive généralement dans l'état de rêverie. Cependant, par un effort, nous parvenons souvent à discerner la chaîne de l'association ; parfois la sensation qui en a été le point de départ n'avait même pas été remarquée par nous ; parfois ce sont des intermédiaires qui nous avaient échappé. Par cette expérience de l'association médiate, nous pouvons reconnaître l'importance, dans notre pensée, de la multitude des sensations, des images, des idées qui restent pour nous dans la pénombre de la demi-conscience.

Le *rappel volontaire* s'opère grâce à un certain effort d'évocation. Cet effort suppose que nous connaissons l'existence d'un souvenir, sans pouvoir encore déterminer ce souvenir (une date, un nom, par exemple), et c'est ce souvenir qu'il s'agit de rappeler et de préciser. Mais comment ? — Soit à reconstituer les vers de

Musset sur le pélican. Nous savons l'idée générale du morceau : la légende du pélican déchirant ses entrailles pour nourrir ses petits. Quelques mots sont restés dans notre mémoire : voyage, brouillards, roseaux. Nous avons dans l'oreille le rythme des vers. A l'aide de ces éléments, nous reconstituons d'abord les deux premiers vers :

> Lorsque le pélican, lassé d'un long voyage,
> Dans les brouillards du soir retourne à ses roseaux.

Voyage et roseaux suscitent le rappel des deux rimes : rivage, eaux. Nous avons l'expression petits affamés, et nous rétablissons :

> Ses petits affamés courent sur le rivage
> En le voyant de loin s'abattre sur les eaux.

Le mécanisme des mots nous vient aussi en aide.

Évoquer un souvenir par un effort de volonté, c'est, en réalité, reconstituer un ensemble dont nous avons quelques éléments. L'attention portée sur les éléments présents à l'esprit leur permet de suggérer des souvenirs plus ou moins nombreux, parmi lesquels s'opère un choix : il y a des représentations que je laisse passer, parce que je vois tout de suite que je n'ai rien à en attendre, d'autres que j'examine un instant, d'autres enfin que je retiens, parce que je les reconnais pour être des anneaux de la chaîne à reconstituer. D'ailleurs, il arrive souvent que le souvenir n'apparaît pas quand on le cherche, et se présente ensuite comme de lui-même alors qu'on n'y pense plus.

On voit donc que la mémoire est très éloignée d'être toujours cette fonction inférieure, dont on a dit parfois tant de mal en l'opposant au jugement. Non seulement la pensée, la réflexion, l'intelligence ne peuvent s'exercer sans utiliser les matériaux conservés par la mémoire, mais la mémoire elle-même est ou peut être intelligente. Sans doute, il y a une sorte de mémoire *mécanique*, comme l'appelle Wundt, de mémoire *brute*, qui se forme, se maintient, s'exerce sans effort mental, sans intervention de l'activité de l'esprit, incapable de choix, qui retient, oublie, retrouve sans discernement, qui ne sait pas trier l'essentiel de l'inutile,

dont la devise semble être : *tout ou rien*, qui ressemble à une collection d'empreintes déposées au hasard. Mais il en est une autre
dont les caractères sont tout différents, qui suppose qu'on a compris ce qu'on lui confie, qui établit des rapports logiques entre les
termes, reconnaît ce qui importe, distingue les éléments et apprécie leur valeur, les classe et sait les utiliser, débrouille les ensembles et extrait de plusieurs d'entre eux ce qui se peut rapporter
au sujet présent, qui se meut avec aisance et souplesse au milieu
de ses acquisitions, qui les possède et les gouverne au lieu d'en
être opprimée et comme empêtrée : c'est la mémoire *logique*, la
mémoire *organisée*, qui est inséparable de l'intelligence, qui est
la pensée agissante elle-même.

III. — RECONNAISSANCE

L'apparition d'un souvenir non reconnu comme tel n'est pas en
réalité un souvenir, mais une *réminiscence*. La reconnaissance est
ce qui constitue à proprement parler la mémoire. Celle-ci, en
effet, n'est pas seulement l'aptitude à reproduire une représentation, mais elle consiste essentiellement dans la conscience même
que cette image ou idée qui réapparaît est une reproduction du
passé ; il y a là comme un jugement par lequel l'état actuellement
donné à la conscience est rapporté à un événement antérieur,
rejeté hors du présent, reculé dans le passé.

Il est difficile d'expliquer cette reconnaissance, qui reste assez
mystérieuse. C'est un sentiment de *déjà vu* que nous éprouvons
en présence soit d'un objet qui s'offre à nouveau à notre perception, soit d'une image qui surgit dans notre esprit. Ce sentiment
de *déjà vu* fait en quelque sorte corps avec la perception renou-
velée ou avec l'image évoquée, et c'est ce qui leur donne le caractère spécial de souvenir.

On a cherché à expliquer la reconnaissance en disant qu'elle
résulte d'une comparaison et d'une opposition, soit avec les perceptions présentes, soit avec les représentations libres de l'imagination.
Le souvenir se distingue de la perception, en ce qu'il est moins net,
moins précis dans les détails, en ce que nous pouvons à volonté
l'éloigner de notre esprit ou le faire réapparaître. D'autre part, il se

distingue de la fiction (et en cela il se rapproche de la perception)
par son caractère de réalité, d'éprouvé, qui nous empêche de
l'altérer à volonté, d'en changer certaines parties, d'en modifier
l'ordre des éléments ; en outre, il fait partie d'un ensemble, il se
détache sur un certain fond. Mais il faut reconnaître que cette comparaison se fait d'une manière tout instantanée. C'est du premier
coup que le souvenir s'offre à nous comme tel. Ce sentiment de
déjà vu, qui est spontanément enveloppé dans le souvenir, semble
le résultat de la facilité plus grande avec laquelle se produit la
perception ; il consisterait donc en une certaine aisance, un sentiment de familiarité, analogue à celui que nous éprouvons à l'égard
d'un mouvement déjà accompli et qui n'exige plus d'effort d'attention, de coordination, d'adaptation nouvelle.

Le souvenir, d'autre part, implique l'intuition de la personnalité.
En réalité, un souvenir nous reporte à un moment de notre passé :
c'est une sorte de *résurrection* de ce moment écoulé ; c'est notre
moi ancien, notre personnalité d'autrefois qui se restaure ; nous
revivons un fragment de notre vie. Dans la mémoire se manifeste avec un relief saisissant, cette continuité de la vie mentale,
qui fait l'unité de notre *moi*, qui nous empêche de nous perdre
à chaque instant dans l'écoulement incessant de nos sensations,
de nos émotions, de nos volontés, qui nous rend le passé toujours
présent et vivant, qui fait que nous durons, tandis que les choses
passent.

IV. — LOCALISATION.

Localiser un souvenir, c'est le situer en un point déterminé du
temps. Remontant du moment présent, nous retournons au passé
par la série des événements qui ont précédé, mais en procédant
par simplification. Du passé, nous ne conservons que les points
saillants, et ainsi nous remontons d'étape en étape jusqu'à un
passé lointain. Les circonstances importantes de notre passé,
associées à l'idée d'une date, nous servent alors de points de
repère. Cependant, l'emploi de ces procédés présuppose que, dès
qu'un souvenir se présente à nous, nous avons l'intuition d'un
recul plus ou moins considérable, nous le sentons immédiatement
comme plus ou moins ancien. Cela tient sans doute à ce que,

le souvenir éveillant avec lui un état de notre personnalité antérieure, nous avons de suite l'impression que celle-ci diffère plus
ou moins profondément de ce que nous sommes aujourd'hui.
Ainsi s'expliquerait ce fait singulier que les souvenirs de nos premières années, au lieu de s'offrir à nous comme les plus fanés,
les plus usés, sous des traits de vieillards, sont au contraire les plus
frais, en quelque sorte encore embaumés de notre jeunesse passée.

V. — L'OUBLI.

Le souvenir ne serait pas possible sans l'oubli. Si nous conser-
vions toutes nos représentations sur le même plan, elles s'efface-
raient toutes, peu à peu remplacées par de nouvelles représentations. C'est sans doute pour cela que si peu de souvenirs précis
demeurent comme témoins des premières années de l'enfance.
L'organisation des représentations suppose l'oubli d'une partie
d'entre elles. Dans cette organisation même, les images ne sont
pas conservées comme souvenirs proprement dits ; elles font
place à des représentations libres ou à des idées qui peuvent
entrer dans de nouvelles combinaisons.

L'oubli est donc, soit la disparition totale des souvenirs, qui
rentrent peut-être à jamais dans le sommeil de la conscience,
effacés qu'ils sont par des images nouvelles ou plus vives ; soit
encore leur fusion dans des représentations plus complexes, où
ils disparaissent en tant qu'images indépendantes (par exemple,
les expressions figurées finissent par perdre par l'usage leur valeur
métaphorique, ainsi l'expression : esprit éclairé).

On comprend que, pour atténuer une douleur ou combattre une
passion, on recommande la distraction, le changement de milieu,
une occupation absorbante. Quand on ne peut pas ou qu'on ne
veut pas se distraire d'un sentiment, ce sentiment peut être
employé comme ressort d'une activité intense, et peu à peu, on
arrive à s'intéresser à l'œuvre elle-même ; l'objet principal du sentiment primitif rentre dans l'arrière-plan de la conscience ; ce qui
était d'abord pris comme moyen est ainsi devenu une fin. (Une
étude, une œuvre philanthropique peuvent être de puissants déri-
vatifs.)

L'*amnésie* est la disparition soit totale, soit partielle, de la mémoire : c'est une maladie organique.

VI. — CONCLUSIONS

Comment, dans l'éducation, appliquerons-nous les lois de la mémoire ?

1° Nous *éviterons la fatigue*, d'abord par une bonne hygiène physique et intellectuelle ; nous ne prolongerons pas la durée des exercices au delà de la capacité d'attention des enfants ; nous les varierons avec sagesse, pour exercer harmonieusement les organes des sens, et les facultés intellectuelles ; nous éviterons toutefois la dispersion qui résulterait d'une trop grande variété, et qui amènerait une autre sorte de fatigue.

2° *Nous utiliserons les divers groupes d'associations* pour mieux fixer les impressions qui doivent être durables. Ainsi, nous recourrons aux diverses mémoires, auditive, visuelle, motrice, etc. : de là l'utilité des dessins, des gravures, des expériences scientifiques. De là aussi la supériorité de l'enseignement oral sur l'enseignement du livre, à la condition que la parole du maître soit nette, chaude, animée. A un autre point de vue, il est essentiel d'exercer les différentes sortes de mémoires, en particulier la mémoire visuelle et la mémoire auditive, qui jouent un si grand rôle dans l'éducation esthétique.

3° *Nous éloignerons toute cause extérieure de distraction*. Un milieu calme, silencieux, une salle claire, bien aérée, d'aspect agréable, sont favorables au travail intellectuel.

4° Avant tout, il faut que l'*étude intéresse et retienne l'attention*. Le secret de l'éducateur, c'est de savoir solliciter l'effort en excitant la curiosité. D'une part, le plaisir, l'intérêt de l'étude, d'autre part, l'application de l'esprit favorisent la conservation des souvenirs.

5° La *répétition*, l'*exercice renouvelé* sont des conditions nécessaires de la mémoire.

6° Il y a toute une science, la *mnémotechnie*, qui consiste à établir entre les choses un *rapport logique*, car, ainsi que nous l'avons vu, les associations fortes constituent la mémoire elle-même. Mais il y a une mnémotechnie artificielle, mécanique, à

laquelle il ne faut recourir que pour l'acquisition de certaines
habitudes de langage et de certaines notions (nomenclatures), qui
soulagent ensuite la mémoire et facilitent le travail intellectuel.

RÉSUMÉ

*La mémoire comporte : la conservation de l'image, la restauration,
la reconnaissance, la localisation du souvenir.*

*Les qualités et les aptitudes de la mémoire sont soumises à des
variations individuelles (mémoire prompte, facile, tenace, etc. ;
mémoire des sensations, mémoire émotionnelle, mémoire des idées).*

I. Conservation des souvenirs. — *C'est un phénomène obscur ;
chaque souvenir fait partie d'un groupe d'images. Les conditions de
la conservation sont : 1° l'intégrité des centres nerveux ; 2° l'intensité
émotionnelle, la force de l'attention, la répétition et la durée, enfin
l'organisation des souvenirs.*

II. Restauration. — *Le rappel des souvenirs peut être spontané ou
volontaire. Le rappel volontaire se fait par un effort d'évocation, à
l'aide de quelques images que nous savons appartenir au groupe de
représentations que nous voulons rétablir. Il suppose un choix, une
critique.*

III. Reconnaissance. — *Sans la reconnaissance, une image rappe-
lée est une réminiscence, non un souvenir. Elle consiste dans un sentiment de déjà vu qui accompagne l'image restaurée ; c'est une sorte
de résurrection d'un état passé de la personnalité.*

IV. Localisation. — *Quand un souvenir se présente à nous, nous
avons l'intuition d'un recul plus ou moins considérable ; nous le
situons dans le passé.*

V. L'oubli. — *L'oubli est la condition du souvenir, car si nous con-
servions la totalité des images de nos représentations, elles forme-
raient un chaos.*

VI. Conclusions. — *Pour développer et fortifier la mémoire, il faut
éviter la fatigue et l'épuisement ; il faut apprendre à organiser les
images et les idées et à utiliser les divers groupes d'associations.
L'intérêt de l'étude, la répétition et l'exercice renouvelé sont des conditions nécessaires de la mémoire.*

CHAPITRE XXI

L'Imagination.

Définition. — Le mot imagination signifie étymologiquement la *reproduction vive des images*. Mais le sens que nous lui donnons est beaucoup plus précis : c'est la *faculté de combiner de façon neuve, originale, des systèmes d'images ou d'idées.* C'est ce qu'on appelle l'imagination créatrice, par opposition à l'imagination reproductrice. Mais l'image n'est jamais la reproduction fidèle d'un objet : certains traits s'effacent, d'autres sont exagérés, déformés, déplacés. D'autre part, l'imagination créatrice ne saurait inventer les matériaux mêmes de ses combinaisons ; ce qu'elle crée, c'est la disposition, l'organisation originale. Il y a donc certains rapports entre la mémoire imaginative et l'imagination créatrice ; cependant, ce qui fait de celle-ci une fonction mentale bien distincte, c'est qu'elle ne combine pas au hasard, par simple confusion, mais selon un *principe directeur*, qui est l'unité même de l'organisation qu'elle crée.

Mécanisme de l'imagination. — *L'imagination n'est possible que par la* DISSOCIATION *des éléments* des images, des systèmes d'images et d'idées que la perception et la mémoire nous fournissent. Plus les souvenirs sont nets et précis, plus difficilement l'imagination se pourra mouvoir avec liberté et originalité. Une vision intense de la réalité suppose déjà cette dissociation : en effet, quand nous saisissons fortement un objet, ou un ensemble d'objets, ou un événement, c'est que certains caractères saillants se sont détachés avec un vif relief dans notre esprit. Les causes principales de la dissociation sont : *l'attention* et *l'émotion*. D'autre part, la *multiplicité* et la *variété des expériences* qui nous ont présenté le même objet dans des conditions très diverses, facilitent la dissociation.

Comment s'opère la construction imaginative? — Par des associations neuves, dans lesquelles agit surtout la loi de ressemblance. Une imagination riche est celle qui a le pouvoir de découvrir des *analogies cachées*. L'imagination artistique découvre surtout des analogies sensibles, l'imagination scientifique des analogies de caractères ou de rapports (Newton assimilant à la pesanteur la force qui retient les astres dans leur orbite ; — Franklin rapprochant les caractères de l'éclair de ceux de l'étincelle électrique ; — Lavoisier comparant la respiration à la combustion). L'enfant, dans ses jeux, manifeste, d'une façon évidente, cette disposition de l'imagination à tout animer, à tout personnifier : la poupée est un enfant vivant ; des objets inanimés sont des animaux ou des personnes ; des dessins sont des personnages humains et vivants, etc... Les *mythes* et les *symboles* sont des créations qui résultent du même procédé : *Le Semeur*, de V. Hugo, nous en offre un exemple. Le simple ouvrier des champs devient, par extension, le semeur en quelque sorte providentiel, au sens matériel et au sens moral, le semeur du grain nourricier, et le semeur d'idées :

> Il marche dans la plaine immense,
> Va, vient, lance la graine au loin,
> Rouvre sa main et recommence ;
> Et je médite, obscur témoin,
> Pendant que, déployant ses voiles,
> L'ombre où se mêle une rumeur,
> Semble élargir jusqu'aux étoiles,
> Le geste auguste du semeur.

Dans *Stella*, le symbole procède également d'une association par ressemblance :

C'était une clarté qui pensait, qui vivait...
Et pendant qu'à longs plis l'ombre levait son voile,
J'entendis une voix qui venait de l'étoile
Et qui disait : Je suis l'astre qui vient d'abord,...
O nations, je suis la Poésie ardente...

La force secrète qui détermine ces associations créatrices, c'est le sentiment, l'émotion, les tendances individuelles.

La sensibilité intervient déjà dans notre vision même de la réalité ; elle exerce son influence dans le choix des images sur lesquelles opère l'imagination ; elle donne à celle-ci sa tournure et sa couleur : c'est ainsi qu'il est des imaginations riantes et qu'il en est de mélancoliques, qu'il en est de douces et de tendres et qu'il en est de tourmentées et de terribles. Mais surtout c'est elle qui met en mouvement l'activité créatrice de l'esprit ; les vraies sources de l'inspiration doivent être cherchées dans les tendances. Toute création véritable exige un centre d'organisation et de vie. Cette force motrice, ce principe d'unité, c'est l'*idéal*. Cet idéal est intérieur à la pensée et varie avec chaque individu ; il est tout ensemble une idée et un sentiment, idée ébauchée, sentie plutôt que conçue, qui pénètre l'esprit tout entier, l'échauffe et l'anime et le meut. Il jaillit pour ainsi dire des entrailles mêmes, traduit nos aspirations les plus profondes, exprime notre personnalité tout entière.

Voilà pourquoi ce travail intérieur de création reste, en grande partie, inconscient, semble indépendant de la volonté individuelle : c'est ce qu'exprime le terme d'*inspiration*.

Cependant la *réflexion* et la *volonté* jouent aussi un rôle important dans l'imagination créatrice. Si, parfois, la création artistique est tout instinctive, ignorante de son but et de ses moyens (1), elle est le plus souvent dirigée vers une fin *consciente, déterminée* à l'avance. Mais la réalisation de cette fin elle-même peut être le résultat soit d'une sorte d'activité spontanée, telle une improvisation, soit d'un travail conscient de l'esprit qui, s'appliquant à une masse plus ou moins considérable d'images et d'idées,

---

(1) Par exemple, Gœthe écrit à propos de son *Werther* : « Comme j'avais écrit cet opuscule à peu près inconsciemment, à la manière d'un somnambule, je m'en étonnai moi-même quand je le parcourus. »

choisit, ordonne, dispose les matériaux préalablement triés en un système plus ou moins original et cohérent. En tout cas, réflexion et volonté signifient ici que *l'effort d'invention* est *orienté* par une idée ou un sentiment dominant. C'est de cette manière que procèdent non seulement l'invention scientifique, mais encore, dans la plupart des cas, la création artistique.

La *vivacité de l'imagination* dépend donc en premier lieu de la *vivacité émotionnelle*. C'est celle-ci qui confère à celle-là sa fougue et sa flamme. Mais la condition fondamentale, qui ne se peut analyser et qu'on doit se borner à nommer, c'est l'instinct créateur lui-même, d'un mot, le génie. L'*individualisme*, voilà le caractère essentiel du génie. Sans doute, l'artiste, l'inventeur reflètent leur temps ; leur œuvre est le miroir de l'âme collective, mais un miroir qui colore et transforme, qui éclaire les ténèbres; ou du moins concentre, en une lumière éclatante et présente, les vagues et lointaines lueurs de l'avenir. Le génie est prophétique : il voit plus profond et plus loin que la moyenne des hommes.

L'invention est une *découverte anticipée*, qui procède avec une aisance souveraine, tandis que l'expérience procède avec une lenteur prudente. Mais le plus souvent, surtout dans l'ordre scientifique, cette découverte est préparée par un travail patient qui oriente la puissance créatrice, et, d'autre part, sa valeur ne s'éprouve qu'en se mesurant avec la réalité par l'expérience et la critique.

Différents types d'imagination. — On peut distinguer les diverses imaginations par le degré de force et de vivacité avec lequel les images apparaissent et s'ordonnent, ainsi que par la plus ou moins grande cohérence des combinaisons. Une imagination inférieure, c'est l'imagination lente, faible, confuse, passive. Ce qu'on appelle ordinairement la *rêverie* n'est qu'une activité inférieure de l'imagination, où les images ne sont pas nettes et ne suivent aucune orientation.

Selon la manière dont l'imagination procède pour construire ses inventions, on distingue le *type diffluent* et le *type plastique*.

Le premier type est caractérisé par la forme indécise et pour ainsi dire fluide des images, qui s'associent suivant des rapports subjectifs, des analogies vagues et lointaines, des ressemblances d'ordre sentimental. Il offre d'ailleurs des variétés nombreuses :

imagination romanesque, imagination mystique, art symbolique
et impressionnisme, imagination musicale. L'imagination plastique opère sur des représentations plus objectives, plus impersonnelles, plus précises et plus distinctes, qu'elle combine selon
des relations plus fixes, plus définies, plus logiques : arts
plastiques, poésie descriptive, imagination scientifique, imagination mécanique, imagination pratique sous toutes ses formes.
D'ailleurs, on peut voir qu'une imagination peut offrir à la fois
certains caractères du type diffluent et des qualités du type plastique.

Rôle de l'imagination. — L'imagination a été souvent appelée
une « maîtresse d'erreur », et on la nomme vulgairement « la
folle du logis ». Il est vrai qu'elle entraîne bien souvent à des
erreurs, soit dans la pensée, soit dans la conduite. Créatrice de
chimères, elle peut inspirer à l'artiste des créations artificielles,
des fictions absurdes, au savant des hypothèses stériles ; elle
bâtit les châteaux en Espagne, nous préparant bien des déboires
et des désenchantements ; elle nous lance dans des entreprises
téméraires au terme desquelles nous ne trouverons peut-être que
ruines et désespoir.

Cependant, l'imagination est la faculté créatrice par excellence ;
sans elle, il n'y aurait ni art, ni science, ni industrie, ni activité
intelligente dans la vie courante. Si elle disparaissait, avec elle
s'évanouiraient le progrès, l'espérance, l'enthousiasme, l'héroïsme.

Dans tout *art*, même réaliste, l'imagination est la faculté
essentielle. L'artiste ne reproduit jamais exactement ni intégrale-
ment la réalité qui lui a servi de modèle. Il met en relief ce qui
lui paraît le plus caractéristique, il modifie l'arrangement des
détails. Tout artiste, même le plus fantaisiste, prend ses éléments
dans la réalité ; mais, tandis que le « réaliste », pour donner
l'impression du réel, s'inspire des conditions de la réalité courante, qui lui dictent certaines règles pour ses arrangements,
l'artiste qui se meut dans la fantaisie et le merveilleux n'est pas
limité par les conditions du *possible*. Cependant, jusque dans le
domaine du merveilleux, il y a une certaine logique dont l'artiste
ou l'écrivain ne doivent pas s'écarter. C'est ainsi qu'il y a des
inventions sans valeur, que l'art soit réaliste ou non ; de même

que l'observation est la base de tout art, puisque c'est elle qui fournit les matériaux à l'imagination, de même la raison et l'expérience interviennent encore dans la création ; elles sont les régulatrices de la faculté imaginative.

Dans la *science*, c'est l'imagination qui invente les hypothèses, qui dispose les expériences, qui pressent les applications des nouvelles découvertes. L'observation par elle-même ne fournit que des faits, non l'explication des faits. On avait depuis longtemps remarqué l'élévation de l'eau dans les tuyaux où l'on fait le vide, et l'on utilisait ce phénomène dans les pompes ; mais on en ignorait l'explication, jusqu'à ce que Pascal et Torricelli en eussent découvert la cause dans la pression atmosphérique. L'observation des faits n'impose pas l'explication ; elle ne peut que la suggérer, et quand cette explication vient à l'esprit d'un savant, ce n'est d'abord qu'une conjecture ; il faut que cette conjecture, l'*hypothèse*, soit vérifiée par l'expérience. C'est ainsi que Pascal et Torricelli, chacun de leur côté, disposèrent leurs expériences pour vérifier l'hypothèse de la pression atmosphérique. Ici encore, c'est l'imagination qui doit inventer les arrangements de l'expérience, pour arriver à la vérification ; toutefois elle est réglée par les exigences de la méthode et la logique de l'induction.

C'est en particulier dans les inventions industrielles que l'imagination doit s'ingénier à trouver des combinaisons, pour mettre en œuvre les matériaux fournis par la science, et les faire servir à la satisfaction d'un besoin. Une telle invention n'est pas le pur effet du hasard ; les indications qu'un hasard heureux peut fournir ne sont fécondes que pour les esprits préparés d'avance, orientés vers la découverte, soit par une disposition naturelle, soit par une longue étude. S'il y a des inventeurs malheureux qui poursuivent toute leur vie un but impossible (par exemple le héros de Balzac dans la *Recherche de l'Absolu*), et qui sombrent parfois dans la misère ou la folie, c'est qu'ils ont l'imagination chimérique, qui, au lieu de s'appuyer solidement sur des vérités acquises et des réalités constatées, s'égare dans des rêveries métaphysiques.

Dans *la vie courante*, on a l'habitude de médire de l'imagination. Quand on dit avec une certaine pitié de quelqu'un, c'est un *homme d'imagination*, on entend par là qu'il est dépourvu de sens pratique. Mais, s'il y a une imagination sentimentale, diffuse, fantasque, romanesque, qui est nuisible, il y a l'imagination pratique qui prévoit le but, arrange les moyens de l'atteindre, nous met en garde contre les dangers ou les conséquences fâcheuses, nous enseigne à tirer parti des circonstances, en discernant au moment opportun les avantages qu'elles peuvent nous ménager. Si nous nous lançons parfois dans des entreprises fâcheuses, c'est que nous n'avons pas appliqué notre imagination à en prévoir les conséquences d'après ce que nous connaissons de la réalité. L'imagination, dans la vie courante, a besoin d'être active, mais en se réglant toujours d'après l'expérience. Elle joue surtout un grand rôle dans les spéculations de l'homme d'affaires, industriel, commerçant, financier, qui est parfois, en son genre, un véritable inventeur, et même un inventeur de génie.

C'est aussi l'imagination qui nous aide à connaître les autres, à nous représenter leurs sentiments, leurs joies, leurs douleurs, les mobiles qui les font agir. Nous avons vu que, sans elle, la sympathie est inerte. C'est elle qui donne des ailes à la bonté, à l'admiration, au dévouement. C'est elle encore qui nous fait découvrir la beauté cachée des choses, la splendeur de la nature, la poésie intime des devoirs modestes. Elle prête du charme au souvenir et elle nous console de nos maux par l'espérance.

« L'imagination, dit Paul Janet, nous a été donnée pour embellir la vie, et non pour la couvrir d'un voile funèbre; pour faciliter l'action, et non pour endormir, engourdir, amortir notre activité; pour nous donner le pressentiment d'un monde meilleur, et non pour nous désenchanter de celui-ci; enfin, pour soutenir nos affections et venir à l'appui de nos devoirs, et non pour dessécher notre cœur et désarmer notre vertu. L'homme, par l'imagination, s'élève au-dessus de la vie des sens, et c'est par là qu'elle est bonne; mais il abuse des bienfaits mêmes de la nature, s'il en fait la souveraine de sa vie, au lieu de ce qu'elle doit être, la noble auxiliaire du cœur et de la raison. »

Éducation de l'imagination. — Ce qui importe, ce n'est donc pas de refréner l'imagination, mais de la régler et de la diriger.

Ce qui est dangereux, c'est l'imagination chimérique et romanesque qui, dans la vie, est la source de tant d'erreurs et de déceptions. L'esprit chimérique n'est point la fantaisie qui charme et embellit la vie extérieure par l'imprévu, la variété de l'arrangement, par l'ingéniosité qui transforme des matériaux anciens pour leur donner un air nouveau. Ce n'est point non plus la poésie qui découvre la beauté des choses les plus humbles, ce n'est même pas un certain optimisme qui, à travers l'épreuve et le malheur, montre toujours des raisons d'espérer et entretient la source de l'énergie. L'esprit chimérique est cette imagination créatrice d'illusions qui confond ses rêves avec la réalité, au mépris du vraisemblable et du possible. Dans le monde des sentiments surtout, les jeunes filles introduisent le chimérique, le romanesque et se détournent du réel.

Il convient donc de développer l'imagination chez les enfants *mais en leur donnant le sens du possible et du réel.*

1° Comme l'imagination ne construit qu'avec des matériaux empruntés à la nature, la culture de l'imagination commence par l'*observation* et l'*imitation*. De là l'influence du milieu, l'importance des premières lectures et des récits dont on nourrit l'esprit des petits enfants, de là aussi la nécessité de n'imposer à l'enfant comme sujets de narration que des scènes et des objets familiers, de là enfin la place que doit occuper dans l'éducation l'étude des sciences physiques et naturelles, de la géographie, etc... Par la comparaison de leurs inventions avec la réalité, on pourra leur inspirer le *goût du vrai* et l'horreur du mensonge, de l'exagération, de toute improbité intellectuelle.

2° Le *jeu*, les *exercices manuels* développent l'imagination pratique. On ne saurait exagérer leur importance dans l'éducation.

3° *Il faut occuper l'esprit des jeunes filles* par des études sérieuses, des travaux utiles et réglés, les intéresser aux misères réelles, proposer un but à leur activité. Il faut surtout éviter de trop les occuper d'elles-mêmes et de leurs propres sentiments. C'est le désœuvrement, le laisser-aller de la pensée qui engendrent les imaginations chimériques et déréglées. On dérivera donc l'imagination de la jeunesse vers l'étude de la nature, de l'histoire et de la géographie, vers les occupations de la vie pratique, par une activité réglée et harmonieuse.

L'éducation littéraire est une des plus délicates ; on ne commencera pas trop tôt l'étude des chefs-d'œuvre de notre littérature classique et de nos lyriques ; on bannira toute fausse sentimentalité par la culture du goût. Le but essentiel de l'éducation littéraire et artistique, c'est d'éveiller le sens du beau et du vrai.

RÉSUMÉ

L'imagination est la faculté de combiner de façon neuve et originale, *des* systèmes d'images ou d'idées.

L'imagination n'est possible que par la dissociation des éléments que la perception et la mémoire nous fournissent. La dissociation est la condition d'associations neuves.

La construction imaginative applique surtout la loi de ressemblance : de là les images poétiques, les métaphores et les symboles.

L'émotion, le sentiment est la force secrète qui détermine la création imaginative ; mais la réflexion et la volonté y jouent aussi un rôle, en ce qu'elles orientent l'effort d'invention.

Différents types d'imagination. — *On distingue les différentes imaginations, ou bien selon le degré d'intensité et de vivacité avec lequel les images s'éveillent, ou bien selon la manière dont elle procède pour construire ses inventions ; en ce sens on distingue le* type diffluent *et le* type plastique.

Rôle de l'imagination. — *L'imagination chimérique est dangereuse, parce qu'elle est une « maîtresse d'erreur ». Mais l'imagination est la faculté créatrice par excellence, et elle joue un rôle immense dans l'art, dans la* science, *et dans la* vie courante.

Éducation de l'imagination. — *Il faut développer l'imagination chez les enfants et les jeunes gens, mais en leur donnant le* sens du possible *et* du réel. *Le jeu, les exercices manuels développent l'imagination* pratique. *L'éducation scientifique dérive l'imagination vers l'observation de la nature. Par l'éducation littéraire et artistique, on développera le sens du beau et du vrai.*

CHAPITRE XXII

L'Attention.

L'attention n'est pas à proprement parler une fonction particulière de la vie intellectuelle. Mais elle intervient dans tous les actes de la pensée ; elle en est la condition même, car sans elle rien ne se détacherait sur le plan de la conscience, et nous n'aurions pas le pouvoir de saisir et de dégager, dans un ensemble, une certaine catégorie de sensations et d'images. *L'attention est cette attitude de la conscience par laquelle, au lieu de rester passifs en présence des excitations extérieures, nous faisons un choix entre elles, nous nous emparons de l'une d'elles, à l'exclusion de toutes les autres qui ne nous intéressent point.*

Description. — L'attention nous apparaît d'abord comme un *rétrécissement du champ de la conscience* ; tandis que l'inattention est en quelque sorte la diffusion de la conscience en des sensations diverses, mais vagues et confuses, au contraire, la représentation qui est l'objet de l'attention est plus nette, plus précise, plus distincte : c'est ce que marque le langage courant par la différence qu'il établit entre les expressions : *voir* et *regarder*, *entendre* et *écouter*, etc.

L'attention semble un *arrêt de la conscience fixée sur un point*, une suspension de l'activité ; les impressions, les représentations sont en quelque sorte arrêtées sur le seuil de la conscience. Le

corps participe à cette attitude de la conscience : le visage, avec la
contraction des muscles, la tension du front et des sourcils, la
fixité du regard, le geste, l'attitude du corps, plus fixe, généralement tendu en avant, sont les signes extérieurs de l'attention, que
les artistes ont su parfaitement observer et traduire. Les éducateurs eux-mêmes en tirent parti : le geste extérieur de l'attention
aide l'esprit à se fixer.

Cependant, si l'attention fixe la pensée et en rétrécit le champ,
elle n'est pas pour cela ni un appauvrissement de la conscience
ni une suspension de l'activité intellectuelle. Elle est au contraire
le signe de la vitalité, de l'intensité de la pensée. Elle est avant
tout *un choix* ; elle marque l'*intérêt* que nous prenons aux choses;
elle témoigne des besoins, des aspirations de notre être ; enfin
elle donne la mesure de notre énergie.

Dans l'attention, il y a un *point d'application* de l'esprit vers
lequel tout converge, autour duquel tout gravite ; il y a *unité de
centre*, et ce centre reste fixe plus ou moins longtemps. Ce centre
est comme un foyer d'appel qui sollicite une pensée plus active,
plus riche. L'attention est tout à la fois *acte d'analyse* et *acte de
synthèse*. Nous avons dit qu'elle est un choix, une préférence entre
les impressions, les images qui s'offrent simultanément à l'esprit.
Mais elle est en même temps un effort de construction, de création
définie, d'après un plan déterminé, dans lequel l'esprit recueille
et assemble les matériaux après les avoir classés.

Tantôt, c'est l'acte d'analyse qui est le plus important, tantôt
c'est le travail de synthèse. Ainsi, quand nous trouvons une idée
exprimée dans une phrase que nous venons de lire, nous la trai-
tons en quelque sorte comme le naturaliste fait d'un fragment
de tissu vivant qu'il examine au microscope, pour découvrir dans
leur richesse et leur complexité les éléments qui le composent.
Si, au contraire, nous appliquons notre étude à une masse confuse de matériaux multiples, pour essayer de les organiser, il
s'agit de découvrir l'idée dominatrice qui nous permettra de
les grouper en un système ; cette idée, une fois découverte, est
un foyer de cristallisation vers lequel se précipitent les éléments
de même nature, dispersés dans un milieu diffus, pour s'organiser
suivant un plan.

Dans l'attention, il y a donc *une orientation définie de l'activité intellectuelle*, et, grâce à cette orientation, l'activité devient plus intense et plus féconde.

Formes de l'attention. — L'attention comporte un grand nombre de degrés et se présente sous diverses formes. Tantôt elle se porte sur des objets extérieurs, et alors elle est dite *objective* ; tantôt elle se tourne vers le dedans, et, dans ce cas, elle est dite *subjective*. Tantôt elle est provoquée par des circonstances extérieures, tantôt elle résulte d'une application de la volonté. Dans le premier cas, elle est *spontanée*, dans le second, elle est *volontaire*.

Selon ses degrés, l'attention objective s'appelle ou l'*attention* proprement dite, ou l'*observation* ou la *contemplation*.

L'attention subjective s'appelle ou *réflexion* ou *méditation*.

L'attention spontanée peut devenir, si elle se maintient avec force et d'une façon durable, la *fascination*, l'*obsession*, l'*idée fixe*, l'*extase*. Enfin l'attention volontaire peut être plus ou moins intense et plus ou moins absorbée.

L'attention présente des qualités différentes selon les natures individuelles. — Il y a des gens qui sont dans un état de mobilité perpétuelle, incapables à aucun degré de fixer leur attention ; d'autres sont capables d'une attention vigoureuse. L'attention peut être plus ou moins prolongée. Cette puissance de l'attention varie d'ailleurs selon l'état de santé, selon l'humeur, selon la disposition de la sensibilité. Enfin, pour chaque personne, elle peut varier selon les objets sur lesquels elle se porte. C'est encore ici que l'on peut reconnaître les tendances personnelles de la sensibilité.

La *distraction* n'est pas toujours l'impuissance de l'attention. Il y a des distraits dissipés, qui sont distraits à cause de la mobilité, de la frivolité de leur esprit : ceux-là sont incapables d'attention. Il y a les distraits absorbés, dont l'attention est retenue par un autre objet que celui qu'on leur propose. Il est très important de distinguer dans l'éducation la véritable nature de la distraction. D'ailleurs, la fatigue, l'anémie peuvent être des causes d'une incapacité momentanée de l'attention.

Causes de l'attention. — La cause réelle de l'attention est l'*in-*

térêt que nous offrent les choses : parmi la multitude des sensations éprouvées, nous ne retenons que celles qui ont quelque rapport avec nos tendances satisfaites ou contrariées. Qu'est-ce à
dire, sinon que l'attention spontanée suppose une sorte de volonté
spontanée, une direction primordiale de l'activité? Nous avons
déjà reconnu que l'acte d'attention est primitivement un choix.
Ce sont les tendances qui déterminent ce choix par un acte spontané.

La force des excitations n'est qu'une cause secondaire ; elle suscite un étonnement qui met en éveil notre instinct de conservation, et dispose nos facultés à un effort pour s'adapter. Seulement
l'intensité même de l'excitation nous dissimule ce caractère actif
de l'attention, qui existe même quand celle-ci est dite passive.

*L'attention est donc essentiellement une manifestation active
de l'être*, de la nature de la volonté. C'est pourquoi la forme la
plus complète, la forme supérieure de l'attention, c'est l'*attention
volontaire*. L'étude de la pathologie de l'attention a établi que
l'incapacité d'attention accompagne et présage la dissolution de
la volonté. Être capable d'attention, c'est posséder le pouvoir de
disposer de ses représentations, comme on a le pouvoir de gouverner ses muscles. Dans l'attention volontaire, c'est la représentation
d'une idée, d'un but accepté et déterminé par la volonté, qui
dirige la pensée, soit pour l'observation ou l'expérimentation
(attention objective), soit pour la réflexion et la méditation (attention subjective).

L'attention aiguise les sens dans l'observation, et la faculté d'analyse dans la réflexion. Mais ici on doit se mettre en garde contre
une cause d'erreur provenant d'une attention trop exclusive et
trop passionnée : une telle attention peut nous rendre aveugles à
l'égard des phénomènes et des circonstances qui contredisent
l'hypothèse à laquelle nous nous attachons, et en même temps elle
nous illusionne sur la portée de certains faits favorables à notre
hypothèse ; elle arrive ainsi à produire de véritables mirages.

Il y a donc une éducation nécessaire de l'attention, qui est une
éducation de la volonté. *Apprendre à faire attention*, c'est
apprendre à se posséder soi-même, à se rendre maître de ses idées.
L'attention véritable, sous sa forme supérieure, nous affranchit de
nos représentations et de la tyrannie de nos sentiments eux-

mêmes; c'est la liberté de l'esprit. Elle est la conscience même, parvenue à son plus haut degré et devenue maîtresse d'elle-même.

RÉSUMÉ

L'attention est l'attitude de la conscience par laquelle, au lieu de rester passifs en présence des excitations extérieures, nous faisons un choix entre elles, nous nous emparons de l'une d'elles, à l'exclusion de toutes les autres.

L'attention nous apparaît comme un rétrécissement du champ de la conscience, *et comme un* arrêt de la conscience fixée sur un point. *Mais elle n'est ni un appauvrissement de la conscience, ni une suspension de l'activité intellectuelle. Elle est* un choix; *c'est tout à la fois un* acte d'analyse *et un* acte de synthèse. *Dans l'attention*, il y a donc une orientation définie de l'activité intellectuelle.

L'attention peut être spontanée *ou* volontaire.

Les qualités de l'attention varient selon les diverses natures individuelles.

Causes de l'attention. — *La cause réelle de l'attention est* l'intérêt *que nous offrent les choses.* L'attention est essentiellement une manifestation active de l'être. *Sa forme la plus complète est* l'attention volontaire. *Sous sa forme supérieure, l'attention nous affranchit de nos représentations et de nos sentiments ; elle crée* la liberté de l'esprit.

CHAPITRE XXIII

L'Abstraction et la Généralisation.

I. — LES IDÉES OU CONCEPTS

Comment ils se distinguent des sensations et des images. — Nous avons vu comment, par l'intermédiaire des sens, le monde extérieur agit sur nous, provoque en nous des sensations qui sont comme le reflet des choses en nous, comment ces sensations se conservent sous forme d'images, comment elles s'associent, se groupent en des ensembles, qui tantôt nous donnent une représentation de la réalité, tantôt forment des représentations originales, véritables créations de l'imagination.

Mais ces représentations d'objets réels ou imaginaires ont des caractères spéciaux qu'il importe de noter. On dit qu'elles sont *concrètes* (c'est-à-dire qu'elles consistent en des groupes plus ou moins complexes de propriétés) ; *sensibles* (c'est-à-dire qu'elles sont données sous forme de sensations ou d'images) ; *particulières* (c'est-à-dire qu'elles correspondent chacune à un objet déterminé, individuel, non à une classe d'objets).

Cependant notre esprit ne s'arrête pas là. De ces représentations, *par une élaboration originale*, il tire des *idées* ou *concepts*. Quand je parle de la *couleur rouge*, j'exprime non pas une représentation particulière d'un objet déterminé ayant cette couleur (par exemple,

une robe rouge, un ruban rouge, un papier rouge), mais l'idée de
cette couleur en général, sans avoir égard aux différentes nuances
du rouge. On peut aller plus loin : le rouge, le bleu, le vert, le
jaune sont des couleurs. Quand j'exprime l'idée de *couleur*, je
pense à toutes les couleurs en général, sans m'arrêter aux différences qui les distinguent. De même encore, je puis percevoir ou
me représenter mentalement cette table sur laquelle j'écris, avec
ses caractères propres, originaux, qui la distinguent de toutes les
autres. Mais j'ai aussi l'idée de table, idée qui s'applique à une pluralité d'objets ayant tous la même destination, quelle que soit d'ailleurs la matière dont ils sont faits, quelles que soient leur forme,
leur couleur, etc. : c'est l'idée générale de table. J'ai également *les
idées générales* de chat, de chien, de cheval, et ces idées
embrassent tous les chats, tous les chiens, tous les chevaux.

Ainsi *l'idée, le concept est abstrait et général*. Pour former
l'idée de chien, j'ai dû négliger tous les traits particuliers (couleur, taille, etc.) des différents chiens que j'ai vus, et ne considérer
au contraire que tous leurs traits communs. Cette idée n'enveloppe
donc la représentation d'aucune couleur déterminée : elle est
abstraite. Mais elle s'applique à tous les chiens que j'ai vus, à
tous ceux que je puis voir, même à ceux que je ne verrai jamais :
elle est *générale*.

Compréhension et extension de l'idée. — Une idée générale se
définit par les *caractères communs*, les *propriétés communes*, des
êtres, des objets, des phénomènes auxquels elle s'applique ; *l'ensemble de ces caractères communs*, c'est ce qu'on nomme la
COMPRÉHENSION de l'idée. *Le nombre plus ou moins considérable
d'êtres, d'objets, de phénomènes auxquels elle convient*, c'est
SON EXTENSION.

Plus les propriétés et les caractères communs sont nombreux,
moins grand est le nombre des êtres que l'idée embrasse. L'idée
de *chien* renferme un plus grand nombre de caractères que l'idée
de *mammifère*, puisqu'elle comprend les caractères communs à
tous les mammifères et en outre ceux qui sont propres au chien,
le distinguent du cheval, de l'ours, de la baleine, etc. ; par contre,
l'idée de mammifère s'applique à un nombre plus considérable
d'individus.

L'extension est donc en proportion inverse de la compréhension.

Idées abstraites et idées concrètes. — Que veut-on dire quand on parle d'idées générales concrètes et d'idées générales abstraites ?

Par définition même, une idée générale est abstraite ; *il n'y a de concret que l'individuel.* L'idée de table, l'idée de chien sont abstraites ; seule la représentation d'une table déterminée, d'un chien déterminé est concrète. Cependant ces idées s'appliquent à des objets réels, donnés par l'expérience. Aussi les a-t-on parfois appelées idées générales concrètes.

D'autres idées, au contraire, comme celles de nombre, d'égalité, de rapport, etc., ne correspondent à rien qui soit donné comme tel dans le monde extérieur. Nous voyons bien une pluralité d'objets ; mais le nombre lui-même, par lequel nous exprimons l'évaluation des quantités ou des grandeurs, est une conception de l'esprit. C'est là ce qu'on veut exprimer, quand on parle d'idées générales abstraites ; on les nomme parfois encore : abstractions pures.

II. — ABSTRACTION

Définition. — On peut définir l'abstraction : *l'opération par laquelle l'esprit isole et envisage à part un élément que l'expérience ni la représentation sensible ne nous offrent jamais et ne sauraient nous offrir à part de l'ensemble auquel cet élément appartient.*

Quand j'exprime le nombre *quatre*, quand je dis : quatre chaises, quatre encriers, je n'exprime pas une perception ; je vois un ensemble de chaises, d'encriers ; mais ce qui me permet de dire quatre, c'est que, considérant chacun de ces objets comme une unité, je les ai comptés. Je pourrais les compter deux par deux, et dire : il y a deux paires d'encriers. Le nombre est quelque chose d'indépendant des objets auxquels on l'applique.

L'abstraction ne doit pas être confondue avec la dissociation ou division d'une représentation concrète. Quand je coupe une pomme en quatre parties, j'obtiens quatre morceaux de pomme, chacun de ces morceaux se présente à part ; mais ce n'est pas cette représentation concrète qui me permet de considérer un morceau comme étant le quart d'une pomme ; c'est la comparaison entre la grandeur du morceau et celle de la pomme entière que j'avais auparavant. Je puis d'ailleurs concevoir l'idée d'un quart sans partager effectivement un objet en quatre parties égales.

Abstraire, ce n'est pas percevoir à part des parties d'objets, c'est se former l'idée d'un ÉLÉMENT *de l'objet*, ou du rapport de la partie avec l'objet lui-même. Nous voyons une robe rouge : négligeant l'étoffe dont la robe est faite, sa forme, etc., nous ne portons notre attention que sur sa couleur rouge.

L'abstraction suppose l'attention. De plus, elle forme des *groupes d'éléments, de caractères* (le rouge, le bleu, la conformation de l'appareil digestif chez certains animaux, etc.) qui ne peuvent être présentés à part dans la réalité.

III. — GÉNÉRALISATION

Définition. — *La généralisation est l'opération par laquelle un ensemble de propriétés est pensé comme le type d'une pluralité d'objets ou de cas.*

L'idée générale a une portée indéfinie, dépassant les expériences qui ont servi à la former ; elle s'applique à un nombre illimité de cas. La généralisation implique essentiellement un acte de synthèse ; elle exprime le pouvoir qu'à l'esprit de saisir la ressemblance, l'identité.

IV. — COMMENT SE FORME UN CONCEPT
SA NATURE PSYCHOLOGIQUE

Qu'est-ce donc que ce pouvoir d'abstraire d'objets multiples et différents, des qualités communes, de les penser comme telles, et de les appliquer à tous les cas possibles ?

A cette question, l'ancienne théorie intellectualiste répondait simplement que ce pouvoir s'expliquait par une faculté spéciale. Cela revenait à dire que l'esprit forme des abstractions, parce qu'il a le pouvoir d'abstraire.

Difficulté de la question. — Expliquer la formation des idées générales présente une difficulté réelle. L'esprit ne peut jamais se *représenter* un objet-type, par l'évocation des seuls caractères communs qui définissent l'idée. Je ne puis, à proprement parler, me *représenter* le chien en général, qui ne serait ni blanc, ni noir, ni fauve, ni grand, ni petit, et qui serait tout cela à la fois. Mais j'évoque le souvenir plus ou moins vague de tel ou tel chien déjà vu; je le vois petit ou grand, blanc ou noir, avec le poil long ou ras, etc. De ce fait, certains philosophes, les *empiristes*, ont cru pouvoir conclure que ce que nous appelons idée générale, c'est une représentation individuelle que nous employons comme signe de toutes les représentations offrant avec celle-là des caractères communs. A défaut de représentation particulière, le mot, dit-on encore, nous sert de signe pour désigner une multiplicité d'objets particuliers. Lors donc que nous pensons ou croyons penser une idée générale, ce que nous avons réellement dans l'esprit, c'est une représentation, ou une série de représentations toutes particulières, ou encore le mot qui en est le commun substitut.

Cependant le *mot* doit bien correspondre à quelque chose dans la pensée. Ce à quoi il correspond (le mot *table*, par exemple), ce n'est pas une image particulière, résultant d'une impression unique; nous lui donnons une signification générale. Et cette signification générale, c'est autre chose que le pouvoir d'évoquer à l'aide de ce mot une série d'images auxquelles il s'appliquerait. C'est précisément là ce qu'il s'agit d'expliquer. En fait, quand nous entendons prononcer ou que nous lisons une phrase, nous la *comprenons* sans que pour cela s'éveillent dans notre esprit les images dont on proclame qu'elles seules sont objet de pensée. Quand des images s'éveillent, elles sont très fragmentaires, ne répondent que très partiellement et très inexactement à la pensée qui se forme.

Explication empiriste moderne. — n a comparé la formation de l'idée générale à une superposition d'images individuelles, qui donnerait pour résultante une image globale, dans laquelle les traits et les caractères communs se détacheraient sur l'ensemble, comme ces photographies composites, obtenues en superposant l'image des divers membres d'une même famille sur une même plaque. L'idée générale serait alors une *image générique*, c'est-à-dire, suivant Stuart Mill, « une représentation résultant de la superposition de plusieurs représentations, et dans laquelle, en conséquence, les caractères communs, en s'additionnant, en se répétant, sont devenus plus nets, font saillie, sont en pleine lumière, tandis que les caractères différents, variables, sont atténués, rejetés dans la pénombre ou même complètement exclus de la conscience ».

Mais cette explication ne serait acceptable que pour les cas où les diverses images particulières concourant à la formation de l'image composite offriraient entre elles de très grandes ressemblances. C'est ce qui arrive, par exemple, pour les idées dites *individuelles*, résultant de la fusion de plusieurs images du même objet, qui nous est apparu à diverses reprises, et chaque fois sous un jour particulier : la représentation que nous nous faisons de cet objet n'est pas une image simple, c'est un résumé, une résultante des diverses perceptions que nous en avons eues. Tout au plus l'explication de l'image générique serait-elle en outre admissible pour les classes d'objets ou d'êtres très peu nombreuses et dont les individus présentent très peu de dissemblances. Mais comment, par exemple, obtenir de la sorte une image générique des mammifères ou des vertébrés ? D'ailleurs, une telle superposition implique un choix préalable et une mise au point très délicate. Comment expliquer que, parmi les mille représentations qui s'offrent à nous chaque jour, les images aillent se grouper d'elles-mêmes en vertu d'affinités secrètes qui n'auraient aucun rapport avec notre individualité ? Enfin, en vertu de quoi l'image générique ainsi obtenue aurait-elle pour notre esprit une valeur générale ? Si on me présente dix photographies, dont neuf soient les portraits de neuf personnes différentes, et la dixième une photographie composite, comment pourrai-je voir, à moins qu'on ne m'ait prévenu, que cette dernière n'est pas le portrait d'une dixième personne, dans le cas où elle serait d'ailleurs assez nette pour représenter quelque chose ?

Comment se pose la question. — La difficulté reste donc entière, et voici comment elle se pose : il est bien vrai que la pensée s'appuie sur la représentation des choses réelles ; *on ne pense* *pas sans imáges*, selon la formule d'Aristote ; *mais on ne pense que des idées générales*. L'esprit, pour former des idées, part bien des images, et l'idée peut aussi évoquer des images ; seulement l'idée est autre chose que l'image. Elle est définie par des caractères communs que nous considérons à part des traits individuels et spéciaux, et elle a pour notre esprit une valeur générale que les images ne pourraient lui donner, si nombreuses que nous les supposions.

1° *Comment l'esprit saisit-il des caractères communs*, au milieu de représentations complexes offrant entre elles de nombreuses différences? Comment discerne-t-il l'identité quand le monde extérieur ne lui offre que la diversité ? N'y a-t-il pas intervention d'une activité originale de l'esprit ? C'est là un acte d'*attention*. Soit que notre attention ait été sollicitée par un phénomène particulier parmi d'autres phénomènes complexes ou différents, soit que nous dirigions volontairement notre esprit sur ce phénomène ou cette partie de phénomène (propriétés ou qualités, rapports, etc.), dans les deux cas, c'est l'*intérêt* qui détermine le choix des caractères et des propriétés que nous distinguons par l'analyse. *Il y a donc là un discernement dont la raison est en nous, dans la nature même de la conscience.*

Nous avons déjà remarqué un discernement de même sorte dans les phénomènes intellectuels étudiés jusqu'ici, à commencer par le plus élémentaire, la sensation. Que l'intérêt détermine le choix des caractères communs, cela est si vrai que, dans l'observation des mêmes objets, le point de vue varie selon les personnes et les circonstances ; une même plante sera rangée dans des groupes différents, selon qu'elle sera étudiée par un botaniste, par un herboriste, par un agriculteur, par un artiste, etc.

2 *mment donnons-nous aux idées une valeur générale?* — Par le fait que nous avons distingué, dans une représentation complexe ou dans un groupe de représentations, le phénomène qui nous intéresse, nous le reconnaissons dans d'autres images ou d'autres groupes d'images. Nous appliquons là spontanément un jugement d'identité, déjà impliqué dans l'acte de mémoire et dans celui de l'association des images. Toutes les fois que nous rencontrerons dans une représentation les propriétés et les caractères qui forment le contenu d'une idée, *nous appliquerons le*

même jugement d'identité, et ainsi la représentation nouvelle sera un ca particulier de l'idée.

Hiérarchie des idées générales. — Dans la formation des idées générales, l'*image générique* dont nous avons parlé est bien un premier stade. L'enfant qui a déjà vu plusieurs chiens, plusieurs chats, plusieurs oiseaux, distingue un chien, un chat, un oiseau; il en a une représentation plus ou moins nette ou flottante, d'après les caractères extérieurs les plus évidents. Ce qui le prouve bien, c'est que des objets de même espèce, mais offrant des dissemblances extérieures assez frappantes, ne sont pas nommés à première vue par les enfants du nom commun de l'espèce : un enfant hésitera à appeler le dindon un oiseau. L'*image générique ne correspond donc pas aux caractères essentiels, mais aux caractères les plus frappants.* Cette image générique, d'ailleurs, est en quelque sorte ce à quoi s'applique l'esprit pour porter le jugement d'identité, dont nous parlions tout à l'heure, qui donne à l'image même sa portée générale.

A un degré supérieur, nous trouvons le *schème,* qui n'est plus une image composite, mais une représentation abrégée et plus précise tout à la fois, qui ne renferme que les caractères essentiels. On peut représenter le squelette schématique d'un vertébré, le schème de l'appareil digestif d'un ruminant.

Enfin, à un plus haut degré encore, le schème, considérablement réduit, disparaît devant le *mot.* C'est ainsi qu'on ne peut donner le schème de l'être vivant en général.

Pour se soutenir, la pensée abstraite n'a que le mot, comme symbole. Mais ce n'est pas un symbole vide ; il enveloppe la conception des caractères de l'idée.

Le mot est une définition condensée. — Chacun des termes de la définition que le mot résume désigne une propriété que l'esprit conçoit à l'aide d'une représentation. Les représentations, images sensibles, schèmes ou mots eux-mêmes, sont les points d'appui où se rattache la pensée pour concevoir les éléments qui forment le contenu de l'idée, et porter le jugement d'identité qui les reconnaît pour caractères communs aux divers objets particuliers.

Si on s'élève dans le domaine des abstractions pures, il n'est plus guère possible de se former une image pour se représenter l'idée, par exemple les concepts de nombre, de rapport, de temps, d'espace, etc.

C'est qu'en effet, les *abstractions pures sont de véritables cons-truction de l'esprit*. Telles sont les idées mathématiques ; le point, la ligne, la surface, le cercle, une proportion, la den-sité, etc., sont de pures conceptions ; nous les figurons parfois par des images ou *symboles* ; mais l'idée ne se précise que par la définition, que l'image ne remplace pas. Le symbole algébrique (celui de la densité, par exemple : $D = \frac{P}{V}$) n'est que la traduction en termes algébriques d'un rapport obtenu en appliquant la défi-nition.

Nous saisissons par là ce qu'il y a d'essentiellement original dans la formation de l'idée générale : *c'est que l'esprit conçoit des rapports que la réalité ne fournit pas comme tels*, et qui ne sont objets ni de perception, ni de représentation sensible. Il les saisit parmi la multiplicité des faits complexes ; il leur applique un jugement d'identité, et il en compose une synthèse, qui est bien quelque chose de nouveau et d'original. La nature présente des arbres nombreux et de nombreuses espèces d'arbres : seul l'esprit forme l'idée d'arbre.

V. — ÉVOLUTION DES FACULTÉS D'ABSTRACTION ET DE GÉNÉRALISATION

L'abstraction, sous sa forme la plus simple, est à la base de la vie mentale. Les sensations et les perceptions sont, en un certain sens, des abstractions. Des objets, les enfants ne voient que ce qui les frappe, ce qui les intéresse, et ils ne sauraient (à supposer qu'ils aient déjà une faculté suffisante d'analyse) en donner une description complète. Il faut, avons-nous dit, leur apprendre à voir.

De même qu'ils font des abstractions, ils font aussi des générali-sations : lorsqu'ils rencontrent dans un objet nouveau une qua-lité qui les a frappés dans un objet déjà connu, ils lui appliquent le nom de ce dernier objet. Un enfant qui examinait un lorgnon que son père tenait debout sur une table, le nomma une bicyclette. Pour le même enfant, tailler un crayon, c'était *éplucher* un crayon. Ainsi faisaient les premiers hommes, comme le prouve l'étude des racines primitives : ils nommaient, par exemple, le soleil, le *brillant*, et par extension, ils appliquaient le même mot à tous les objets brillants. C'est parce que l'enfant ne s'arrête qu'aux qualités extérieures, qu'il forme ce que nous appelons de fausses généralisations. *Il faut lui apprendre à voir l'essentiel.* Apprendre à former convenablement des concepts généraux, c'est apprendre à distinguer dans les objets les caractères essentiels, c'est apprendre à former des définitions.

Les enfants, et même beaucoup d'adultes, sont aussi incapables d'avoir une vue nette et distincte des objets individuels que de s'élever aux idées générales. Comme le langage leur présente des mots tout faits, ils s'en servent sans en connaître exactement le contenu. Ces mots ne correspondent chez eux qu'à des notions très vagues et parfois fausses. C'est ainsi que, dans l'éducation des enfants, on ne prend pas garde que, bien souvent, au lieu de leur donner des connaissances réelles, on ne leur fournit que des notions verbales. *Apprendre aux enfants à se former des idées exactes, nettes, des objets* est donc nécessaire pour les amener ensuite aux idées générales.

Mais *il importe de conduire peu à peu l'enfant vers les idées générales.* Les idées et les intuitions concrètes sont les bases où s'appuiera l'idée générale et abstraite. Les idées générales sont la condition de la science, puisque la science a pour but d'établir les lois qui régissent tout un ordre de phénomènes particuliers. Elles sont la condition de la pensée même et du langage, puisque sans elles il n'y aurait dans la conscience qu'un chaos d'images et de perceptions isolées, pour chacune desquelles il faudrait un nom, et encore ce nom ne serait-il pas nécessairement compris de notre interlocuteur. Enfin, les idées générales sont la condition de l'action pratique intelligente; c'est par elles, en effet, que nous pouvons, de l'expérience passée, tirer une instruction pour l'avenir.

RÉSUMÉ

L'esprit, par une élaboration originale, forme, avec les sensations et les images, des idées ou concepts, *qui ont un* caractère abstrait et général. *Les caractères communs et les propriétés communes qui définissent l'idée constituent sa* compréhension ; *l'extension de l'idée est l'ensemble des êtres et des phénomènes auxquels elle convient.*

On appelle idées abstraites, *par opposition aux idées* concrètes, *de pures conceptions de l'esprit (nombre, égalité, rapport, etc.).*

Abstraction. — L'abstraction est une opération par laquelle l'esprit isole et envisage à part un élément que l'expérience ni la représentation sensible ne nous offrent jamais et ne sauraient nous offrir à part de l'ensemble auquel cet élément appartient.

Abstraire, c'est se former l'idée d'un élément de l'objet, ou du rapport de la partie avec l'objet.

L'abstraction suppose l'attention. Elle forme des groupes d'éléments, de caractères.

Généralisation. — *La* généralisation est l'opération par laquelle un ensemble de propriétés est pensé comme le type d'une pluralité d'objets ou de cas.

Nature du concept. — *La difficulté d'expliquer la nature du concept tient à ce que l'esprit ne peut se représenter un objet-type avec les seuls caractères qui définissent l'idée : on ne pense pas sans images, mais on ne pense que des idées générales. L'esprit part des images, mais l'idée est autre chose ; elle résulte d'abord d'un acte d'attention, d'un choix des caractères ; puis d'une généralisation, qui n'est autre que l'extension d'un jugement d'identité, appliqué à tous les cas où se retrouveront les caractères distingués.*

Hiérarchie des idées générales. — *Au premier degré est l'image générique, qui correspond aux caractères les plus frappants reconnus dans des objets qui offrent des ressemblances extérieures. Puis, nous trouvons le schème, qui est une représentation abrégée ne contenant que les caractères essentiels. A un degré supérieur, vient le mot accompagné de la définition et parfois du symbole qui résume et figure la définition. Les abstractions pures sont de véritables constructions de l'esprit, qu'aucune image empruntée à la réalité ne peut représenter.*

Évolution des facultés d'abstraction et de généralisation. — *L'enfant généralise, mais il fait des généralisations fausses ou superficielles. Il faut lui apprendre à voir l'essentiel. L'idée générale est la condition même de la pensée.*

CHAPITRE XXIV

Le Jugement.

I. — DÉFINITION

Dans la langue psychologique, le mot jugement n'a pas la même signification que dans la langue courante. Quand on dit d'une personne qu'*elle a du jugement*, cela signifie qu'elle voit juste dans les conjonctures de la vie, qu'elle apprécie les choses sainement. Dans cette acception, jugement est à peu près synonyme de bon sens.

Le jugement, en psychologie, est l'*acte par lequel l'esprit établit un rapport entre deux idées*. Mais on appelle encore jugement le *résultat* de cet acte, c'est-à-dire *ce rapport lui-même, conçu par l'esprit*.

L'*homme est mortel*. Voilà un jugement, selon la seconde définition. C'est le rapport établi entre ces deux idées : *homme* et *mortel*. Nous allons d'abord analyser ce que contient ce jugement, et nous chercherons ensuite à expliquer l'acte de juger.

Un jugement s'énonce dans une proposition, dont les deux termes, *sujet* et *attribut*, sont réunis par le verbe. Le verbe *être* est le mot qui exprime l'affirmation. C'est lui qui constitue l'essentiel du jugement, puisque c'est lui qui marque le rapport. Le propre de l'intelligence humaine, disait Rousseau, c'est « de pouvoir donner un sens à ce petit mot : *est* ».

Classification. — Les divers jugements peuvent d'ailleurs marquer des rapports dont la signification varie.

Si le verbe exprime un rapport de convenance, le jugement est *affirmatif* ; s'il exprime un rapport de disconvenance, le jugement est *négatif*. Il y a une affirmation dans le jugement négatif. D'autre part, le degré de l'affirmation peut varier : un jugement est *contingent*, quand il affirme un fait réel, mais non nécessaire ; il est *nécessaire*, quand il affirme quelque chose qui est pensée comme ne pouvant pas ne pas être ; il est *problématique*, quand il affirme quelque chose comme possible ou subordonnée à quelque condition.

Au point de vue de l'extension du sujet, on distingue : les jugements *généraux ou universels*, les jugements *particuliers*, les jugements *individuels* :

Tous les mammifères sont vertébrés : jugement général ; le sujet est pris dans toute son extension.

Quelques mammifères sont herbivores : jugement particulier ; le sujet est pris dans une partie seulement de son extension.

Ce cheval a le poil roux : jugement individuel.

Au point de vue de la relation établie entre les termes, on distingue surtout les *jugements analytiques*, et les *jugements synthétiques*.

Un jugement analytique est celui dont l'attribut exprime une idée déjà contenue implicitement dans le sujet : le *rectangle a quatre côtés*.

Un jugement synthétique est celui dans lequel l'attribut ajoute au sujet une qualité qui ne fait pas partie de sa compréhension : *la table est noire.*

Le jugement, acte fondamental de l'esprit. — Tous les jugements précédemment énoncés sont traduits en formules : le sujet et l'attribut sont distincts et réunis par le signe de l'affirmation. Ils sont *explicites*. Mais il y a des jugements *implicites* dans lesquels les termes et le rapport entre ces termes ne sont pas dégagés formellement, quoique perçus par la conscience : chaque objet se présente à nous avec ses qualités au moins les plus apparentes : papier blanc, encre liquide et noire, cheval quadrupède. Toute perception renferme donc un jugement implicite, et le concept n'est lui-même que le résultat de jugements implicites ou expli-cites. Le jugement est ainsi l'acte primordial de l'esprit : *penser, c'est juger*, a dit Kant.

II. — CONCEPTION DU RAPPORT.

Nous n'avons considéré jusqu'ici le jugement que comme étant le rapport conçu par l'esprit, c'est-à-dire le résultat de l'acte par lequel l'esprit établit ce rapport. Mais cet acte lui-même, en quoi consiste-t-il ?

On l'a expliqué en disant que le jugement est le rapprochement dans la conscience de deux sensations ou images. Mais le fait que deux images nous sont données simultanément ou successivement ne constitue pas par lui-même un jugement. Celui-ci ne se réduit pas à une simple rencontre, dans laquelle l'esprit resterait passif. Il consiste, au contraire, à établir un lien entre deux choses dis-tinctes.

Nous avons vu que la liaison associative elle-même résulte, non pas des circonstances extérieures seulement, mais de l'activité synthétique de l'esprit. Toute association d'idées, toute perception, toute sensation même supposent des jugements élémentaires. Mais ce que nous appelons jugement, c'est l'aperception nette d'un rapport ; *c'est l'acte conscient par lequel l'esprit saisit une rela-tion entre deux idées ; c'est une synthèse active.*

III. — LA CROYANCE.

Quand nous formulons un jugement, nous n'entendons pas seu-lement établir un rapport entre deux conceptions de notre esprit, mais nous considérons que ce rapport correspond à la réalité des choses ; nous y croyons.

Croire, c'est attribuer une valeur objective et réelle à nos juge-ments.

Le contraire de la croyance, ce n'est pas la négation, c'est le doute au sens strict du mot, le doute des pyrrhoniens et de Mon-taigne, qui s'exprime par l'interrogation : que sais-je ?

Degrés dans la croyance. — Il y a divers degrés et formes de la croyance :

1° L'*opinion*, reposant sur une probabilité ; plus la probabilité est forte, plus l'opinion est fondée, et plus elle approche de la certitude ; ici les degrés sont infinis ;

2° La *croyance* proprement dite, *la foi*, exprimant une adhésion pleine et entière de l'esprit à certaines propositions qui ne sont pas susceptibles d'une vérification expérimentale ni d'une démonstration logique rigoureuse : telles sont les croyances religieuses, morales et métaphysiques ;

3° La *certitude scientifique*.

Au point de vue de la force de la croyance, la foi n'est pas au-dessous de la certitude scientifique ; elle est seulement d'un autre ordre. La certitude scientifique elle-même n'est pas de même nature dans les divers ordres de science : la certitude mathématique est autre chose que la certitude dans les sciences de la nature, et celle-ci autre chose encore que la certitude dans les sciences historiques ou dans les sciences morales.

Dans ce que nous appelons l'opinion, et même dans la certitude d'ordre philosophique et moral, il entre une part de volonté qui relève du tempérament et du caractère. Les convictions les plus fortes ne se rencontrent pas toujours chez les personnes les mieux informées. Nous avons pu relever en nous-mêmes cette observation, que nous croyons plus ou moins fermement, selon nos dispositions du moment, à une idée morale, la valeur du bien, par exemple, ou la noblesse de l'effort : notre état de santé, les joies ou les tristesses qui nous viennent des événements, les circonstances plus ou moins troublées de la vie sociale, voilà autant de causes qui, tantôt affaiblissent, tantôt renforcent nos opinions et nos croyances.

Nature de la croyance. — Comment se forme une croyance ?

D'après ce que nous venons de dire, on peut voir déjà que la croyance résulte d'un état d'esprit très complexe. C'est qu'en effet nos représentations, nos idées, nos jugements ne demeurent pas isolés dans notre esprit. Si celui-ci était en quelque sorte vide, indéterminé, toute idée qui pénétrerait en lui se ferait accepter. C'est là ce qui explique la crédulité, la suggestibilité presque sans

limites de l'enfant. Mais il n'en va pas de même pour l'adulte.
Son intelligence est déjà meublée, préoccupée par une foule de
représentations, d'opinions, de croyances, que son expérience antérieure, l'influence du milieu, l'éducation y ont en quelque sorte
déposées ; il a ses habitudes, ses sentiments personnels, ses goûts
et ses préférences. Qu'une idée nouvelle se présente à lui, elle va
entrer en relation avec ces multiples éléments. Qu'elle s'accorde
avec eux, qu'elle s'incorpore aisément et comme spontanément à
un système déjà formé, qu'elle ne rencontre que des représentations amies, pour ainsi parler, des tendances alliées, elle se fera
agréer sans peine, elle participera à leur privilège de premiers
occupants. Que si, au contraire, elle rencontre des images, des
idées, des sentiments avec qui elle est inconciliable, elle sera
repoussée, du moins il se produira dans notre esprit un certain
trouble, une sorte de division, d'où résulteront l'hésitation, l'inquiétude, le doute.

C'est donc bien, en une certaine mesure, la clarté, la lumière
avec lesquelles une idée se présente à nous qui nous la fait accepter comme vraie ; mais cette clarté n'est pas toujours en raison de
la vérité de l'idée ; elle est aussi en raison de notre clairvoyance,
car nous pouvons être aveuglés. Nous le sommes, soit par suite
d'une information incomplète ou erronée, soit par nos préjugés et
nos habitudes d'esprit, soit par nos désirs et nos passions. *Nous
ne pouvons croire l'absurde reconnu comme tel, mais nous ne
voyons pas toujours l'absurde,* ou nous ne voulons pas le voir.

La raison joue donc un rôle essentiel dans nos croyances, en
ce que leur choix est fondé sur des connaissances qui s'imposent
et contre lesquelles tout effort de volonté est impuissant ; il en
est d'autres qu'aucun effort de volonté ne peut nous faire accepter.

Cependant, dans la formation, l'évolution, la conservation de
nos croyances, *nos sentiments et nos tendances interviennent* d'une
manière très active. Nous avons eu déjà l'occasion de signaler cette
influence du sentiment sur les représentations, de remarquer
comment nos désirs, nos émotions, les dispositions fondamentales de notre sensibilité modifient l'état de nos idées, contribuent
à en accroître la vivacité ou la clarté, à déterminer leur mode de
groupement. Qu'une doctrine donne satisfaction à des sentiments
profonds, à d'impérieux besoins de notre cœur, et toutes les

preuves en sa faveur prendront immédiatement à nos yeux une force singulière ; nous croyons volontiers à ce qui nous plaît et nous séduit ; les indices les plus superficiels deviennent pour nous des arguments péremptoires ; et, par contre, une doctrine qui nous froisse, nous choque, se heurte à nos inclinations ou à nos habitudes, a besoin d'être dix fois prouvée pour se faire accepter. Croire, ce n'est pas seulement figurer une conception dans l'entendement, c'est nous attacher à une idée, la rendre vraiment nôtre, ce qui suppose que nous nous donnons à elle, non seulement de toute notre intelligence, mais encore de tout notre cœur.

Et ainsi nous comprenons que *la volonté intervient dans nos croyances*, même les plus réfléchies. Non pas qu'elle les puisse, pour ainsi parler, créer de toutes pièces ; mais elle peut se mettre en quelque sorte au service d'une croyance préalable qu'elle fortifie, en nous faisant porter notre attention sur ce qui la favorise, détourner nos regards de ce qui la contredit. C'est elle encore qui nous permet de nous former des convictions vraiment personnelles, de n'être esclaves ni des affirmations d'autrui, ni de nos propres préjugés et habitudes ; c'est elle qui substitue au jugement précipité et aveugle la pensée réfléchie et critique.

« Il faut vouloir croire », cela peut donc s'entendre de deux façons. Ou bien cela veut dire : s'attacher à une croyance déjà formée, à une doctrine toute faite, en en faisant une habitude, une manière d'être solide et permanente, exercer sur soi une sorte de suggestion par des formules, des pratiques, des actes qui feront en quelque sorte descendre la croyance de la tête dans le cœur et dans le corps même. C'est ce qu'a admirablement montré Pascal dans le passage célèbre où il dit : « Vous voulez aller à la foi, et vous n'en savez pas le chemin ; vous voulez vous guérir de l'infidélité (1), et vous en demandez le remède : apprenez de ceux qui ont été liés comme vous et qui parient maintenant tout leur bien ; ce sont gens qui savent ce chemin que vous voudriez suivre et guéris d'un mal dont vous voulez guérir. Suivez la manière par où ils ont commencé : c'est en faisant tout comme s'ils croyaient, en prenant de l'eau bénite, en faisant dire des messes, etc. ; naturellement même, cela vous fera croire et vous abêtira. » (*Pensées,*

---

(1) L'incrédulité, le défaut de foi.

édit. Havet, art. X). C'est aussi ce qu'avait vu profondément Ignace de Loyola, lorsqu'il organisait, pour les membres de l'ordre des jésuites, les *exercices spirituels* qui sont une méthode régulière pour fortifier la foi et soumettre l'esprit à l'obéissance.

Ou bien vouloir croire, c'est ouvrir les yeux tout grands et les tenir fixés sur la vérité, c'est vouloir voir clair dans ses propres idées, maintenir son attention sur les faits pour découvrir les vrais rapports qu'ils soutiennent entre eux, c'est éviter « la précipitation et la prévention », se détacher de ses intérêts, de ses vanités et de son orgueil, c'est comparer et peser les arguments en toute indépendance et en toute sincérité, c'est se soumettre à l'évidence, c'est avoir confiance en la valeur infinie de la raison et de la lumière, c'est poursuivre une œuvre de libération, d'affranchissement intellectuel, qui suppose autant de modestie que de persévérance, autant de courage que de probité.

RÉSUMÉ

Le jugement, dans la langue psychologique, *est* l'acte par lequel l'esprit établit un rapport entre deux idées. *Ce mot s'applique encore au rapport lui-même perçu par l'esprit.*

On distingue différentes formes de jugement (affirmatif ou négatif — contingent, nécessaire ou problématique — général ou universel, particulier, individuel — analytique ou synthétique).

Le jugement est l'acte fondamental de l'esprit. *C'est l'acte conscient par lequel l'esprit saisit une relation entre deux idées : c'est une conception.*

La Croyance. — *Croire, c'est attribuer une valeur objective et réelle à nos jugements.*

Il y a des degrés dans la croyance ; l'opinion, la foi, la certitude scientifique ; *la certitude n'est d'ailleurs pas de même ordre dans les diverses sciences.*

La croyance dépend d'abord de la lumière avec laquelle une idée se présente à nous ; mais si la raison joue un rôle essentiel dans la croyance, le sentiment, les habitudes, la volonté y jouent un rôle important.

La croyance réfléchie est le fruit de l'indépendance courageuse d'un esprit maître de lui-même.

CHAPITRE XXV

Le Raisonnement.

I. — DÉFINITION ET ANALYSE

Il arrive parfois que le rapport entre deux idées, au lieu d'être immédiatement aperçu par l'esprit, présuppose la considération de divers autres rapports. On dit alors qu'il y a *raisonnement*. Raisonner, c'est donc rapprocher plusieurs jugements de telle sorte qu'il en résulte un nouveau jugement qui trouve dans les premiers sa justification. C'est pourquoi on a souvent défini le raisonnement : l'opération par laquelle l'esprit passe du connu à l'inconnu, découvre une vérité nouvelle par l'élaboration de connaissances déjà acquises. Cette définition cependant n'est que partiellement exacte ; en effet, la *découverte* est proprement l'œuvre de l'imagination, le raisonnement est essentiellement un procédé de vérification. Raisonner, c'est moins *trouver* que *prouver* ; c'est fonder la conception imaginée, l'hypothèse, sur des connaissances antérieures dans lesquelles elle trouve sa justification logique. Tout raisonnement suppose donc que l'esprit s'est posé un problème sur lequel il concentre son attention, pour en obtenir la solution. Pour cela, il est nécessaire de se « mettre devant les yeux, aussi nettement que possible, les relations que l'inconnu a, autant que nous pouvons le savoir, avec le connu ».

C'est ce qu'on appelle, en mathématiques, la *mise en équation* du problème. Dans tout raisonnement il se passe toujours quelque chose d'analogue.

Ainsi *le raisonnement se distingue nettement de la simple association d'idées.*

Voici, par exemple, une association d'idées : on nous propose ce vers de La Fontaine :

La raison du plus fort est toujours la meilleure.

Ce vers évoque en notre esprit le souvenir de la fable elle-même : *Le Loup et l'Agneau.* A son tour, la fable évoque en nous l'image de la prairie, puis de la rivière où boit l'agneau. La vision d'une claire rivière, de l'onde pure, se rattache à celle d'un site ; puis ce site, lié dans notre mémoire au souvenir de telle promenade faite à telle époque, avec telles personnes, nous rappelle certaines circonstances particulières de notre passé, des impressions ressenties, des sentiments éprouvés autrefois. On voit que nous sommes loin de la vérité d'expérience présentée par La Fontaine.

. Mais si, au lieu de nous abandonner ainsi au caprice de notre imagination, nous retenons fortement l'idée exprimée par le fabuliste, nous porterons notre attention sur les faits et les notions qui s'y rattachent : le loup est le plus fort, il croque l'agneau malgré les raisons excellentes que celui-ci oppose aux accusations du loup ; n'est-ce pas ce qui se passe souvent parmi les hommes ? Cherchons des exemples. Ces exemples nous représentent l'égoïsme, la lâcheté des hommes dans tel cas semblable, les sophismes par lesquels on s'excuse soi-même lorsqu'étant le plus fort, on accable le plus faible, etc.

Chaque fois qu'une nouvelle idée se présente, suggérée par la précédente, elle peut être à son tour le point de départ d'autres associations qui nous détournent ou qui nous rapprochent de la solution : c'est comme un carrefour où bifurquent quantité de chemins. Si nous avons bien déterminé le but à atteindre, le raisonnement nous guidera à chaque carrefour pour le choix de la route à prendre.

Entre le jeu de l'association et le raisonnement, il y a donc cette différence essentielle que, dans le premier cas, les idées s'évoquent et se succèdent automatiquement, tandis que, dans le second, l'idée à laquelle on aboutit apparaît à l'esprit même comme trouvant sa légitimation dans celles qui précèdent ; en un mot, raisonner c'est *conclure*, c'est-à-dire découvrir le *rapport d'identité* qui unit les preuves et la conclusion.

II. — DÉDUCTION ET INDUCTION

Les deux formes principales du raisonnement sont la déduction et l'induction.

Déduction. — On peut définir la déduction : *un raisonnement par lequel on dégage, d'une ou plusieurs vérités données, une autre vérité qui s'y trouve implicitement contenue ou qui est si étroitement liée avec les précédentes, qu'elle apparaisse comme leur conclusion nécessaire.*

Par exemple, j'avance cette proposition : Nul méchant n'est heureux; d'où je tire cette autre proposition : Nul homme heureux n'est méchant.

Autre exemple : Tout homme est mortel ; Socrate est homme ; donc Socrate est mortel.

Ou encore : A = B ; B = C ; donc A = C.

La forme la plus parfaite de la déduction est le *syllogisme*. Le second exemple ci-dessus est un syllogisme.

Aristote définit le syllogisme : un enchaînement de trois propositions tellement liées que, les deux premières étant posées, la dernière en découle nécessairement. Les deux premières s'appellent les *prémisses*, la troisième, *la conclusion*.

Soit à déterminer à quelle classe de vertébrés appartient la chauve-souris. La chauve-souris semble adaptée pour le vol, comme les oiseaux, mais il lui manque un caractère distinctif des oiseaux, elle n'a pas de plumes. Elle a des poils comme les mammifères, elle a des mamelles. D'où le syllogisme :

Les caractères distinctifs des mammifères sont les mamelles et les poils ;

Or la chauve-souris a des mamelles et des poils;

Donc la chauve-souris est un mammifère.

Comme nous l'avons dit au sujet du raisonnement en général, on voit bien que, pour établir un raisonnement déductif, il faut avant tout poser nettement la question. C'est seulement lorsque la conclusion est pressentie que les prémisses peuvent se présenter à l'esprit. Dès lors, *l'opération psychologique essentielle est la découverte du moyen terme*. Le moyen terme, c'est l'idée commune aux deux prémisses, et qui permet d'établir le rapport entre les deux idées distinctes qu'il s'agit de lier. Dans notre exemple, le moyen terme, c'est : mamelles et poils.

Soit encore à démontrer que le côté de l'hexagone régulier inscrit est égal au rayon du cercle. En raison de la définition du polygone inscrit, le côté de l'hexagone inscrit est la base d'un triangle isocèle ayant pour côtés le rayon. Il s'agit de montrer que la base de ce triangle est égale à chacun des deux côtés. Or, la condition pour que la base soit égale à l'un des côtés de ce triangle isocèle, c'est que l'angle au centre soit égal à chacun des angles à la base. C'est ce qu'établit le raisonnement suivant :

1° L'hexagone inscrit se compose de six triangles égaux dont les angles au centre, étant égaux entre eux, égalent chacun le 1/3 de deux droits ;

2° Chaque triangle étant isocèle les deux angles à la base sont égaux, et par conséquent chacun égale la moitié de 2/3 de deux droits, c'est-à-dire 1/3 de deux droits ;

3° Donc l'angle au centre est égal à chacun des angles à la base.

Le raisonnement proprement dit consiste donc à établir clairement l'*identité* des deux premiers rapports et du troisième. Il faut tenir fortement ensemble les deux prémisses pour apercevoir ce qu'elles ont d'identique et tirer la conclusion.

Induction. — *L'induction consiste à généraliser un rapport observé dans un ou plusieurs cas particuliers.*

L'eau mise sur le feu entre en ébullition au bout d'un certain temps : l'eau entrera toujours en ébullition quand on l'aura soumise à une température suffisante.

Mais on peut généraliser faussement, c'est-à-dire ériger en loi générale un rapport fortuit, purement accidentel : une personne se met en voyage un vendredi 13; il lui arrive un accident; elle attribue cet accident à l'influence de cette date, qui passe pour être néfaste. Telle est l'origine des superstitions. L'induction n'est légitime, scientifique, qu'à une double condition : 1° *le rapport con-*

sidéré est essentiel et non fortuit ; 2° les autres faits auxquels on l'étend sont identiques aux premiers.

Quoi qu'il en soit, l'induction consiste toujours à discerner et à affirmer l'identique dans les choses, et à le concevoir comme une loi de la nature.

Ainsi tout raisonnement, soit déductif, soit inductif, revient à reconnaître des *rapports d'identité*. D'autre part, il s'appuie sur un principe préconçu, à savoir qu'il y a de *l'ordre, une raison dans les choses*. L'esprit ne peut, en effet, saisir un rapport d'identité sans le concevoir en même temps comme ayant un certain *caractère de généralité*.

En un mot, *il y a raisonnement quand nous avons conscience des raisons qui déterminent une conclusion*. C'est en cela que diffère essentiellement l'intelligence humaine et l'intelligence des animaux supérieurs.

RÉSUMÉ

Raisonner, *c'est fonder sur une suite de jugements étroitement liés un nouveau jugement qui apparaisse comme la conclusion nécessaire des précédents. Le raisonnement met en œuvre l'attention, soit pour délimiter nettement le problème, soit pour ne retenir que les idées utiles à la solution de la question proposée. L'acte propre du raisonnement consiste à saisir le* rapport d'identité *qui existe entre les données de la question et la solution cherchée ; par là il se distingue de l'association.*

Les deux formes principales du raisonnement sont la déduction *et l'*induction.

La déduction *est un raisonnement par lequel on dégage d'une ou plusieurs vérités données, une autre vérité qui s'y trouve implicitement contenue, ou si étroitement liée avec les précédentes qu'elle apparaisse comme leur conclusion nécessaire. Le* syllogisme *est la forme la plus parfaite de la déduction.*

*L'*induction *consiste à généraliser un rapport observé dans un ou plusieurs cas particuliers.*

La nature propre du raisonnement consiste essentiellement dans le fait de découvrir un rapport d'identité ; *tout raisonnement s'appuie sur cette croyance qu'il y a de l'ordre, une raison dans les choses.*

CHAPITRE XXVI

Le Raisonnement dans les sciences.

On peut classer les diverses sciences d'après la méthode de raisonnement qui leur convient. On distingue ainsi les *sciences mathématiques*, les *sciences physiques* ou sciences de la nature, et dans une troisième classe, on range les *sciences morales*, qui ont pour objet les faits psychologiques et sociaux.

On dit communément que l'induction est la méthode des sciences physiques, tandis que la déduction est la méthode des sciences mathématiques. Cela ne signifie pas que chacune de ces formes de raisonnement est exclusivement employée dans une de ces catégories de sciences, mais qu'elle y domine.

I. — LES MATHÉMATIQUES

Les mathématiques sont les sciences de la quantité ou de la grandeur. L'*arithmétique* est la science des *nombres*; la *géométrie*, la science des *figures* que l'on peut tracer dans l'espace; l'*algèbre*, remplaçant les nombres par des *symboles*, détermine des rapports; des équations valables pour toutes les grandeurs quelles qu'elles soient.

A. Comte a défini les mathématiques *la science de la mesure des grandeurs*. Mais comme cette mesure n'est que très rarement possible directement, il faudra donc rattacher ces grandeurs les unes

aux autres par des relations précises, de telle sorte que celles qui
ne comportent pas de mesure directe soient déterminées par le
moyen de celles qui sont immédiatement mesurables. Pour la
mesure du rectangle, par exemple, on ne transporte pas l'unité de
mesure (soit le mètre carré) sur la surface à déterminer; on établit celle-ci grâce à la relation qui l'unit à deux autres grandeurs :
base et hauteur. D'une façon générale, on peut dire que *les mathématiques se proposent de déterminer les lois des variations corrélatives des grandeurs.* (Exemple : variations corrélatives des parties d'une somme et de cette somme, des facteurs d'un produit et
de ce produit, etc.)

Caractères des notions mathématiques. — Ces notions des grandeurs, nombres, figures, etc., d'où viennent-elles ? Sont-ce des
données sensibles fournies par l'expérience ? La nature nous présente des collections d'objets : voilà un groupe d'arbres dans un
verger, voilà une troupe d'oiseaux. Elle nous offre des objets qui
ont l'apparence de figures géométriques : voilà un cheveu ténu,
voilà la pleine lune, voilà le fût cylindrique d'un hêtre... Cependant
nous ne pouvons dire combien d'oiseaux compte cette troupe, que
si nous les dénombrons. Un cheveu, si ténu soit-il, ne coïncide
pas avec l'idée que nous nous faisons de la ligne géométrique,
laquelle n'a ni largeur, ni épaisseur. Un tronc d'arbre n'est jamais
un cylindre parfait.

Le caractère des notions mathématiques, c'est leur parfaite
rigueur. *Une notion mathématique est un idéal, une création de
l'esprit.* Il est bien vrai que ces créations de l'esprit ont été sugyé-
rées par l'expérience. Voyant un objet circulaire, nous avons l'idée
du cercle parfait; mais la notion mathématique de cercle est une
construction de l'esprit; la circonférence est engendrée par le mouvement d'un point qui se déplace dans un plan en restant toujours
à la même distance d'un point fixe, et elle est définie par la loi même
de cette construction. Les diverses combinaisons du point, de la
ligne, des surfaces et de leur mouvement dans l'espace, c'est là
toute la géométrie. Un nombre est un cas particulier et défini de
la loi de l'addition de l'unité avec elle-même. Les multiples combinaisons des nombres et leurs rapports composent l'objet de
l'arithmétique.

Ce sont là des créations essentiellement originales, car, si le point de départ de la conception d'une idée mathématique est bien une suggestion de l'expérience, l'esprit en formant cette conception lui donne du premier coup *une valeur absolue et générale*, et la dégage des données sensibles, pour lui faire exprimer une loi même de l'esprit.

Définitions. — Les notions mathématiques sont déterminées par les *définitions*. *Une définition énonce la loi de construction du nombre ou de la figure.* On conçoit dès lors que les définitions soient universelles et aussi définitives.

La définition une fois posée, on se propose des problèmes sur les propriétés des nombres et des figures et sur leurs variations corrélatives. Par exemple, c'est de la définition du triangle qu'on part, pour établir les propriétés des angles du triangle; de la définition du nombre, pour établir le théorème que la suite des nombres est illimitée; de la définition de la multiplication, pour prouver que les variations du produit et des facteurs sont corrélatives. Les définitions sont donc les principes féconds d'où découlent toutes les démonstrations particulières. Celles-ci toutefois s'appuient sur certaines autres propositions qui leur servent de principes : ce sont les *axiomes* et les *postulats*. Les premières sont communes à toutes les sciences mathématiques, les autres sont propres à la géométrie.

Axiomes. — *Les axiomes sont des vérités générales, évidentes, qu'on n'a pas besoin de démontrer, et qui sont indémontrables.* Par exemple : deux quantités égales à une troisième sont égales entre elles ; le tout est plus grand que la partie. Les axiomes énoncent *un rapport déterminé entre des grandeurs indéterminées.* Ils sont l'application à la grandeur du principe d'identité.

Postulats. — Les postulats ne sont pas non plus susceptibles de démonstration, ce qui les rapproche des axiomes ; mais ils s'en distinguent en ce qu'ils énoncent *des rapports déterminés entre des grandeurs définies.* Tel est le postulat d'Euclide : dans un plan, par un point pris hors d'une droite, on peut toujours mener une parallèle à cette droite, et on n'en peut mener qu'une seule. C'est un théorème mais un théorème indémontrable, que

le géomètre nous demande d'accepter pour vrai. Pourquoi ? C'est
que nous ' ne pouvons en effet imaginer qu'il en soit autrement.
C'est une nécessité, non pas de notre raison, comme le premier
axiome de l'arithmétique, mais de notre imagination. Cela résulte
de notre représentation de l'espace. Supposons que nous puissions
nous représenter l'espace d'une tout autre manière, ce postulat
pourrait être nié, et l'on pourrait construire une géométrie. C'est
ce qui a été fait d'ailleurs, et l'on a des géométries non-euclidien-
nes. Cela ne veut pas dire que nous devions douter de la géométrie euclidienne : elle est appropriée au monde tel que nous le
connaissons, et c'est l'essentiel. Elle est vraie, d'autre part, d'une
vérité rigoureuse, en ce sens qu'une fois admises les conventions
de l'esprit sur lesquelles elle repose, ses déductions sont parfaitement cohérents et logiques.

Le rôle des postulats et celui des axiomes n'est pas exactement
le même dans la démonstration. Les premiers, étant des théorèmes
particuliers, énonçant les propriétés de certaines figures, sont des
principes féconds de la démonstration, au même titre que les définitions. Des axiomes, au contraire, on ne peut rien déduire :
ils sont les conditions mêmes de la démonstration, les principes
régulateurs du raisonnement, la garantie des déductions qu'opère
le mathématicien.

La démonstration mathématique. — *Le raisonnement mathéma-
tique est un raisonnement déductif de la nature du syllogisme.*
Mais, ici, les prémisses ne sont pas de simples hypothèses ; ce
sont des vérités nécessaires. D'autre part, les propositions mathématiques expriment des rapports d'inégalité ou d'égalité ; d'où il
résulte que les termes peuvent être substitués les uns aux autres
lorsqu'ils sont équivalents, qu'ils peuvent être augmentés ou
diminués de grandeurs équivalentes, décomposés en plusieurs
parties, etc.

Étant donnée une relation entre deux termes, il s'agit d'établir
une relation entre deux autres termes. La démonstration consistera
à substituer aux termes de la première proposition des termes
équivalents jusqu'à ce qu'on arrive aux termes de la proposition à
démontrer.

Soit à démontrer que, dans un produit de deux facteurs, le produit ne change pas quand on intervertit l'ordre des facteurs.

$$\text{Soit } 2 \times 3 = 3 \times 2$$

s'appuyant sur la définition, on établit l'égalité :

$$2 \times 3 = 2 + 2 + 2.$$

Mais $2 = 1 + 1$. D'où $2 + 2 + 2 = (1 + 1) + (1 + 1) + (1 + 1)$
$= 1 + 1 + 1 + 1 + 1 + 1 = (1 + 1 + 1) + (1 + 1 + 1) = 3 + 3$
$= 3 \times 2$

$$\text{D'où } 2 \times 3 = 3 \times 2.$$

Comme cette opération pourrait être recommencée à propos de n'importe quels nombres, ce qui vient d'être établi pour $2 \times 3 = 3 \times 2$ est vrai pour tout produit de deux facteurs.

Voici maintenant une démonstration empruntée à la géométrie: Soit à démontrer que la somme des angles d'un triangle est égale à deux droits.

$$\hat{A} + \hat{B} + \hat{C} = 2 \text{ droits}$$

On sait que la somme des angles formés autour d'un point du même côté d'une droite est égale à deux droits.

Il s'agit donc de montrer que $\hat{A} + \hat{B} + \hat{C}$ égalent la somme des angles formés autour du point C, par exemple, du même côté d'une droite. Or nous connaissons la propriété des angles alternes-internes. Nous menons par le point C une parallèle à A B et nous avons les égalités.

$$\hat{1} + \hat{2} + \hat{3} = 2 \text{ droits}$$
$$\hat{1} = \hat{A} ; \hat{3} = \hat{B} ; \text{ l'angle } \hat{2} \text{ c'est l'angle } \hat{C} \text{ du triangle.}$$
$$\text{D'où } \hat{A} + \hat{C} + \hat{B} = 2 \text{ droits,}$$

Ces deux démonstrations sont *synthétiques*. Le raisonnement synthétique est une méthode d'exposition et non de découverte.

Méthode analytique. — La méthode de découverte est le *raisonnement analytique*.

Le raisonnement analytique consiste à supposer vraie une proposition et à rechercher de quelle autre proposition elle pourrait être déduite, d'où celle-ci à son tour pourrait se déduire, jusqu'à ce qu'on arrive à une vérité déjà connue.

Soit le problème de l'inscription de l'hexagone régulier.

Supposant le problème résolu, des points A et B on mène les rayons. Le triangle ainsi formé est équiangle, donc équilatéral ; donc le côté AB = le rayon. D'où la loi de construction de l'hexagone inscrit : on porte le rayon six fois sur la circonférence.

Ainsi, dans la démonstration analytique, on part d'un rapport supposé pour remonter à un rapport connu, tandis que, dans la démonstration synthétique, on part d'un rapport connu pour descendre à un rapport encore inconnu.

Démonstration par réduction à l'absurde. — Une forme particulière de l'analyse des anciens, c'est la *démonstration par réduction à l'absurde*. On ne peut toujours procéder par la démonstration directe ; alors on procède indirectement, en cherchant les conséquences auxquelles on aboutirait si l'on supposait une proposition contradictoire de celle qu'on veut démontrer. Si l'on est conduit à une conséquence qui contredit une vérité déjà établie, on en conclut que la supposée est vraie puisque sa contradictoire est démontrée fausse.

La démonstration par l'absurde a la même autorité que toute autre démonstration ; mais elle ne laisse pas l'esprit aussi satisfait, parce qu'elle ne donne pas la raison pourquoi il en est ainsi.

II. — LE RAISONNEMENT DANS LES SCIENCES PHYSIQUES

Méthode des sciences physiques. — La science moderne cherche à s'approcher le plus possible de la parfaite rigueur de la démonstration mathématique, en essayant de réduire les lois physiques à des lois mathématiques, exprimant des rapports de grandeur (par exemple, la loi de la chute des corps). Mais les sciences physiques n'en sont pas moins essentiellement différentes des mathématiques par leur méthode : c'est qu'en effet, la matière de ces sciences, ce sont les faits de la nature, et non plus des constructions de l'esprit. Dans les mathématiques, c'est l'esprit qui pose les données servant de base au raisonnement; dans les sciences de la nature, c'est la nature elle-même qui doit nous les fournir.

Les sciences de la nature se proposent d'ailleurs des objets très variés, et leurs procédés sont différents ; elles ne sont pas toutes aussi avancées. Les progrès de chacune d'entre elles ont été d'autant plus rapides que les objets qu'elle étudie sont moins concrets et moins complexes. Ainsi la *physique*, qui étudie des propriétés très générales, communes à tous les corps, est la science qui a avancé le plus vite ; un grand nombre de ses lois ont une expression mathématique. La *chimie* parvient bien aussi à exprimer des lois quantitatives ; mais les propriétés qu'elle considère sont beaucoup moins générales. La *biologie* est encore beaucoup plus complexe, et les lois qu'elle établit restent presque toutes empiriques et concrètes.

Quoi qu'il en soit, dans les sciences de la nature, le but que l'on poursuit est de *découvrir les lois qui régissent les phénomènes, c'est-à-dire des rapports constants et nécessaires.*

Dans la multiplicité extrême de phénomènes complexes qui se succèdent et s'enchevêtrent, comment distinguer les *rapports essentiels*, afin de s'y arrêter, tandis qu'on négligera les rapports accidentels ? Rien dans les faits eux-mêmes ne révèle le choix à faire ; aucun signe immédiatement perceptible ne nous renseigne à cet égard.

Voici un fait : des fontainiers de Florence constatent que l'eau ne peut monter dans les pompes que jusqu'à une hauteur de 32 pieds. On avait, jusque-là, expliqué ce fait en disant que la nature a horreur du vide. Mais comment se fait-il que l'eau ne s'élève pas au-delà de 32 pieds ? Le fait arrive à la connaissance de Torricelli, puis de Pascal. L'idée leur vient, à l'un et à l'autre, sans qu'ils se soient entendus, sans qu'ils se connaissent, que si l'eau monte dans le corps de pompe où l'on a fait le vide, c'est qu'elle y est poussée par la pression qu'exerce l'air sur la paroi libre de l'eau. Pascal institue des expériences à Paris et au Puy-de-Dôme, Torricelli à Florence. Ces expériences prouvent que cette explication est la véritable.

Telle est la voie par laquelle se découvre la vérité scientifique : un fait est constaté ; l'observateur suppose une explication, c'est l'hypothèse ; il organise ensuite des expériences pour la vérification de l'hypothèse. *Formation de l'hypothèse et vérification, voilà les deux moments essentiels de la découverte scientifique.*

L'hypothèse. — *L'hypothèse est une tentative d'explication des*

faits, destinée à rendre les faits intelligibles ; c'est une supposition de la vérité que l'on se propose d'établir. La science, en effet,
n'est pas une collection de faits, mais une explication des faits. Les
faits ne sont que des matériaux que la science organise, en les rangeant sous des lois. Les lois sont des rapports reconnus constants et nécessaires. Ces rapports ne sont pas inscrits dans les faits ;
c'est l'esprit qui les doit dégager de la multiplicité des phénomènes.
Les faits constatés n'ont d'importance pour la science qu'autant
qu'ils sont capables de suggérer une explication. « Ceux qui font les
découvertes, dit Cl. Bernard, sont les promoteurs d'idées neuves
et fécondes. On donne généralement le nom de découverte à la
connaissance d'un fait nouveau ; mais je pense que c'est l'idée qui
se rattache au fait découvert qui constitue en réalité la découverte. Les faits ne sont ni grands ni petits par eux-mêmes. Une
grande découverte est un fait qui, en apparaissant dans la science,
a donné naissance à des idées lumineuses dont la clarté a dissipé
un grand nombre d'obscurités et montré des voies nouvelles. »
(*Introduction à la médecine expérimentale.*)

Mais les faits eux-mêmes, quand ils se présentent de la façon la
plus favorable, ne suggèrent pas à tout le monde l'hypothèse
féconde. L'explication vient de l'esprit ; c'est le propre du génie
inventeur de découvrir des rapports cachés, d'apercevoir ou de
pressentir des analogies qui échappent au vulgaire. « Il n'y a pas
de règles à donner, dit encore Cl. Bernard, pour faire naître dans
le cerveau, à propos d'une observation donnée, une idée juste et
féconde, qui soit pour l'expérimentateur une sorte d'anticipation
intuitive de l'esprit vers une recherche heureuse. »

L'hypothèse est « le point de départ nécessaire de tout raisonnement expérimental ». Il est de toute évidence que *l'hypothèse,
pour être scientifique, doit avant tout s'inspirer des faits,* être
d'accord avec eux, sans les altérer ni les déformer. Ensuite, *elle
ne doit faire intervenir aucune force mystérieuse,* aucun *Deus
ex machina,* comme l'ange imaginé par Képler et que le célèbre
astronome chargeait de diriger les astres dans leur course ; une
hypothèse ne peut pas être autre chose qu'un rapport aperçu entre
deux phénomènes, avant l'expérience qui devra vérifier si ce rapport est réellement nécessaire : elle doit être une anticipation de
l'expérience ; c'est dire que l'hypothèse ne peut être considérée

que comme une explication *possible*, mais *non certaine, provi-soire* et toujours *susceptible d'être modifiée* sous la dictée des faits, jusqu'à ce qu'elle soit vérifiée. Et c'est précisément pour la vérifier que le savant va procéder à une investigation méthodique de la nature.

Investigation. — « L'art de l'investigation scientifique, dit Claude Bernard, est la pierre angulaire de toutes les sciences expé-rimentales. » Il y faut distinguer deux procédés essentiels : l'obser-vation et l'expérimentation.

1° **Observation.** — *L'observation est l'étude attentive des phéno-mènes que la nature nous présente.* Les instruments immédiats de l'observation dans les sciences physiques, ce sont nos sens. Ceux-ci peuvent d'ailleurs être secondés par des instruments de toutes sortes qui en accroissent la portée (télescope, microscope, etc.), ou qui en augmentent la précision (balance, chronomètre, etc.), ou même qui les remplacent (appareils enregistreurs). Pour se servir utilement de ces instruments, il faut au surplus une grande habileté technique.

Une bonne observation n'est pas facile : elle doit, en effet, être *complète, exacte, précise* et *méthodique.*

Complète : cela signifie que l'observateur ne doit laisser échap-per aucune circonstance du phénomène étudié, car il se pour-rait que l'une des circonstances négligées fût précisément l'anté-cédent déterminant. Or, un très grand nombre de phénomènes se produisent sans impressionner nos sens, et si l'on ignore que leur présence est possible, on ne songera pas à rechercher s'ils ont lieu. Il est donc indispensable que l'observateur possède une connais-sance approfondie de la science dont il s'occupe. Au surplus, il est manifestement impossible de relever toutes les circonstances antécédentes ou concomitantes d'un phénomène, car elles vont à l'infini. Un choix s'impose donc ; et celui-ci n'est possible que si l'esprit est dirigé par des connaissances préalables représentant les cadres généraux de la science, telle qu'elle est constituée à un moment donné.

L'observation doit être *exacte*, c'est-à-dire qu'elle ne doit noter que ce qui se passe, comme cela se passe, sans rien ajouter ni

modifier. Et cela est fort malaisé. Même quand on est de bonne foi,
on peut être facilement dupé par son imagination. Mais surtout
toute perception résulte d'un ensemble de sensations interprétées
et coordonnées par l'esprit ; elle enveloppe donc une foule d'inférences qui peuvent être autant de causes d'erreur.

Il faut encore que l'observation soit *précise* : cela veut dire que
le savant doit autant que possible déterminer quantitativement
les phénomènes. Les lois scientifiques tendent de plus en plus, en
effet, à prendre une forme mathématique. La loi de la chute des
corps, celles de la dilatation, de la réflexion, etc., se traduisent par
des rapports numériques. L'introduction des méthodes de mesure
dans la chimie a fait faire un grand pas à cette science. Or, rien
n'est plus délicat que la mesure rigoureuse des phénomènes.

L'observation, enfin, doit être *méthodique* ; elle ne saurait être
faite sans un plan qui dirige les recherches ; et celui-ci est déterminé à la fois par les conditions générales de la science dont on
s'occupe, et par l'hypothèse particulière que l'on se propose de
vérifier.

On le voit, rien n'est plus éloigné de la simple constatation
empirique que l'observation scientifique. En présence de la réalité,
le savant ne se laisse pas impressionner passivement par elle ; il
isole un phénomène, le découpe, pour ainsi dire, au sein d'un
ensemble très complexe, l'analyse en un certain nombre d'éléments
simples, l'envisage à un certain point de vue, selon certaines idées
directrices, conformément à certains principes. Un fait scientifique
est un fait élaboré, transformé ; c'est une véritable construction de
l'esprit.

2· **Expérimentation**. — L'expérimentation diffère de l'observation
en ce que le fait étudié est *intentionnellement provoqué* par le
savant en vue de vérifier l'hypothèse. Ce qui caractérise essentiellement l'expérimentation, c'est que l'*expérimentateur détermine
lui-même les conditions dans lesquelles il veut faire apparaître
un phénomène.* L'observateur est obligé d'attendre que la nature
lui fournisse les faits à observer, et la nature les produit parfois
rarement, dans des conditions infiniment variables, complexes, très
défavorables à l'étude. L'expérimentateur provoque et renouvelle
autant de fois qu'il est nécessaire le phénomène qu'il veut étudier ;

surtout, il peut l'isoler, en varier les conditions, éliminer certaines
circonstances. Pour établir la loi de la chute des corps, le savant
expérimente dans le vide, afin d'éliminer l'influence de la résistance
de l'air (tube de Newton). Quand Pasteur a voulu montrer que les
fermentations ont pour origine les germes suspendus dans l'air, il a
conduit ses expériences de telle sorte que toutes les autres causes
possibles fussent éliminées.

L'expérimentateur questionne la nature et l'oblige à répondre.
Soit le problème des fermentations : le savant s'efforcera de réaliser une expérience où les germes en suspension dans le milieu
ambiant puissent être supprimés, *toutes les autres circonstances
demeurant identiques*. Dans ces conditions, que la fermentation n'ait
pas lieu, l'hypothèse de Pasteur sera vérifiée; que la fermentation
apparaisse, au contraire, l'hypothèse sera controuvée. Mais rien
n'est difficile comme une expérience vraiment probante; car il peut
toujours se glisser des causes d'erreur insoupçonnées par le
savant. Telles furent, par exemple, les expériences contradictoires
que les adversaires de Pasteur opposèrent à la théorie des fermentations. Voici l'une d'elles : un flacon rempli d'eau bouillante est
bouché hermétiquement, ensuite renversé et plongé dans la
cuve à mercure. L'eau étant refroidie, on débouche le flacon et
l'on y introduit d'abord un demi-litre de gaz oxygène pur, puis une
petite botte de foin sortant d'une étuve chauffée à plus de 100°. Au
bout de huit jours, une moisissure s'est développée dans cette
petite masse de foin. On le voit, les expérimentateurs semblaient
bien s'être arrangés pour éliminer les germes qui pouvaient être
contenus dans le flacon et dans le foin; ils concluaient donc que les
moisissures s'étaient développées spontanément. L'expérience,
répondit Pasteur, n'est pas concluante; car peut-être des germes
s'étaient-ils déposés sur la surface du mercure et, dès lors, il est
permis de supposer que ce sont eux qui ont produit la fermentation.

L'expérimentation est soumise à des règles. Il faut *varier* l'expérience, la *pousser* pour étudier le phénomène à son plus haut
degré d'intensité possible, la *renverser*, c'est-à-dire faire la contre-
expérience (Pasteur, ayant prouvé que, dans un milieu complètement stérilisé, la fermentation ne se produit pas, renverse l'expérience en faisant réapparaître l'antécédent éliminé). Enfin l'expé-

rimentateur doit être attentif à tous les phénomènes prévus ou non
prévus qui se produisent au cours de l'expérience, et profiter de
tous les *hasards*.

Rien n'est donc plus délicat qu'une bonne expérimentation. Un
expérimentateur est un inventeur : il crée l'hypothèse, il imagine les
moyens de réaliser l'expérience, il invente les dispositifs expérimen-
taux ; il s'ingénie à en varier les conditions ; enfin il faut qu'il soit toujours prêt à modifier son explication, à en chercher une nouvelle
pour satisfaire aux difficultés en face desquelles le placent les diverses
circonstances nouvelles qui se révèlent au cours de ses recherches.

Cependant, si l'expérimentation est déterminée par l'hypothèse,
si ses démarches sont guidées et réglées par le raisonnement expérimental, elle n'est pas encore le raisonnement lui-même, qui établit les lois ; elle enregistre les faits, et ce sont ces faits qu'il s'agit
d'interpréter.

L'interprétation scientifique. — Les faits étant connus, il
s'agit de découvrir les lois.

Comment reconnaît-on les rapports nécessaires ?

Comment ces rapports reconnus nécessaires peuvent-ils être éri-
gés en lois universelles ?

Telles sont les deux questions qui se posent.

Détermination des rapports nécessaires. — Nous avons dit
que la difficulté réside en ceci que les phénomènes ne se produisent
jamais isolément ; un phénomène est enveloppé d'un nombre
infini de circonstances, et il est suivi d'autres phénomènes qui
sont eux-mêmes en nombre infini. C'est la rencontre, la simulta-
néité ou la succession des phénomènes qui nous indiquent leur
liaison. Mais, parmi ces rencontres, il en est de fortuites, d'autres
qui sont essentielles ; comment les discerner ? Sans doute, une
rencontre qui se répète un grand nombre de fois peut être présu-
mée essentielle ; sa fréquence est un indice en faveur de sa nécessité. Mais cela n'est pas suffisant, car nous pouvons attribuer au
hasard la reproduction de ces rencontres toutes les fois que nous
avons observé ce phénomène. Qui peut nous assurer qu'il en serait
toujours ainsi dans tous les cas possibles ? D'ailleurs, de nombreuses circonstances interviennent qui empêchent un phénomène

de se produire, après ou en même temps qu'un autre auquel il est cependant lié, mais dans de certaines conditions. Toutes les fois que nous voyons l'éclair, nous n'entendons pas le tonnerre, et inversement. C'est pourquoi il est impossible de vérifier directement si un fait est toujours, et nécessairement, lié à un autre fait. On ne peut l'établir qu'indirectement par *l'exclusion successive des rapports accidentels.*

Soit à déterminer la cause d'un phénomène *a* qui a été précédé par un groupe d'antécédents A, B, C, D. On ne pourra établir que sa cause est A, qu'après avoir montré, grâce à une série d'observations, d'expériences et de raisonnements, qu'il ne saurait être un effet ni de B, ni de C, ni de D. Le rapport entre A et *a* est tenu pour essentiel parce que seul il résiste à toute élimination.

Il faut donc que certains signes existent, auxquels on reconnaît qu'une circonstance n'est pas une condition nécessaire et déterminante d'un phénomène. Ces signes se ramènent à quatre et donnent lieu à quatre méthodes d'induction :

1º Lorsque, toutes autres choses égales d'ailleurs, cette circonstance venant à disparaître, le phénomène continue à être présent (*méthode d'accord* ou de *concordance*);

2º Lorsque, cette circonstance continuant à être présente, le phénomène disparaît (*méthode de différence*);

3º Lorsque, cette circonstance variant, le phénomène reste invariable ou inversement (*méthode des variations*) ;

4º Lorsque cette circonstance est la condition déterminante d'un phénomène autre (*méthode des résidus*).

Application des méthodes. — Pour faire comprendre comment on emploie ces méthodes, voyons l'application de la méthode d'accord. Elle consiste à noter ou à provoquer plusieurs cas de la production d'un phénomène dans des circonstances *aussi différentes que possible.* Si une des circonstances, et *une seule*, reste constante, cet unique antécédent par où concordent tous les groupes, est lié au phénomène par un rapport nécessaire.

Soit à chercher la cause de la sensation de son. Une telle sensation se produit dans des circonstances très différentes : son produit par la baguette frappant sur le tambour, par l'archet frottant une corde de violon, par le marteau touchant une corde de piano, par le choc du battant contre la cloche, etc. Parmi ces circonstances si variées, l'une est toujours présente, la vibration du corps sonore propagée jusqu'à l'oreille à travers un milieu élastique; toutes les autres conditions, en effet, étant tantôt présentes, tantôt absentes, ne peuvent être tenues pour nécessaires.

Parmi ces méthodes, la deuxième est plus décisive que la première, en ce sens que la première montre· bien qu'il y a une liaison constante entre deux phénomènes, mais non que cette liaison est nécessaire, ni que l'un des phénomènes est la condition déterminante de l'autre, car les deux phénomènes pourraient être les conséquences d'un même ensemble de circonstances. Mais si, dans un groupe d'antécédents, on vient à éliminer un seul d'entre eux, *toutes les autres conditions restant les mêmes*, et que le phénomène étudié cesse de se produire, seul l'antécédent éliminé peut être la condition déterminante du phénomène. La méthode des variations (3ᵉ méthode) offre cet avantage, qu'elle permet l'établissement de lois quantitatives.

Valeur de l'induction. — Ces diverses méthodes sont d'une rigueur parfaite au point de vue logique. Cependant elles supposent remplie cette condition que l'élimination des antécédents fortuits a été totale. Or, le savant peut-il jamais être assuré d'avoir constaté toutes les circonstances, tous les phénomènes? On ne saurait évidemment l'affirmer. Ainsi, quand on ignorait que dans la composition de l'air pur entraient d'autres éléments que l'oxygène et l'azote, le chimiste pouvait croire qu'après avoir éliminé l'azote d'une certaine quantité d'air, ce qui restait était de l'oxygène pur, et qu'ainsi les propriétés de ce reste étaient celles de l'oxygène pur, ou inversement. Or, les savants furent conduits à la découverte de l'argon précisément de la manière suivante : après avoir éliminé d'un certain volume d'air l'oxygène, le gaz carbonique et la vapeur d'eau qu'il contenait, on compara l'azote ainsi obtenu à l'azote pur des laboratoires; on constata une différence de densité. Pour expliquer cette différence, on supposa qu'il y avait dans l'azote de l'air autre chose que de l'azote (méthode des résidus). On comprend ainsi que la science progresse, non pas seulement en ce qu'elle ajoute toujours des découvertes aux découvertes anciennes, mais encore en ce qu'elle les révise sans cesse, qu'elle les rectifie et les précise. A mesure qu'elle avance, elle est en état de poser toujours plus nettement les données des problèmes, de les diviser, de les limiter, et, par là, de les rendre plus facilement solubles.

Reste pourtant un dernier problème : le rapport essentiel qui lie les phénomènes étudiés étant découvert, le savant ne se contente pas d'affirmer le rapport pour les cas observés, mais il l'affirme pour tous les cas identiques possibles. *L'induction est donc essentiellement une généralisation.* En vertu de quel principe le savant se croit-il autorisé à faire une telle généralisation ? Dire qu'un phénomène qui a été déterminé par tel ensemble de circon ... ces, sera toujours conditionné par les mêmes circonstances, c'est affirmer que, dans l'univers, les événements ne sont pas soumis à une puissance capricieuse, qu'ils ne peuvent surgir isolément par une sorte de spontanéité mystérieuse ; c'est affirmer que les conditions dans lesquelles se produit chaque phénomène sont rigoureusement déterminées : c'est là le *principe d'ordre* ou d'*universel déterminisme.* Cette loi, qui est la base même du raisonnement inductif dans la science, est ce qu'on nomme un principe rationnel.

RÉSUMÉ

Sciences mathématiques. — *La démonstration est la méthode propre des mathématiques. Les mathématiques se proposent de déterminer les lois des variations corrélatives des grandeurs. Les notions mathématiques sont des* constructions de l'esprit ; *elles ont pour caractère essentiel leur parfaite rigueur. Les principes de la démonstration mathématique sont les* définitions, *les* axiomes *et les* postulats.

Le raisonnement mathématique est un raisonnement déductif, où les données sont des vérités nécessaires, et dans lequel les propositions expriment des rapports d'inégalité ou d'égalité. Il consiste essentiellement en une substitution progressive de termes équivalents.

La démonstration mathématique peut être synthétique (méthode d'exposition) ou analytique (cette démonstration est plus spécialement la méthode de découverte).

Sciences physiques. — *Les sciences de la nature ont pour objet d'étudier et d'expliquer les phénomènes ; elles se divisent en trois grandes classes : la physique, la chimie, et la biologie. Le but essentiel de ces sciences est de découvrir les lois qui régissent les phénomènes. Les lois sont des rapports constants et nécessaires.*

L'observateur constate un fait, il forme une hypothèse, et ensuite il la vérifie.

L'hypothèse est une tentative d'explication des faits, destinée à rendre les faits intelligibles.

L'hypothèse formée, il s'agit de la vérifier; c'est là le but de l'investigation scientifique, qui recourt à l'observation et à l'expérimentation.

L'investigateur enregistre les faits, et ce sont ces faits qu'il faut interpréter, en déterminant les rapports nécessaires. On ne peut pas déterminer directement les rapports nécessaires ; on ne les découvre que par l'élimination des rapports accidentels. L'exclusion des rapports accidentels se fait par diverses méthodes qui peuvent se ramener à quatre (de concordance, de différence, des variations, des résidus).

L'induction est essentiellement une généralisation, et le savant ne fait cette généralisation qu'en s'appuyant sur ce principe, toujours sous-entendu, que, dans l'univers, les événements ne sont pas soumis au hasard ni au caprice, mais que les conditions dans lesquelles se produit chaque phénomène sont déterminées rigoureusement.

CHAPITRE XXVII

La Raison. — Les Principes.

I. — DÉTERMINATION DES PRINCIPES

Les principes directeurs de la connaissance. — Nous avons vu, par toutes les études qui précèdent, que l'élaboration de nos connaissances est régie par certaines lois qui font sa valeur logique. Tout raisonnement s'appuie sur des principes implicites ou explicites qui en sont en quelque sorte la garantie. Tel est ce principe d'identité dont nous avons trouvé l'application au fond de tout raisonnement déductif ou inductif; tel encore le principe d'universelle causalité sur qui repose le raisonnement inductif.

Ces principes, sortes d'axiomes ou de postulats, qui interviennent dans tout travail de la pensée réfléchie, c'est ce qu'on appelle les *principes directeurs de la connaissance*, ou encore les *vérités de la raison*.

Caractères des principes. — Les principes rationnels se distinguent par des caractères remarquables des connaissances *empiriques*, ainsi que des connaissances *scientifiques*, plus générales que les premières, mais que nous dégageons aussi de l'expérience, en interprétant ses données.

Ils nous apparaissent comme *universels* et *nécessaires en soi*, tandis que les données de l'expérience sont *particulières* et *contin-*

gentes, et que les vérités scientifiques sont *relativement néces-saires*.

Les principes rationnels sont *universels*, en ce sens que leur appli-cation s'étend a tous les cas : nous ne les concevons pas comme vrais seulement pour un nombre plus ou moins considérable d'idées ou de phénomènes, mais pour tous, sans exception. Ils sont encore universels en ce sens qu'ils gouvernent tous les esprits : on peut être incapable de les énoncer, d'en comprendre l'expression abstraite, et cependant être dirigé par eux; tous les hommes, même l'ignorant, l'enfant, le sauvage, pensent selon les principes.

Les principes sont *nécessaires*, c'est-à-dire que nous ne pouvons pas les concevoir comme n'étant pas vrais. La loi de la chute des corps m'apparaît comme vraie, mais non comme nécessaire en soi; nous pourrions concevoir que la formule en fût différente. Au contraire, ce principe : *ce qui est est*, ne peut pas être conçu comme n'étant pas vrai; on ne peut le concevoir autre.

L'universalité et la nécessité sont les caractères essentiels des principes rationnels.

Classification des principes. — Les principes peuvent, selon Leibniz, se ramener à deux : principe d'*identité* et principe de *rai-son suffisante*.

Principe d'identité. — Il s'énonce de la manière suivante : *ce qui est est*. Il paraît être une pure tautologie. C'est en effet une loi purement formelle, qui est le régulateur même de la pensée; c'est la loi de l'accord de la pensée avec elle-même.

Le *principe de non-contradiction* (il n'est pas vrai que ce qui est n'est pas) n'est que l'expression indirecte du principe d'identité.

Le *principe des contradictoires ou 'du tiers exclu ou d'alterna-tive* n'est qu'une conséquence du principe d'identité. Il porte que, de deux propositions contradictoires, l'une est nécessairement vraie, l'autre nécessairement fausse; il n'y a pas de troisième alternative; on ne peut ni les affirmer ni les nier toutes les deux ensemble.

Principe de raison suffisante. — Sa formule la plus générale est la suivante : *tout a sa raison*. L'office propre de la pensée, c'est de comprendre, c'est-à-dire de rattacher les choses les unes aux autres par des liaisons nécessaires, ce qui nous permet de nous les expliquer. La raison d'une chose, c'est ce qui nous la fait comprendre et la pensée doit donc affirmer que toute chose a sa raison, sans quoi elle ne pourrait la penser. En ce sens très large, les prémisses sont la raison des conséquences; mais si nous appliquons le principe de raison au réel, nous devons le formuler ainsi : *tout ce qui est ou se fait a sa raison d'être ou de se faire ainsi.*

La raison d'être de quelque chose peut être conçue de diverses manières; de là un certain nombre de principes dérivés du principe de raison suffisante, dont voici les trois plus importants : *principe de substance, principe de causalité, principe de finalité.*

Le *principe de substance* peut s'énoncer : tout phénomène est rattaché à une substance. Mais le concept de substance est fort obscur, et on a été amené à formuler ce principe de la manière suivante : tous les phénomènes sont les changements d'une même réalité ; ils sont la transformation les uns des autres ; ce qui revient à dire que rien ne vient du néant ni ne retourne au néant, ou encore : rien ne se perd, rien ne se crée.

Le *principe de causalité* porte que tout ce qui arrive, tout ce qui commence d'être a une cause. Il peut s'énoncer ainsi : tout phénomène trouve sa raison d'être dans quelque chose qui existait antérieurement. L'idée de cause, au surplus, nous le verrons bientôt, se présente sous des formes multiples. Dans la science moderne, elle se ramène au *principe d'universel déterminisme* : les mêmes antécédents sont suivis des mêmes conséquents et réciproquement. Ce principe affirme donc l'uniformité de la nature ; le monde, en effet, ne saurait être pensé, s'il ne répondait pas dans notre esprit aux lois mêmes de la pensée.

Le *principe de finalité* s'énoncerait : tout est fait en vue d'une fin, d'un but. Mais il faudrait s'entendre sur ce qu'on appelle une fin. Veut-on dire qu'un objet est créé pour servir à un autre être ? C'est l'idée qu'ont abondamment développée certains auteurs du dix-huitième siècle, et d'une façon souvent bien puérile, notamment Bernardin de Saint-Pierre. Ou bien entend-on par là que chaque partie est exactement adaptée au tout, comme les organes à la fonction dans les êtres organisés ? La première interprétation ne s'impose pas nécessairement à l'esprit ; elle correspond à une conception anthropocentrique de l'univers, qui nous apparaît comme bien naïve en certains de ses aspects. Quant à la seconde, nous sommes bien loin de l'appliquer universellement et nécessairement. Rien ne nous permet de croire, par exemple, que telle forme ou telle disposition du relief terrestre est déterminée en vue d'une fin.

D'ailleurs les phénomènes sont essentiellement changeants ; ils découlent les uns des autres, et la nature est en perpétuelle transformation. L'idée d'une finalité dans la nature ne saurait donc résulter que d'une conception métaphysique ou religieuse de l'univers, ou encore d'une généralisation de l'expérience. Ce n'est pas un principe rationnel.

Le principe de causalité est en réalité le seul qui dérive essentiellement du principe de raison, car, sous la forme où nous avons exprimé le principe de substance (rien ne se perd, rien ne se crée), il semble bien n'être qu'une traduction du principe de causalité.

II. — ORIGINE DES PRINCIPES

Comment expliquer l'universalité et la nécessité de ces principes rationnels qui sont présents à tous les esprits et qui gouvernent notre pensée ? Sur cette question deux grandes écoles se sont de tout temps opposées l'une à l'autre. Elles ont d'ailleurs, l'une et l'autre, peu à peu modifié leurs théories en se faisant des concessions mutuelles.

L'idée essentielle des DOCTRINES EMPIRISTES, c'est que toutes nos connaissances, *y compris les principes rationnels*, dérivent de l'expérience. L'expérience, en effet, ne nous fournit-elle pas la représentation de tous les objets qui nous entourent, de tous les phénomènes qui se passent dans l'univers ? De ces données empiriques se dégagent peu à peu des connaissances plus générales que nous appelons des concepts, des vérités scientifiques, des lois de la nature.

L'esprit, s'appuyant ainsi sur l'expérience, s'élève de proche en proche jusqu'aux généralités les plus hautes ; et les principes d'identité et de causalité ne sont que des formules abstraites, dans lesquelles se condense et se résume toute l'expérience. Les don-

nées empiriques et les principes ne forment pas deux domaines
séparés ; ils se pénètrent mutuellement ; pourquoi leur assigner
des origines différentes, pourquoi briser ainsi l'unité même de la
pensée ?

Les RATIONALISTES, au contraire, soutiennent qu'il y a dans l'esprit quelque chose d'antérieur et de supérieur à l'expérience, des
lois sans lesquelles aucun exercice de la pensée n'est possible.
Pour eux, *la raison est innée et essentielle à l'esprit humain* ;
c'est elle qui nous fournit les principes universels et nécessaires.
L'expérience, en effet, n'est-elle pas toujours particulière et contin-
gente ? Ce qu'elle offre à nos regards, n'est-ce pas une multiplicité
chaotique d'objets hétérogènes, de phénomènes qui se succèdent
et se remplacent, parmi lesquels la pensée, par un perpétuel
effort, introduit l'ordre et l'unité, pour s'élever vers l'universel
et le nécessaire ? Ce travail de la pensée, élaborant et coordonnant les données de l'expérience, ne se poursuit pas au hasard ;
comment donc les principes pourraient-ils être le résultat d'une
opération qui, elle-même, n'est possible que grâce à eux ?

Le problème ainsi posé par les deux doctrines adverses ne
relève pas seulement de la psychologie ; il touche à la métaphysique. C'est le problème de la valeur et de la portée de la connaissance. Si, comme le prétendent les empiristes, les principes se
dégagent peu à peu pour notre esprit des lois objectives des choses,
c'est que le caractère d'universalité et de nécessité que nous reconnaissons aux principes appartient essentiellement aux choses.

Mais alors, comment se fait-il qu'il ait fallu à l'esprit humain
une si longue et si laborieuse évolution pour arriver à les dégager ?

Enfin, et pour conclure, nous dirons qu'il nous apparaît bien
que l'expérience, comme l'a montré *Locke*, est une condition
nécessaire de la connaissance, que l'intelligence humaine, telle
qu'elle est actuellement constituée, s'est progressivement formée,
grâce à une lente évolution, comme l'a dit *Spencer* (théorie de
l'évolutionnisme) et que les principes rationnels se sont peu à peu
dégagés. Mais il est bien difficile d'admettre que l'élaboration de
la pensée résulte simplement d'une accumulation d'impressions
venues du dehors dans une conscience passive ; elle implique une

activité psychologique qui s'exerce sur les données empiriques. Nous avons vu que cette activité propre de la conscience s'aperçoit déjà dans ses fonctions les plus humbles ; dans la sensation même nous avons rencontré cette activité de discrimination et de synthèse ; elle s'élève à des formes de plus en plus hautes dans la pensée logique et réfléchie. Les principes de la raison ne sont que la dernière forme, de plus en plus abstraite et définie, que revêt, en s'appliquant aux choses, en les ordonnant, en s'y réfléchissant pour s'y retrouver et s'y reconnaître elle-même, l'activité spontanée de la conscience.

Rôle de la raison dans la vie intellectuelle et dans la vie pratique. — La raison intervient dans toute la vie intellectuelle ; c'est elle qui interprète, contrôle et redresse les données des sens ; elle donne à l'intuition sensible sa signification et sa valeur. Il y a, en effet, une merveilleuse unité dans notre esprit ; sans les sens, la raison resterait vide ; sans la raison, les sens ne nous feraient presque plus rien distinguer du réel.

L'abstraction et la généralisation, quand elles sont volontaires'et réfléchies, sont des opérations essentielles de la raison. Enfin, le jugement et le raisonnement s'appuient sur les principes rationnels.

La raison seule rend possible l'expérience elle-même. Elle gouverne la pensée de tous les hommes, et c'est ainsi qu'ils peuvent se comprendre, discuter ensemble et se mettre d'accord, malgré la grande diversité de leurs impressions. La *raison est donc le lien entre les esprits*, tandis que l'humeur, le caractère les séparent. Elle est le *principe de la science* : les axiomes qui découlent du principe d'identité sont la base même des mathématiques, et le principe de causalité est le postulat fondamental des sciences de la nature.

La *raison est aussi le principe de la morale*. La moralité est, en dernière analyse, l'effort de l'homme pour établir la souveraineté de la raison dans ses actes, dans sa vie tout entière, aussi bien dans l'organisation des sociétés que dans la conduite individuelle. La raison, appliquant ses principes pour fonder l'harmonie de la conduite, est appelée la *raison pratique*, par opposition à la *raison spéculative*, principe de la science. Celle-ci a pour objet la vérité scientifique, celle-là la vérité morale ou le bien.

Le caractère impersonnel des vérités de la raison fait la valeur universelle de la science et de la morale. C'est grâce aux principes de la raison que les esprits des hommes peuvent communier dans la vérité. « Par la raison, dit Fénelon, les hommes de tous les siècles et de tous les pays sont comme enchaînés autour d'un certain centre immobile. »

Quand *Descartes* disait que le « bon sens est la chose du monde la mieux partagée », il exprimait ce caractère d'universalité de la raison. Cependant *Nicole* se plaignait qu'on ne rencontrât partout qu'esprits faux. C'est que la fausseté du jugement vient de la précipitation, de la légèreté avec laquelle on raisonne, non de l'absence de la raison. « Les hommes, disait encore Nicole, laissent entrer dans leurs âmes toutes sortes de préjugés et de maximes sans les examiner. » La raison a pour ennemies notre paresse et notre lâcheté, qui préfèrent s'en rapporter à l'autorité, à l'opinion, au préjugé, et la passion qui aveugle. Si l'on parle d'une éducation nécessaire de la raison, on veut donc dire qu'il faut habituer l'esprit à se dégager de ces causes de trouble, à s'affranchir de la paresse et de la routine, et à appliquer constamment et fermement les principes de la raison.

La raison, voilà donc ce qui nous confère la dignité d'homme. Respecter la raison est la maxime fondamentale de *l'éducation libérale* : cela signifie que l'éducateur doit exercer la raison de l'enfant, amener peu à peu celui-ci à penser par lui-même. C'est ce qu'enseignait déjà Socrate quand il disait : « Je n'ai jamais été le maître de personne ; mais si quelqu'un, soit jeune, soit vieux, a témoigné le désir de m'entendre parler et de me voir accomplir ma mission, jamais je ne l'ai refusé... Si donc quelqu'un de ceux qui me fréquentent devient juste ou méchant, il n'est pas juste de me l'imputer à bien ou à mal, puisque je n'ai jamais promis aucun enseignement et n'ai rien enseigné à personne (1). »

La *foi à la raison* implique la croyance à l'unité harmonique du monde, à l'intelligibilité de la nature, à la correspondance entre les lois de l'univers et les lois de l'esprit. « Croire le monde harmonique, disait Michelet (2), se sentir harmonique à lui, voilà la

(1) PLATON, *Apologie de Socrate.*
(2) *Nos Fils.*

paix. C'est la fête intérieure. Peuple, femmes, enfants, les igno-
rants, les simples, par un très sage instinct, ont en cette pensée le
vrai repos du cœur. L'Unité aimante du monde est la consécra-
tion du banquet fraternel ; ils y trouvent l'agape du dévouement
commun, des ailes au-dessus des misères, du mesquin égoïsme.
Le cœur dilaté devient grand. »

RÉSUMÉ

*La pensée est régie par des lois qui sont le fondement de tout rai-
sonnement : ces lois ou principes sont appelés les principes directeurs de la connaissance. Ces principes, universels et nécessaires,
peuvent se ramener à deux : le principe d'identité et le principe de
raison suffisante. Le premier est la loi de l'accord de la pensée avec
elle-même ; le second est le fondement même de la science du réel,
il se traduit essentiellement par le principe de causalité.*

*Les principes de la raison sont la loi même de l'activité propre de
la conscience s'exerçant sur les données empiriques ; ils sont la forme
supérieure de cette activité qui est à la fois discrimination et synthèse.*

*La raison est le lien des esprits, à cause même du caractère d'uni-
versalité et de nécessité des principes. Elle est le fondement de la
science (raison spéculative) et le fondement de la morale (raison
pratique). L'éducation libérale est celle qui tend essentiellement à
exercer la raison et à l'émanciper.*

CHAPITRE XXVIII

Les résultats de l'activité intellectuelle.
Le monde extérieur et le moi. Idées de la raison.

Les diverses opérations intellectuelles que nous venons d'étudier donnent naissance à un certain nombre de produits plus ou moins spontanés ou réfléchis, parmi lesquels nous rencontrons d'abord la représentation d'un monde extérieur, opposé au moi, et la notion de ce moi lui-même.

I. — LE MONDE EXTÉRIEUR OU LE NON-MOI

Nous avons déjà vu (chapitre XVIII) comment la représentation d'un objet est en nous un système très complexe de sensations, d'images, et aussi de jugements, de généralisations. Il nous reste à nous demander comment ce système d'états de conscience est projeté en quelque sorte en dehors de nous et comment nous lui attribuons une existence distincte de nous-mêmes, une réalité indépendante. C'est un des problèmes les plus délicats de la psychologie et pour la solution duquel on a proposé de nombreuses théories.

Sans examiner en détail ces diverses théories, nous retiendrons seulement les observations suivantes : 1° la distinction et l'opposition du moi et du non-moi n'est pas primitive ; c'est ce que nous avons déjà indiqué au chapitre de la conscience. A l'origine, le petit enfant ne se distingue pas du monde extérieur ; ses sensations forment une masse confuse, chaotique. La distinction ne s'établit que peu à peu, et les deux notions n'apparaissent l'une et l'autre que par leur opposition réciproque ; l'une n'est pas antérieure à l'autre.

2° Le premier stade de la construction de la représentation du monde extérieur paraît être la constitution de l'image de notre corps propre, se détachant de plus en plus nettement de l'ensemble dans lequel il est primitivement comme noyé. Parmi la multitude de nos sensations il en est, en effet, qui sont relativement stables, constamment éprouvées : ce sont les sensations viscérales, musculaires, dont l'ensemble constitue la cénesthésie. D'autres, au contraire, sont plus ou moins éphémères, variables et intermittentes. Ainsi les premières arrivent bientôt à former une sorte de centre fixe qui se distingue du flux mouvant des secondes. Notre corps est bien, comme l'a montré Taine, le premier *objet défini* dont nous nous formons la représentation ; mais, en même temps que nous percevons notre corps, nous le distinguons de ce qui l'entoure. Toutefois, si nous avons bien ainsi la notion de quelque chose d'existant en dehors de nous, nous n'avons pas encore la représentation d'une pluralité d'objets déterminés, à contours nets, s'offrant à nous avec une stabilité comparable à celle de notre corps.

3° Un second stade doit donc être parcouru. Il faudra d'abord que des sensations hétérogènes, visuelles, auditives, tactilo-musculaires, etc., s'associent, se groupent en systèmes de plus en plus fortement liés. Par exemple, la représentation d'une orange résulte de la combinaison d'images visuelles (couleur, étendue, répartition des ombres et des lumières), d'images tactiles (forme, rugosité), d'images musculaires (solidité, poids), d'images olfactives et gustatives. Dans ce travail, l'enfant est singulièrement aidé par la représentation préalable de son propre corps. Il a, en effet, déjà opéré cette association de sensations ; il a distingué de plus en plus exactement les différentes parties de son corps, il a localisé les sensations dans ses organes, il a pris connaissance des déplacements de son corps dans l'espace ; et c'est d'après cette expérience qu'il se représente de plus en plus nettement les objets extérieurs déterminés, qu'il les délimite et les localise dans l'espace.

4° Enfin, cette connaissance du monde extérieur comporte un troisième stade : nous distinguons, des autres corps et du nôtre propre, le *moi*, au sens précis du mot ; c'est alors vraiment qu'est opérée la distinction du moi et du non-moi, telle qu'elle est conçue par l'adulte.

II. — L'IDÉE DU MOI OU DE LA PERSONNALITÉ

Il semble que la perception de notre propre existence, la notion d'un *moi* distinct de tous les êtres, sujet conscient auquel nous rapportons tous nos états de conscience, soit absolument immédiate, la plus primitive de toutes. Ce moi s'apparaît à lui-même avec certains caractères qu'il convient tout d'abord de préciser.

Notre personnalité est saisie par nous comme la *réalité* la plus concrète et la plus directement éprouvée, la plus certaine aussi. Je puis douter de l'existence de tout ce qui m'entoure, mais je ne puis douter que j'existe ; c'est ce qui faisait dire à Descartes : *je pense, donc je suis.*

Cette réalité, d'autre part, nous apparaît comme *une* et *identique.* Au sein même de la multiplicité de mes états de conscience, ma personnalité se détache en quelque sorte comme un centre autour duquel se ramassent ces sensations, ces impressions, ces sentiments que j'éprouve, ces pensées que je forme, ces actes que j'accomplis. Je ne me disperse pas, je ne me morcelle pas, pour ainsi parler, en ces états de conscience, qui ne sont que les diverses manières d'être, les modalités d'un moi unique. Et ce moi se retrouve toujours le même à travers les moments successifs de mon existence. En un sens, je me transforme bien sans cesse ; je ne suis pas aujourd'hui ce que j'étais hier ; mais c'est toujours *moi* ; j'ai le sentiment intime que cette réalité qui se prolonge dans le temps, à travers des changements incessants, reste toujours la même, qu'elle dure, qu'elle se continue la même, sous la succession des aspects qu'elle revêt.

Et maintenant, comment se forme cette idée de notre personnalité ? Elle n'est pas donnée dans une intuition immédiate ; elle se

constitue peu à peu en nous, à mesure que nous nous distinguons du
monde extérieur et qu'ensuite nous distinguons notre moi intime,
sujet conscient, de notre propre corps. Le moi n'est pas saisi non
plus comme une réalité absolument distincte de nos manières d'être
multiples et successives ; c'est dans et par ces états de conscience
qu'il nous apparaît avec son unité et son identité. Mais, d'autre part,
notre personnalité ne peut pas être conçue comme une somme,
une totalisation de ces états de conscience, car on ne comprendrait
guère comment cette série, cette somme de sensations, donnerait
naissance à la conscience que nous prenons de la continuité, de
l'unité et de l'identité de notre vie psychologique.

Nous avons vu d'ailleurs que, en fait, un état de conscience
n'est jamais donné isolément ; il se détache sur le fond complexe
de notre vie, et il se modifie dans le temps. La conscience est
essentiellement l'activité synthétique qui ramène à l'unité de
l'aperception une pluralité d'éléments psychologiques ; cette activité continue et se répète tant que dure la vie consciente, bien que
les matériaux sur lesquels elle s'exerce soient variables.

Notre personnalité est donc constituée par cette activité propre
de la conscience qui établit un lien entre des données multiples et
hétérogènes ; elle trouve d'abord un point d'appui dans le *sentiment vital*, qui « se compose, dit Höffding, d'impressions, pour
la plupart très vagues, mais qui néanmoins donnent à chaque
instant sa marque et sa nuance au contenu de la vie psychique ».
Nos tendances maîtresses, nos désirs, nos vouloirs fondamentaux
jouent un rôle plus important encore. « Aucune vraie personnalité,
dit encore Höffding, ne se développe sans une concentration des
sentiments et de la volonté. Un homme qui n'a pas en lui de
noyau central, mais qui passe sans cesse d'une chose à l'autre
pour trouver du nouveau, n'a ni le temps ni la force nécessaires
pour se recueillir ou être lui-même. Se connaître, c'est se *reconnaître*, et cela suppose qu'il y a dans la conscience des éléments
qui reviennent continuellement. »

Ainsi, la personnalité ne se forme pas sans lutte, et l'on peut
dire qu'elle est une conquête toujours recommencée, jamais ache-
vée, de notre volonté se repliant sur soi. Nous n'arrivons pas toujours à ramener à l'unité l'ensemble de nos tendances ; quelque
chose de nous-mêmes demeure ignoré de nous ; nous ne nous sai-

sissons jamais dans toute notre plénitude. Et quelque chose de
nous aussi nous échappe toujours ; certaines de nos tendances
jouent séparément ; nous ne nous possédons jamais parfaitement,
et c'est ce qui explique que notre personnalité peut s'altérer, s'épar-
piller, se dédoubler, se perdre momentanément. Notre personnalité est donc notre œuvre, et quand elle est fortement constituée,
elle s'appelle le *caractère*.

III. — IDÉES DE TEMPS, D'ESPACE, DE SUBSTANCE, DE CAUSE

La représentation du monde extérieur et la conscience de notre
personnalité sont en quelque sorte des résultats spontanés de l'activité mentale. D'autres notions résultent d'une élaboration plus
réfléchie ; telles sont les notions de temps, d'espace, de substance,
de cause, de loi, etc. ; elles jouent un rôle capital dans notre
conception raisonnée des choses et de l'univers.

a) **Idée de temps.** — Le temps, nous l'avons vu, est la forme
sous laquelle nous apparaissent tous nos états de conscience. Tout
fait de conscience implique l'intuition de changements successifs
et aussi d'une certaine durée. En ce sens, on peut bien dire que
nous avons une sorte d'intuition immédiate du temps, c'est-à-
dire de la succession et de la durée concrète de nos états de conscience. La mémoire, le sentiment de notre personnalité envelop-
pent nécessairement et précisent cette intuition. Mais nous nous
formons aussi l'idée abstraite de temps, qui présente des caractères tout différents. Nous concevons le temps comme une sorte de
tout homogène, vide, un, infini : les événements qui se succèdent
en lui sont qualitativement différents les uns des autres, mais un
certain laps de temps ne se distingue d'un autre par aucune
propriété intrinsèque, mais seulement parce qu'il est plus long ou
plus court, antérieur ou postérieur ; il est occupé, pour ainsi parler, par les phénomènes, mais en lui-même il est une sorte de pur
contenant sans contenu propre ; il n'est pas composé des durées
particulières par lesquelles nous le divisons, mais les enveloppe,
les rend possibles, les relie dans son indivisible continuité; il n'a
pas de limites, ni dans un sens, ni dans l'autre, il est sans commencement et sans fin. Un tel concept est évidemment le résul-

tat d'une série d'abstractions de plus en plus hautes et de plus en plus difficiles.

A un autre point de vue encore, notre notion du temps est le résultat d'une élaboration intellectuelle délicate. La distinction précise des relations temporelles, du passé, du présent, de l'avenir, n'est pas faite par l'enfant. Enfin, nous mesurons le temps d'une manière plus ou moins rigoureuse. Sans doute, il y a une sorte d'appréciation immédiate de la durée, mais qui est toute subjective et fort incertaine, variable selon diverses conditions : l'intérêt que nous offrent les événements diminue à nos yeux leur durée dans le présent et souvent l'allonge quand ils sont rentrés dans le passé ; leur complexité influe aussi sur la représentation de leur durée. Cette imprécision de l'appréciation subjective du temps a, de bonne heure, inspiré aux hommes la pensée d'une mesure fixe et objective : celle-ci se fait par l'intermédiaire du mouvement, et le choix de tel ou tel mouvement (celui de la terre autour du soleil, par exemple) comme unité de mesure est en somme arbitraire et ne s'explique que par des raisons de commodité ou d'utilité.

b) **Idée d'espace.** — Comme le temps est la forme nécessaire de tout fait de conscience, l'espace est la forme nécessaire de tous les objets ou phénomènes extérieurs. De même que nous avons distingué l'intuition de la succession et de la durée concrètes et l'idée abstraite de temps, de même il convient de distinguer la perception ou représentation sensible de l'étendue occupée (colorée ou résistante) et le concept d'espace.

Au sujet de la représentation sensible de l'étendue, les psychologues ont longuement débattu la question de savoir si elle était une donnée immédiate de nos sensations ou le résultat de l'association, de la combinaison de sensations diverses, qui primitivement ne présenteraient pour nous aucun caractère extensif. Il y a lieu d'ailleurs de discuter à part le problème de la perception de l'étendue superficielle et celui de la perception de la troisième dimension (profondeur, volume, distance) ; et, dans chacun des cas, il faudrait considérer la perception que nous en fournit la vue et celle que nous en donne le toucher. Il nous est impossible d'entrer ici dans ce débat. Bornons-nous à dire qu'il semble bien que l'intuition de l'étendue superficielle nous est directement donnée

par les impressions simultanées soit de l'œil, soit de la main ;
nous ne pouvons percevoir une couleur qui ne s'étale, ni palper un
objet qui ne soit étendu. Par contre, les expériences faites sur
des aveugles-nés, à qui une opération chirurgicale a rendu la vue,
semblent établir que la perception du volume, du relief, de la
profondeur, de la distance, au moyen de l'œil, n'est rendue possible que grâce à de multiples associations qui s'établissent entre
les sensations visuelles et les sensations tactilo-musculaires de
l'œil, de la main, des membres. Ainsi, la perception précise de
l'étendue, et surtout son appréciation, sa mesure empirique, sont
le résultat d'expériences nombreuses et complexes.

Cette propriété fondamentale de l'espace, de nous apparaître
sous trois dimensions, résulte vraisemblablement de la structure
de notre organisme (d'où l'origine de ces trois directions : haut
et bas, droite et gauche, avant et arrière) ; nous pourrions concevoir, sans l'imaginer toutefois, qu'à d'autres êtres, autrement con-
formés, les corps apparussent sous un tout autre aspect, avec
d'autres dimensions.

Si la représentation sensible de l'étendue, telle que l'a un
adulte, est le produit d'une élaboration mentale complexe, à
plus forte raison en est-il de même du concept abstrait d'espace,
celui sur lequel raisonne le géomètre, par exemple. Celui-ci présente les caractères principaux que nous avons signalés au sujet
du temps : il est une sorte de milieu vide, sans propriétés qualita-
tives, homogène, continu, un et indivisible en soi, infini ; et c'est
là évidemment une véritable construction de la pensée abstraite.

c) **Concepts de substance et de cause.** — Nous ne pouvons
nous représenter des qualités, des propriétés, sans les attribuer à
quelque chose, qui soit en quelque sorte le centre réel commun de
ces qualités, de ces propriétés, quelque chose qui en fasse l'unité
profonde, réelle, qui subsiste et qui dure, qui demeure permanent
sous le changement des propriétés. Descartes en donne un exemple célèbre : Voici un morceau de cire tout fraîchement tiré de la
ruche ; il est froid, dur, maniable, il a une forme, si l'on frappe
dessus, il rendra quelque son, il a une couleur, il est sucré, il
retient encore quelque chose de l'odeur des fleurs dont il a été
recueilli. Tandis que je parle, on l'approche du feu, il s'échauffe,

il devient mou, à peine le peut-on manier, il perd sa figure, sa saveur change, son parfum s'évapore ; et pourtant, c'est la même cire, personne n'en juge autrement. Ce quelque chose qui reste permanent sous la transformation des apparences, c'est la substance.

Une te'le idée n'est point primitive ; l'enfant ne perçoit que des propriétés correspondant à ses sensations (lumière, couleur, dureté, etc.). Ces propriétés sont pour lui la seule réalité ; il ne conçoit rien en dessous d'elles.

L'idée de substance est manifestement le résultat d'une acquisition. Elle résulte d'abord de l'association des propriétés que l'expérience nous représente comme appartenant à un même objet, et parmi lesquelles nous en discernons de plus stables les unes que les autres. Toutefois, cette formation empirique de groupes de sensations ne suffit pas à expliquer l'idée de permanence de la substance. Cette idée, nous la formons, pour les choses, par analogie avec l'idée même de notre personnalité ; nous attribuons aux choses l'unité, la stabilité, la permanence que nous reconnaissons en nous-mêmes ; c'est la loi même de la conscience que nous projetons en dehors de nous.

C'est à une conclusion analogue que va nous conduire l'analyse de la notion de *cause*. Par cause, nous entendons ce qui contient en soi la raison d'être de quelque chose, ce qui donne naissance à un objet, à un phénomène, à un changement, ce sans quoi la chose ou l'événement considérés ne seraient pas, ou du moins ne seraient pas ce qu'ils sont. L'idée de causation est donc l'idée d'un rapport entre deux termes, dont l'un est appelé cause, l'autre effet. Ce rapport peut d'ailleurs être conçu de diverses manières. Ainsi, on pourra distinguer la *cause efficiente* (l'agent qui produit l'effet), la *cause occasionnelle* (ce à propos de quoi, à l'occasion de quoi l'effet est réalisé), la *cause finale* (le but en vue duquel l'agent fait quelque chose), et aussi les *causes immédiates* (agissant directement) et les *causes médiates* (qui agissent à travers un certain nombre d'intermédiaires), et encore les *causes secondes* (qui sont elles-mêmes effets de quelque autre cause) et la *cause première* (qui est indépendante, se suffit à elle-même).

Si nous analysons le concept vulgaire de cause, tel que nous l'employons communément, nous y distinguons de suite deux éléments principaux, dont l'un ou l'autre, d'ailleurs, est prédominant selon les cas. C'est d'abord l'idée qu'une chose en *produit* une autre : la cause est une force qui agit, qui se déploie, se prolonge pour ainsi dire en dehors d'elle-même dans son effet. C'est, en second lieu, l'idée de la *succession* de deux phénomènes, de l'antériorité de la cause par rapport à son effet, succession qui nous apparaît comme plus ou moins régulière et nécessaire, l'apparition de la cause devant être inévitablement suivie de l'apparition de l'effet.

Ce concept est en quelque sorte intermédiaire entre celui de l'enfant, du sauvage, du primitif, et celui du savant. Pour les premiers, toute cause est un être, une force, une volonté libre et capricieuse, agissant en vue de certaines fins, se déterminant d'après certains sentiments et certaines idées, pouvant produire son effet ou s'en abstenir, employer tel moyen qu'il lui plaît, retarder, précipiter, suspendre son action. Les causes sont toutes conçues comme des êtres personnels, semblables à nous-mêmes. Ce caractère anthropomorphique est manifeste dans toutes les mythologies et cosmogonies primitives. Peu à peu s'introduit la notion de régularité, d'ordre constant de succession des phénomènes. La cause cesse d'être une volonté capricieuse, ayant des intentions et des désirs; elle cesse d'être une substance et est conçue comme un phénomène, au même titre que l'effet. Enfin, l'idée même de force, d'activité, de production, disparaît de plus en plus et, pour le savant, la notion de cause se réduit de plus en plus uniquement à la succession invariable des phénomènes. L'idée de cause est devenue l'idée de rapport constant et nécessaire, d'un mot, l'idée de loi. Celle-ci, à son tour, évoluant avec le progrès de la science, en arrive à exprimer, moins une relation de succession entre deux phénomènes supposés hétérogènes, qu'un rapport d'identité entre des phénomènes qui ne sont différents qu'en apparence. Dire qu'une certaine quantité de chaleur produit une certaine quantité de travail mécanique, c'est dire que l'énergie qui se manifestait sous forme de chaleur se retrouve identique sous forme de travail. C'est là ce qu'expriment la théorie atomique qui met l'identité dans les changements des corps, la théorie mécaniste, qui ramène tous les phénomènes à des modes du mouvement; c'est ce qu'énoncent les grands principes de la conservation de l'énergie, de l'équivalence des forces.

Rechercher l'origine de l'idée de cause, ce n'est donc pas seulement se demander d'où elle vient sous sa forme primitive, c'est encore expliquer son évolution, la série des transformations qu'elle a subies.

La notion de cause ne peut nous être fournie par la perception extérieure ; en effet, nous ne saisissons que des phénomènes simultanés ou successifs; mais rien ne nous indique que tel phénomène, parmi tous ceux qui se présentent en même temps, soit la cause de tel autre. Aucun de nos sens ne nous permet d'apercevoir ni la force qui passerait, pour ainsi dire, de l'un des objets ou des phénomènes dans l'autre, ni la connexion nécessaire des deux événements qui se succèdent. C'est donc à l'expérience interne qu'il faut nous adresser. Quand je fais effort pour mouvoir mon bras, je sens une énergie qui se déploie, je sens l'effet qui sort, pour ainsi dire, de la force qui le produit ; quand je prends une décision, je me saisis comme une force qui réalise un changement. Ainsi, c'est dans la conscience de notre activité que se trouve le premier modèle de la causalité, et c'est cette idée que nous objectivons ensuite pour l'appliquer à la nature. Par là s'explique le caractère anthropomorphique de la conception primitive de la causalité. Mais, si cette conception s'est transformée comme nous l'avons indiqué plus haut, c'est par l'enseignement même des choses, grâce à l'observation des phénomènes de la nature. Sous l'empire du besoin, pour sa défense ou pour sa conservation, l'homme a cherché à se rendre maître des phénomènes ; pour cela, il s'est demandé par quels *moyens* tels effets sont produits : la foudre est l'effet de la colère de Jupiter, mais les nuages amoncelés sont le moyen, l'instrument par lequel le dieu lance sa foudre.

La cause, dès lors, descend pour ainsi dire de la Volonté, où elle était d'abord logée, dans les phénomènes qui précèdent invariablement l'effet. La connaissance de cette succession régulière permet, au surplus, à l'homme de prévoir les phénomènes pour les éviter, en profiter, les provoquer; ainsi il s'est affranchi des divinités capricieuses : c'est l'histoire de Prométhée ravisseur du feu.

Plus tard, l'intelligence étant parvenue à un degré relativement élevé de développement, l'homme s'est intéressé à l'enchaînement des phénomènes naturels, en dehors de l'utilité qu'il pouvait en tirer ; alors s'est développée l'idée de causalité sous sa forme scientifique.

« L'idée de cause, dit Höffding, est étroitement liée à la nature entière de notre conscience, qui se manifeste par une activité systématique (la synthèse), comme aussi, et tout particulièrement, au rôle joué par les rapports de ressemblance et d'identité dans toute association et toute pensée proprement dite. Elle exprime le besoin de la conscience de trouver un enchaînement où elle puisse demeurer toujours semblable à elle-même, un enchaînement continu. »

Mais, précisément parce que l'idée de causalité exige un enchaînement continu, nous apercevons ici les limites de notre connaissance. *La série des causes est infinie.* Il nous est donc interdit de parler scientifiquement de cause première ou de cause finale ; nous ne saisissons que des relations de phénomènes. D'autre part, ces relations ne sont reconnues par nous comme nécessaires que dans la mesure où les phénomènes considérés sont plus simples, plus rigoureusement isolés. Aussi, quand nous passons vers des sciences plus complexes, des sciences physiques, par exemple, aux sciences biologiques, nous sommes de plus en plus arrêtés par des faits particuliers, en quelque sorte individuels, qu'il est difficile de réduire à des lois. Une des règles essentielles de l'application scientifique de l'idée de cause sera dès lors celle-ci : *les relations causales les plus simples sont utilisées pour éclaircir les relations plus complexes ;* c'est ainsi que, pour expliquer les phénomènes organiques, on recourt aux lois physico-chimiques. On cherche à prolonger la série causale aussi loin que possible, sans jamais pouvoir en épuiser tous les termes.

IV. — IDÉES DE LA RAISON

Dans les analyses qui précèdent, nous avons rencontré plusieurs fois les idées d'infini et d'absolu. Ces idées dépassent les limites de l'expérience, qui nous enferme dans le relatif ; on les nomme *idées de la raison.* Nous n'avons pas à nous demander, en psychologie, si ces idées ont une portée transcendante, si l'*absolu*, l'*infini*, le *parfait*, existent en dehors de nous, si notre raison nous met en rapport, comme le prétendent certains philosophes, avec l'Être pur, principe premier de toute réalité. Nous avons seulement à nous demander ce qu'expriment ces concepts et comment nous les formons.

Par *absolu*, nous entendons ce qui ne dépend de rien, ce qui n'est conditionné par aucune chose, qui se suffit à lui-même. Absolu s'oppose à relatif. L'*infini* est ce qui n'a pas de limites ; c'est l'absolu dans l'ordre de la quantité, soit dans l'espace, soit dans le temps ; ce n'est pas l'indéfini, mais l'incommensurable. Le *parfait* est l'absolu dans l'ordre de la qualité ; l'idée de parfait enveloppe l'idée d'absolu et d'infini.

Nous ne pouvons concevoir le relatif sans concevoir l'absolu, puisque l'idée de relatif ne se définit que par son rapport avec l'idée d'absolu. Il en va de même des termes corrélatifs : fini et infini, imparfait et parfait.

D'autre part, c'est un besoin de notre esprit d'attribuer toute qualité à un être ; nous ne pouvons donc concevoir l'absolu, l'infini, le parfait sans concevoir quelque chose d'absolu, d'infini, de parfait ; quand nous prononçons ces mots, nous sous-entendons le mot « Être ». Ces idées sont le résultat d'une élaboration mentale, de l'application que fait l'esprit de ses lois et de ses principes directeurs aux données empiriques. C'est ainsi que l'esprit, appliquant le principe de causalité aux phénomènes, ne peut s'arrêter dans la régression des causes ; il se voit contraint de poser quelque chose qui soit à l'origine, au delà duquel il soit impossible d'aller, parce que sans cela rien ne se pourrait comprendre. De même, il conçoit l'espace illimité, le temps infini. En posant l'infini, l'absolu, le parfait, l'esprit dépasse le domaine propre de la science, mais il ouvre en même temps un champ indéfini aux progrès de la découverte scientifique.

RÉSUMÉ

La représentation du monde extérieur *se constitue peu à peu ; elle semble parcourir trois stades principaux :* 1° *représentation de notre propre corps ;* 2° *représentation d'objets définis extérieurs à notre corps ;* 3° *distinction du non-moi et du moi.*

Notre moi *ou notre personnalité est saisi par nous comme la réalité* a *plus concrète et la plus certaine ; elle présente deux caractères* remarquables : unité et identité. L'idée de notre personnalité n'est pas primitive et immédiate ; elle résulte de l'activité propre de la conscience qui relie la multiplicité de nos états psychologiques.

Le temps est la forme sous laquelle apparaissent tous les états internes. Mais l'intuition directe de la succession et de la durée n'est pas la même chose que l'idée abstraite de temps, conçu comme un tout homogène, vide, continu, infini.

La perception sensible de l'étendue (superficie et volume) est le résultat de l'expérience et ne se précise que grâce à de nombreuses associations de sensations ; le concept abstrait de l'espace géométrique suppose une nouvelle élaboration intellectuelle.

Par substance, on entend ce qui supporte les propriétés et demeure permanent sous le changement des qualités ; l'idée de substance est empruntée à l'expérience interne. La notion de cause vient aussi de la conscience que nous prenons de notre propre activité, mais elle a considérablement évolué et s'est de plus en plus identifiée à l'idée de rapport nécessaire, ou de loi.

Les idées de raison nous font dépasser les données relatives de l'expérience ; ce sont les idées d'absolu, d'infini et de parfait.

CHAPITRE XXIX

L'Expression. Les Signes et le Langage.

La pensée est intérieure ; mais elle se manifeste au dehors par des signes qui sont interprétés par une autre pensée : c'est là le langage.

I. — LES SIGNES

On appelle *signe* un fait sensible qui évoque l'idée d'un autre fait, soit mental, soit matériel, mais qui n'est pas directement perçu. La fumée que nous voyons est le signe du feu que nous ne voyons pas actuellement ; les pleurs sont le signe du chagrin.

Un signe n'existe que pour une intelligence capable de l'interpréter. Dans la nature, il n'y a pas à proprement parler de signes ; il y a des phénomènes qui coexistent ou qui se succèdent ; mais l'intelligence qui note ces coexistences ou ces successions est tout naturellement conduite à regarder un phénomène ordinairement lié à un autre comme le signe de celui-ci. C'est là ce qu'on appelle un *signe naturel*. Un *signe artificiel* est celui qui n'est rattaché à la chose signifiée que par suite d'une convention, d'une intention plus ou moins arbitraire. La fumée est le signe naturel du feu ; les notes de musique sont des signes artificiels.

Les signes qui intéressent plus particulièrement la psychologie sont ceux qui traduisent nos états de conscience, émotions, représentations, idées. Parmi ces signes, on peut distinguer des signes naturels et des signes artificiels.

Signes artificiels. — Les signes télégraphiques, les signaux de toutes sortes, les signes algébriques, l'écriture musicale, l'écriture proprement dite sont des signes artificiels. Toutefois, il est bon de remarquer que souvent les signes artificiels ont été suggérés par les signes naturels. Ainsi l'*écriture* est sortie du dessin : telle est l'*écriture idéographique* des plus anciens monuments égyptiens ; l'écriture est d'abord la représentation de l'objet, puis le dessin est abrégé, simplifié, réduit à un schéma qui ne peut plus être compris que grâce à une certaine initiation. Le signe graphique s'associe bientôt, non plus directement à l'objet, mais au mot qui désigne cet objet ; il devient le signe d'un signe ; c'est alors l'*écriture phonétique*. Celle-ci se présente sous trois formes différentes : elle est polysyllabique (ancien chinois), monosyllabique (assyrien) ou alphabétique (phénicien, langues occidentales), suivant que chaque signe représente soit un mot complexe, soit une syllabe, soit un seul élément phonétique de la syllabe (voyelles et consonnes). L'avantage de l'écriture alphabétique est qu'avec un petit nombre de lettres on peut représer ⁀ tous les mots : une trentaine de signes suffisent pour des milliers de mots.

Signes naturels. — Les signes naturels sont des phénomènes organiques par lesquels se manifestent spontanément nos états de conscience, et plus particulièrement les émotions. Les pleurs, le rire, le sourire, les contractions du visage, les gestes, les cris sont des signes naturels ; ils constituent encore ce qu'on appelle le *langage émotionnel*. Cependant, on ne devrait parler de langage que lorsque les signes sont intentionnellement produits, et nous avons dit qu'il s'agit ici de signes spontanés ; toutefois, pour celui qui les interprète, ils ont la valeur expressive du langage, et c'est en ce sens qu'on peut parler d'un langage émotionnel.

Comment ces mouvements, ces cris sont-ils associés à nos émotions ? C'est là un problème de psychologie et de physiologie fort délicat, qui est lié à l'étude de l'émotion. Nous ne l'examinerons pas ici. Remarquons seulement ce fait que les émotions agréables offrent toutes une ressemblance dans l'allure générale de leurs manifestations extérieures : la physionomie semble se dilater, s'éclairer et s'épanouir, tandis que les émotions désagréables affectent des apparences tout opposées. Cette remarque s'accorde avec ce que nous avons dit du plaisir et de la douleur.

Comment se fait-il que l'expression des émotions soit interprétée toujours de la même manière et, pour ainsi dire, spontanément ? C'est le fruit de l'expérience. De bonne heure, l'enfant associe le sourire de la mère ou de la nourrice à ce qui lui plaît : le repas, le jeu, les caresses, la promenade, et, au contraire, leur visage sévère à ce qui lui est désagréable ; il les interprète, non comme l'expression de sentiments, mais comme le présage de certaines conséquences. Grâce à l'association des idées, cette interprétation est rendue possible et se précise de plus en plus. Si l'interprétation est uniforme, très rapide, c'est que la liaison des phénomènes est constante et sans cesse donnée dans l'expérience.

II. — LE LANGAGE

Le langage est un ensemble de signes permettant la communication de la pensée ; il n'est pas une expression spontanée et automatique des émotions, mais une traduction intentionnelle des idées. Les gestes peuvent devenir un langage, quand ils sont reproduits à titre de signes ; il y a un langage visuel, celui des sourds-muets ; il y a un langage tactile, celui dont on se sert pour faire l'éducation des aveugles-sourds-muets ; enfin, il y a un langage auditif, la parole. La mimique complète d'ailleurs souvent le langage auditif. La parole est le langage le plus complet, le plus souple, le plus varié, celui qui se prête le mieux à l'expression des idées, parce qu'il est le moins rigoureusement attaché à la représentation des choses concrètes. Au point de vue pratique, elle offre sur les autres moyens d'expression une supériorité considérable : elle n'occupe pas les mains, elle peut être employée dans les ténèbres, elle porte au loin, attire d'elle-même l'attention et ne nécessite pas que celui à qui vous vous adressez vous regarde. C'est là ce qui explique qu'elle ait été universellement choisie comme moyen de communication.

Deux questions principales se posent à nous : quelle est l'origine du langage ? quels sont ses rapports avec la pensée ?

Origine du langage. — Les langues humaines sont extrêmement nombreuses et diffèrent entre elles par leur vocabulaire,
leurs formes grammaticales et leur syntaxe. Chacune d'elles se
transforme sans cesse. Sous la multiplicité de ces formes et la
variabilité des caractères propres à chaque langue, on peut cependant distinguer quelques caractères généraux d'après lesquels
on a classé les langues.

Une remarque préalable s'impose tout d'abord : « le langage est
fondé sur la phrase et non sur le mot isolé ». La parole exprime
toujours un jugement, et, en ce sens, elle est toujours une phrase.
Celle-ci peut être réduite à un seul mot qui exprime tout un jugement ; elle peut être analysée, décomposée en plusieurs mots,
dont chacun exprime un des éléments essentiels du jugement.
D'après la forme de ces mots, leur mode de combinaison, les modifications qu'ils subissent selon les variations de leur sens et de
leur rôle, on distingue trois grands types de langues :

1° Les *langues monosyllabiques*, dans lesquelles tous les mots
sont des racines invariables, chacune exprimant une idée, dont le
rôle dans la phrase totale n'est donné que par la place respective
des divers mots : ni déclinaison, ni conjugaison, seulement une
syntaxe (langues de la Chine, de l'Indo-Chine, du Thibet).

2° Les *langues agglutinantes*, caractérisées par ce fait que les
mots sont formés de plusieurs racines soudées ensemble, dont une
seule possède sa valeur propre, les autres n'ayant qu'une signification relative, étant accolées à la première pour la définir et en
devenant les *affixes* (*préfixes* ou *suffixes*). Dans ces langues, les
divers éléments de la pensée s'agglutinent toujours ensemble pour
former un mot-phrase d'une longueur et d'une complication parfois
extraordinaires (1) (le turc, le mongol, les idiomes américains).

3° Les *langues flexionnelles*, dans lesquelles les racines peuvent
s'altérer pour exprimer leurs rapports avec les autres racines,
chaque mot isolé exprimant une idée principale et s'infléchissant
diversement pour en traduire les modifications accessoires, le rôle
dans la phrase ; l'acte du jugement est ici distingué des simples
termes (langues sémitiques et indo-européennes).

---

(1) « Il y a, en iroquois, dit M. Ribot, *un* mot qui signifie : je demande
de l'argent à ceux qui sont venus m'acheter des habits. »

Les linguistes pensent généralement que toute langue parvenue à son complet développement a dû passer successivement par ces trois phases. Quoi qu'il en soit, il est certain que les langues ont lentement évolué et qu'elles ont peu à peu passé d'un état primitif indifférencié vers des formes de plus en plus analytiques, en suivant le progrès de l'intelligence et de la pensée humaine. Le problème de l'origine du langage se réduit donc à la question de la formation des premières racines.

On a cru voir dans le langage, tantôt une révélation divine, tantôt un instinct, une sorte de révélation naturelle. Ces théories, qui ne nous paraissent guère soutenables, soulignent du moins ce fait que les langues sont de formation spontanée, et non des créations savantes, réfléchies et conventionnelles de la raison.

L'origine du langage semble avoir été la *reproduction intentionnelle des cris et des gestes* qui composent ce qu'on a appelé le langage émotionnel. Les premiers cris de l'enfant sont l'expression spontanée, involontaire de ses besoins, de ses émotions ; ce sont en quelque sorte de simples réflexes vocaux. Bientôt il s'aperçoit qu'on accourt à ses cris, et qu'on lui apporte du soulagement ; alors il les reproduit avec l'intention d'appeler à son secours. Le cri devient le *mot-signal*. Celui-ci, à son tour, arrive à désigner l'objet qui correspond à l'émotion, à la douleur, au besoin ; il devient alors un *mot-représentation*.

Ainsi les premiers mots, les racines primitives ont dû être des cris et sans doute des cris collectifs, tels que ceux dont s'accompagne un travail musculaire accompli en commun (par exemple, pour frapper, pour couper, pour ramer, etc.). A ces *interjections* ont dû bientôt s'ajouter les *onomatopées*, reproduction intentionnelle des bruits produits par les objets, les animaux, en vue de désigner les objets et les animaux eux-mêmes : ainsi procède l'enfant dans ses premiers essais de langage.

Par le jeu de l'association et grâce au travail de l'abstraction, le mot-représentation ne tarde pas à s'appliquer à une qualité particulière de l'objet primitivement désigné, et, par extension, à d'autres objets présentant cette même qualité. C'est encore ce que nous remarquons chez l'enfant ; tel, par exemple, cet enfant cité par Romanes, qui désigna par le mot *couac* un canard qu'il vit sur l'eau, puis tout liquide et, d'autre part, tous les oiseaux et insectes, et enfin les pièces de monnaie (après avoir vu un aigle sur un sou). C'est donc grâce à l'abstraction et à la généralisation que se forme le mot véritable, c'est-à-dire le *mot-concept*, représentatif d'une idée. Cette extension de la valeur métaphorique des mots est une source inépuisable pour l'enrichissement des langues ; c'est la voie ouverte aux transformations sans fin et aux créations originales des écrivains.

Rapports du langage et de la pensée. — On a pu voir, par ce qui précède, que la création du mot et celle du concept sont choses inséparables ; le mot est en même temps le signe et le point d'appui de la pensée ; il donne à la pensée abstraite une sorte de réalité objective et définie, qui fixe et consolide l'œuvre de l'intelligence, et sans laquelle celle-ci s'évaporerait pour ainsi dire, à mesure qu'elle se formerait. Le langage, de plus, est à la fois un instrument d'analyse qui oblige la pensée à s'éclaircir, à se préciser, à se décomposer en ses éléments, pour s'exprimer dans les termes distincts de la proposition, et un instrument de synthèse qui impose à l'esprit la construction, la coordination des idées, l'expression rigoureuse de leurs rapports, par l'emploi des formes grammaticales et syntactiques.

On peut dire que la pensée, obligée de s'éclaircir *pour* le langage, s'éclaircit encore *dans* et *par* le langage. La parole facilite le maniement des idées, par cela même qu'elle substitue le mot, élément simple, à l'idée qui forme un tout complexe. Cependant, là réside aussi l'écueil du langage : le maniement des mots arrive à n'être plus qu'un jeu automatique, où nous ne mettons plus que des ombres d'idées ; la « paille des mots », comme dit Leibniz, nous fait négliger le « grain des choses ».

Les langues sont des phénomènes psychologiques et sociaux, toujours en voie d'évolution, ainsi que nous l'avons vu. Chaque langue est comme le miroir du génie d'un peuple ; à chaque époque de son histoire, elle retrace les caractères de sa civilisation ; par la langue aussi se transmettent les traditions de l'esprit national, car la nécessité d'employer la langue de ceux avec qui nous vivons nous contraint à couler notre pensée dans le moule de la langue formée par le travail successif des générations qui nous ont précédés. Ainsi, les qualités de clarté, de précision, de logique de généralité aussi, qui sont les qualités propres de l'esprit français, se reflètent dans la langue et se perpétuent par elle. C'est ce qui nous explique l'importance de l'enseignement de la langue maternelle, au point de vue de la formation de l'esprit : l'éducation du langage, c'est l'éducation même de la pensée.

On comprend, d'autre part, quel rapport étroit lie la pensée de l'écrivain au style, à l'expression. Le style, à cet égard, c'est le génie propre de l'écrivain, où se reflètent les qualités de sa pensée, de son imagination, de son émotion ; c'est ce qui a fait dire à Buffon : « Le style, c'est l'homme même. »

RÉSUMÉ

On appelle signe *un fait sensible qui évoque l'idée d'un autre fait, soit mental, soit matériel, mais qui n'est pas directement perçu. Il y a des signes* naturels *et des signes* artificiels.

Le langage *est un ensemble de signes permettant la communication de la pensée ; il est une traduction intentionnelle des idées. La* parole *ou langage auditif, est le langage le plus universellement employé et le plus parfait. Les langues sont extrêmement nombreuses, variées dans leurs formes, et toujours en voie d'évolution.*

L'origine du langage semble avoir été la reproduction intentionnelle des cris et des gestes, d'abord à titre de signal, *ensuite à titre de représentation, enfin à titre de* concept. *Aux interjections, il faut ajouter les onomatopées comme premiers éléments du langage.*

Le langage a des rapports étroits avec la pensée. La pensée s'appuie sur le langage.

Une langue est le miroir du génie d'un peuple ; les qualités de la pensée d'un écrivain se reflètent dans son style.

CHAPITRE XXX

L'Éducation de l'esprit.

L'éducation intellectuelle a un double but : 1° communiquer des connaissances, donner de l'instruction ; 2° former l'esprit lui-même, développer et fortifier les facultés intellectuelles.

L'éducateur doit connaître la psychologie de l'enfant et, en particulier, il doit se rendre compte de l'ordre de développement progressif des facultés intellectuelles. En second lieu, il lui faut savoir quelles qualités il convient particulièrement de développer chez les enfants qui lui sont confiés. Enfin, il doit étudier la nature individuelle de chaque enfant, afin de le diriger selon ses aptitudes.

Évolution des facultés. — Les facultés intellectuelles se développent dans un ordre progressif : il faut que l'enseignement observe cette progression. Nous avons vu que l'enfant abstrait et généralise ; mais il ne saisit que les caractères extérieurs ; il ne forme pas à proprement parler d'idées générales. C'est pourquoi l'éducation intellectuelle doit commencer par l'éducation des sens ; il ne faut pas faire appel trop tôt au raisonnement abstrait. Ce qui importe, c'est de fixer, de diriger l'attention et d'en développer la puissance. Nous savons combien il est utile, à cet égard, d'étudier l'enfant pour reconnaître ses dispositions naturelles et les tendances de son esprit. Les *méthodes actives* sont seules propres à éveiller l'esprit de l'enfant, à le former et à révéler au maître la direction dans laquelle il doit l'engager, ainsi que la discipline à laquelle il doit le soumettre. Les méthodes actives sont celles qui exercent l'enfant à juger, à penser et à exprimer sa pensée. Elles le conduisent peu à peu, par l'observation des choses, à la formation des idées générales.

Qualités et défauts de l'esprit. — Il y a bien des sortes d'esprits. Ces différences ne consistent pas seulement dans les degrés de puissance intellectuelle qu'offrent les diverses natures ; elles tiennent à des aptitudes et des directions de la pensée, à la diversité des objets auxquels elle s'applique de préférence. Il y a des esprits positifs et des esprits abstraits ; des imaginatifs, des intuitifs et des logiciens ; il y a des esprits justes et des esprits faux, des esprits bornés et des esprits vastes, des esprits vifs et des esprits lents, des esprits légers et des esprits vigoureux, des esprits confus et des esprits clairs, etc. Cette extrême diversité des esprits tient donc à des causes nombreuses, dont les principales sont : 1° les différences dans la nature des sensations et des images qui s'associent le plus fortement dans l'esprit (nous avons vu que, chez les uns, ce sont les images sensorielles, chez les autres, les images affectives, chez d'autres, les idées générales, et parmi les premiers, nous avons distingué les visuels et les auditifs) ; 2° les différences dans la capacité d'attention et la puissance des facultés constructives, soit de l'imagination, soit du raisonnement ; 3° les habitudes bonnes ou mauvaises de la pensée ; 4° enfin l'influence plus ou moins dominatrice des passions et les qualités de la volonté : il y a, en effet, une probité et un courage intellectuels, sans lesquels l'esprit souvent s'égarerait.

L'*esprit géométrique* est celui qui procède habituellement par voie de raisonnement, en s'appuyant sur quelques principes généraux nettement définis, dont il déduit les conséquences. Les esprits géométriques (qu'on appelle encore les esprits mathématiques) tombent souvent dans l'erreur quand ils appliquent ce mode de raisonnement aux choses complexes de la vie ; c'est dans ce sens qu'on dit qu'ils sont faux. « Les géomètres qui ne sont que géomètres, a dit Pascal, ont l'esprit droit, mais pourvu qu'on leur explique bien toutes choses par définitions et principes ; autrement ils sont faux et insupportables, car ils ne sont droits que sur les principes bien éclaircis. »

L'*esprit de finesse* consiste à apercevoir rapidement, d'un seul coup d'œil, la vérité dans les choses complexes, et en particulier dans celles de l'âme et dans les relations de la vie courante. L'esprit de finesse appliqué à la vie pratique s'appelle le *bon sens*. Le *sens pratique*, c'est le bon sens en action, qui prévoit les difficultés de détails et qui découvre les moyens d'y pourvoir à mesure qu'elles se présentent. On peut être très intelligent et manquer de bon sens ; on peut avoir du bon sens et très peu de sens pratique. Le *tact* enfin est une certaine pénétration et délicatesse de jugement qu'on apporte aux choses de la vie morale et sociale.

« Ce qui fait que de certains esprits fins ne sont pas géomètres, dit encore Pascal, c'est qu'ils ne peuvent du tout se tourner vers les principes de géométrie ; mais ce qui fait que les géomètres ne sont pas fins, c'est qu'ils ne voient pas ce qui est devant eux ; et qu'étant accoutumés aux principes nets et grossiers de géométrie, et à ne raisonner qu'après avoir bien vu et manié leurs principes, ils se perdent dans les choses de finesse, où les principes ne se laissent pas ainsi manier. On les voit à peine, on les sent plutôt qu'on ne les voit : on a des peines infinies à les faire sentir à ceux qui ne les sentent pas d'eux-mêmes ; ce sont choses tellement délicates et si nombreuses, qu'il faut un sens bien délicat et bien net pour les sentir, et juger droit et juste selon ce sentiment, sans pouvoir, le plus souvent les démontrer par ordre comme en géométrie, parce qu'on n'en possède pas ainsi les principes, et que ce serait une chose infinie de l'entreprendre. Il faut tout d'un coup voir la chose d'un seul regard, et non par progrès de raisonnement, au moins jusqu'à un certain degré. Et ainsi il est rare que les géomètres soient fins, et que les fins soient géomètres, à cause que les géomètres veulent traiter géométriquement ces choses fines, et se rendent ridicules, voulant commencer par les définitions et ensuite par les principes, ce qui n'est pas la manière d'agir en cette sorte de raisonnement. Ce n'est pas que l'esprit ne le fasse ; mais il le fait tacitement, naturellement et sans art, car l'expression en passe tous les hommes, et le sentiment n'en appartient qu'à peu d'hommes. »

Le bon équilibre de l'esprit. Le jugement. — Quelles que soient

les aptitudes naturelles de l'esprit, il importe d'apprendre à bien
juger. La culture du jugement est la partie essentielle de l'éducation intellectuelle ; c'est elle qui fait le bon équilibre de l'esprit.
Bien juger est autant une habitude de l'esprit qu'une qualité
naturelle ; sans doute, il est des gens qui voient juste naturellement, par une sorte d'intuition ; mais ils sont exposés à se tromper s'ils se fient trop à eux-mêmes, s'ils se refusent à une observation patiente et aux conseils de l'expérience ; ils jugent parfois
avec trop de précipitation et d'après les apparences.

Pour former le jugement, il faut exercer l'enfant à penser par
lui-même : il faut solliciter sa réflexion, éveiller en lui en temps
opportun l'esprit critique, lui apprendre à suspendre un jugement
trop précipité, à contrôler une affirmation, à reconnaître une
erreur, à éprouver une vérité.

Un *bon esprit* est celui qui ne se paie pas de mots, qui évite les
préjugés et les formules toutes faites, mais qui est docile à la vérité,
d'où qu'elle vienne et sous quelque forme qu'elle se présente ; il peut
avoir des intuitions soudaines, mais il est attentif, circonspect et
réfléchi ; il sait distinguer ce qui est prouvé de ce qui ne l'est pas,
le certain du possible ; il a le sentiment des nuances. Les qualités
essentielles d'un bon esprit sont la liberté et la rectitude du jugement, le goût de la clarté, l'esprit de méthode, l'esprit de progrès,
la sincérité, la tolérance, et enfin le sens du réel. Un bon esprit
peut n'être pas brillant, mais un esprit brillant n'est pas toujours
un bon esprit.

L'erreur. — L'erreur consiste dans l'interprétation fausse que
nous donnons à nos représentations.

Une représentation peut être erronée, c'est-à-dire ne pas correspondre à la réalité ; mais ce n'est pas en cela que consiste l'erreur ;
il n'y a d'erreur que l'erreur de jugement, lorsque l'esprit objective une représentation erronée. Cependant, c'est la représentation
qui détermine le jugement ; mais, averti par diverses représentations opposées, l'esprit s'arrête avant d'attribuer une valeur
objective à l'une ou l'autre de ces représentations. Ce qui rend possible l'erreur, c'est-à-dire une interprétation fausse d'une représentation en désaccord avec l'objet, c'est donc l'absence d'une représentation opposée à celle-ci.

Une représentation peut être en désaccord avec l'objet, soit qu'elle ne reproduise que quelques-unes des parties de l'objet (par exemple, omission d'une lettre dans la lecture d'un mot), ou qu'elle omette l'un de ses rapports avec un autre objet (par exemple, avant Pascal et Torricelli, on n'avait pas remarqué le rapport entre l'élévation de l'eau dans les pompes et la pesanteur de l'air) ; soit qu'elle ajoute quelque chose à l'objet ou qu'elle lui suppose avec d'autres phénomènes des rapports qui n'existent pas (par exemple, les superstitions sont pour la plupart fondées sur la supposition de rapports inexistants) ; soit enfin qu'elle substitue aux caractères de l'objet des caractères imaginaires (par exemple, on se représente parfois les personnes qu'on aime avec des qualités qu'on leur souhaite).

Ces erreurs peuvent provenir de diverses causes : soit de l'influence perturbatrice des intermédiaires qui s'interposent entre l'objet et l'observateur (l'éloignement, le milieu ambiant, les instruments d'observation, etc.) ; soit de l'imperfection et des altérations des organes des sens ; soit enfin de l'esprit même de l'observateur. Nous avons déjà parlé des erreurs des sens (voir chapitre de la perception). Il nous reste à dire quelques mots des causes d'erreurs qui proviennent plus particulièrement de défauts de l'esprit ou de fâcheuses habitudes mentales. Ces causes sont d'ordre intellectuel ou d'ordre sensible.

1° *Causes intellectuelles*. — Les principales sont la faiblesse native et les habitudes de la mémoire, les associations d'idées antérieures, les préjugés, l'esprit de système, la routine, l'ignorance ou l'oubli, le défaut d'attention et de réflexion, la précipitation du jugement. La diversité des natures individuelles se marque surtout, comme nous l'avons déjà indiqué, par les qualités et les défauts de la mémoire et de la faculté de raisonnement, et par les degrés de puissance de l'attention. « Il est des gens d'un seul syllogisme, a dit Locke, il en est de deux seulement. » Et Bacon : « La distinction la plus grave et en quelque façon fondamentale à signaler entre les esprits, relativement à la philosophie et aux sciences, c'est que les uns ont plus d'aptitude et d'habileté à remarquer les différences des choses, les autres à remarquer les ressemblances. Les esprits fermes et pénétrants peuvent fixer leur attention et la concentrer sur les différences même les

plus subtiles ; les esprits élevés et qui raisonnent saisissent et
réunissent les ressemblances même les plus légères et les plus
générales des êtres ; l'une et l'autre sorte d'esprit tombe facilement
dans l'excès, en saisissant ou des points, ou des ombres. » Il y. a
des esprits qui se perdent dans le détail, il y en a d'autres qui ne
voient que des ensembles et généralisent imprudemment. Comme
on l'a dit spirituellement, il est des gens que les arbres empêchent
de voir la forêt, et d'autres que la forêt empêche de voir les.
arbres.

Les autres causes intellectuelles de l'erreur viennent surtout de
l'habitude et de l'éducation. Elles s'expliquent par la tendance de
l'esprit humain à persévérer dans ses habitudes et à tout ramener
à l'unité. « L'esprit humain, dit encore Bacon, dès qu'une fois
certaines idées l'ont séduit, soit par leur charme, soit par l'empire
de la tradition et de la foi qu'on leur prête, contraint tout le reste
de revenir à ces idées et de s'accorder avec elles ; et quoique les
expériences qui démentent ces idées soient plus nombreuses et
concluantes, l'esprit ou les néglige, ou les méprise, ou par une
distinction les écarte et les rejette, non pas sans un très grand
dommage ; mais il faut bien conserver intacte toute l'autorité de
ces préjugés chéris... C'est ainsi que procède toute superstition,
astrologie, interprétation des songes, divination, présages ; les
hommes enchantés de ces sortes de chimères, tiennent note des pré-
dictions réalisées ; mais de celles, bien plus nombreuses, que l'événement déçoit, ils ne tiennent compte, et passent outre. C'est là un
fléau qui pénètre bien plus subtilement encore la philosophie et les
sciences ; dès qu'un dogme y est reçu, il dénature tout ce qui lui
est contraire, quelque force et raison qu'il y rencontre, et le soumet
à sa mesure. Et quand bien même l'esprit n'aurait ni légèreté ni
faiblesse, il conserve toujours une propension dangereuse à être
plus vivement frappé d'un fait positif que d'une expérience négative ; tandis que régulièrement il devrait prêter autant de crédit à
l'une qu'à l'autre, et qu'au contraire, c'est surtout dans l'expérience
négative que se trouve le fondement des véritables principes. »

L'erreur, en effet, provient, non pas seulement d'une représentation erronée, mais encore et surtout de l'absence d'une représentation opposée à celle qui est en désaccord avec la réalité objective. Cette absence s'explique par l'ignorance, l'oubli et le défaut

d'attention et de réflexion. Souvent, c'est le préjugé, la routine ou encore l'esprit de système qui nous aveuglent.

2° *Préventions d'ordre sensible.* — Mais ici interviennent nos sentiments et nos passions. Nous avons déjà signalé le rôle de l'imagination, « grande maîtresse d'erreur et de fausseté », qui se met au service des passions au détriment de la vérité. Il faut encore citer ici Bacon : « L'esprit humain ne reçoit pas avec sincérité la lumière des choses, mais il y mêle sa volonté et ses passions ; c'est ainsi qu'il se fait une science à son goût : car la vérité que l'homme reçoit le plus volontiers, c'est celle qu'il désire. Il rejette les vérités difficiles à saisir, à cause de son impatience à atteindre le résultat; les principes qui le restreignent, parce que son espérance y trouve des bornes ; les lois les plus hautes de la nature, parce qu'elles gênent ses superstitions; la lumière de l'expérience, par une arrogance superbe, pour que son intelligence ne paraisse pas s'occuper d'objets méprisables et fugitifs ; les idées extraordinaires, parce qu'elles choquent les opinions vulgaires ; enfin d'innombrables et secrètes passions pénètrent de toutes parts l'esprit et corrompent le jugement. »

Erreurs provenant du langage. — A ces sources d'erreurs, il faut ajouter celles qui proviennent du langage. Le langage parfois trahit et dénature la pensée par l'ambiguïté des termes, qu'on appelle encore l'*équivoque.* L'équivoque naît de la confusion des sens d'un mot ; un même mot, en effet, peut représenter deux ou plusieurs idées différentes ; dans le langage, quand un même mot revient plusieurs fois, on est tenté de passer illégitimement d'un sens à un autre. Par exemple, l'emploi du mot conscience (conscience psychologique et conscience morale) donne lieu à cette confusion. Une autre erreur de langage consiste à passer du sens relatif au sens absolu; quand on dit : l'eau étanche la soif, il s'agit de l'eau fraîche, et non de l'eau bouillante. L'abus des mots sans pensée, et en particulier l'emploi abusif des termes abstraits, produisent également des illusions de langage : tel est, par exemple, le terme « faculté de l'âme », auquel on a attribué une réalité transcendante. « Il y a des noms qui manquent de choses et ne nomment que des rêves de notre imagination », remarque Bacon. « Les hommes, dit-il, croient que leur raison commande aux mots ; mais les mots exercent souvent à leur tour une influence toute puissante sur l'intelligence, ce qui rend la philosophie et les sciences sophistiques et oiseuses. Le sens des mots est déterminé selon la portée de l'intelligence vulgaire, et le langage coupe la nature par les lignes que cette intelligence aperçoit le plus facilement. Lorsqu'un esprit plus pénétrant ou une observation plus attentive veut transporter ces lignes pour les mettre mieux en harmonie avec la réalité, le langage y fait obstacle ; d'où il arrive que de grandes et solennelles controverses d'hommes très doctes dégénèrent souvent en disputes de mots ; tandis qu'il vaudrait mieux commencer, suivant la prudente habitude des mathématiciens, par couper court à toute discussion, en définissant rigoureusement les termes. »

Les erreurs de raisonnement ou de langage s'appellent des *sophismes.*

Influence de la volonté. — On le voit, l'éducation du jugement est intimement liée à l'éducation de la volonté. Fixer et diriger l'attention est une application de la volonté. La prudence qui suspend le jugement, l'esprit de doute et d'examen qui soumet toute affirmation au contrôle de la raison, l'esprit de méthode dans la recherche de la vérité, qui se montre exigeant en fait de preuves, sont tous soumis au pouvoir de la volonté. Les règles logiques n'ont d'efficacité qu'autant qu'elles sont appliquées par un esprit attentif et réfléchi, plié à une discipline forte.

Moyens de cultiver l'esprit. — Chaque ordre de science, ayant son objet propre, a aussi ses méthodes particulières en rapport avec la nature des vérités qu'il poursuit. C'est pourquoi les diverses sciences ont un rôle à jouer dans l'éducation intellectuelle, et il serait dangereux de spécialiser trop tôt l'esprit.

Les *mathématiques* développent les qualités de *précision*, d'*ordre* et de *clarté*, de *rigueur dans le raisonnement.* En mathématiques, on ne se sert d'aucun terme qui n'ait été défini ; on ne s'appuie que sur des principes parfaitement clairs et sur des vérités précédemment démontrées. Point de mots qui ne soient indispensables : une démonstration est d'autant plus claire qu'elle est plus précise. L'ordre est rigoureux, soit dans l'enchaînement des termes, soit dans la suite des propositions, et l'on ne démontre jamais qu'une vérité à la fois ; mais, les vérités une fois démontrées, il faut les tenir fortement rapprochées dans l'esprit, pour pouvoir en tirer de nouvelles vérités. Habitué à la nécessité des vérités mathématiques, l'esprit a besoin de voir les choses clairement, avec une parfaite évidence. Mais là aussi est le danger des mathématiques ; si leur influence n'est pas contre-balancée, elles risquent de faire des esprits systématiques, étroits, dogmatiques et intolérants, à qui la simplicité des formules dérobe la riche complexité de la vie, et qu'abuse une confiance illimitée en eux-mêmes.

Les sciences physiques et naturelles, et en particulier les sciences biologiques, forment un contrepoids indispensable et un complément de la culture mathématique. Elles éveillent *la curiosité* et lui ouvrent le champ illimité de la nature ; elles donnent des habitudes *d'observation méthodique* ; elles assouplissent les *facultés de raisonnement* ; elles soumettent la pensée à la leçon des choses et *rendent l'esprit circonspect* ; en face de l'intelligence humaine, elles présentent le monde intelligible et régi par des lois universelles ; en faisant entrevoir la grandiose unité et la merveilleuse beauté de la nature, elles élargissent et élèvent l'esprit.

L'histoire cultive l'imagination par la représentation des époques disparues ; elle *exerce la mémoire* par l'étude des faits et de la chronologie, elle *est surtout une excellente école* où s'acquièrent la pénétration du *jugement* et le sens du concret et du relatif ; à travers des faits infiniment multiples et complexes, l'esprit apprend à discerner un enchaînement de causes et de conséquences ; dans le passé, il trouve une explication du présent, et, jusqu'à un certain point, la prévision de l'avenir. Enfin, l'étude de l'histoire étend l'expérience psychologique ; elle éclaire la psychologie individuelle par l'évolution des peuples et des civilisations.

Les études littéraires forment le *goût*, cultivent le *sentiment esthétique*, développent l'*imagination*, affinent le *sentiment*, élèvent l'*âme*, éveillent et aiguisent l'*esprit de finesse*. Elles ont pour instruments la lecture commentée des grands écrivains et la composition, qui met surtout en œuvre la réflexion personnelle ; elles se complètent par la conversation et par des lectures variées et nombreuses.

RÉSUMÉ

L'éducation intellectuelle doit suivre l'ordre progressif de l'évolution des facultés. Elle a pour but de former un bon esprit.

Les qualités de l'esprit varient à l'infini avec les natures individuelles. Une des principales distinctions est celle qui oppose l'esprit de finesse à l'esprit de géométrie. Pour former un bon esprit, il faut exercer le jugement et apprendre à l'enfant à reconnaître l'erreur.

Toute erreur est une erreur de jugement, de raisonnement ou de langage. On évite l'erreur par la prudence, l'esprit de méthode, l'esprit critique ; ces qualités tiennent de la volonté.

Chaque ordre de science a un rôle à jouer dans l'éducation intellectuelle, selon les méthodes particulières qu'il emploie. Il y aurait danger pour la formation de l'esprit à le spécialiser trop tôt dans une étude.

CHAPITRE XXXI

L'Activité. Ses divers modes.

Nous avons étudié à part les modes de la vie affective et de la vie intellectuelle, en négligeant les mouvements et les actes par lesquels ils se traduisent au dehors. Cependant rien ne se passe dans la conscience sans déterminer une action ou une réaction sur le milieu extérieur. Cette fonction motrice, par laquelle la conscience répond aux excitations des choses extérieures ou de l'organisme, est l'aspect de la vie psychologique que l'on nomme *activité*. Dans un sens large, le mot activité peut désigner le fond même de la vie psychologique ; mais nous l'employons ici dans le sens restreint de *fonction motrice adaptée à certaines fins et qui se manifeste au dehors par le mouvement.*

Si donc nous voulons distinguer divers modes d'activité, il nous faut partir d'une classification des mouvements, et voici les divisions générales que nous pouvons établir : *mouvements spontanés, mouvements réflexes, mouvements instinctifs, mouvements habituels, mouvements imitatifs* et *mouvements volontaires.* Passons-les brièvement en revue.

I. — MOUVEMENTS SPONTANÉS ET RÉFLEXES

Le petit enfant, replacé dans son berceau après son repas, remue bras et jambes, et il semble bien qu'il y ait là un signe de satisfaction ; l'écolier s'agite sur son banc après être resté quelque-temps immobile : c'est que l'un et l'autre ont comme un excès de force disponible à dépenser ; c'est cette énergie en réserve qui se déploie d'elle-même dans les mouvements qu'ils accomplissent alors. Ces mouvements sont appelés *spontanés*.

D'une autre nature sont les mouvements *réflexes*. Un enfant vient à toucher avec la main un objet brûlant : il retire vivement sa main ; un éclair frappe nos yeux : instantanément les paupières s'abaissent. Ces mouvements sont déterminés par une excitation extérieure, à laquelle ils constituent en quelque sorte une réponse ; on les nomme des *réflexes*. Comme le mouvement spontané, le réflexe est mécanique, irréfléchi et involontaire ; ce qui le caracté-rise, c'est l'adaptation de la réaction motrice à l'excitation qui l'a provoquée.

Les mouvements spontanés et les mouvements réflexes ont essentiellement leur source dans la vie physiologique. La con-science n'intervient pas ou n'intervient qu'après coup. Les pre-miers sont l'expression directe de l'activité vitale, les autres sont la réaction de l'être, en réponse à la stimulation d'une terminaison nerveuse. Il est à remarquer d'ailleurs qu'on ne peut établir une séparation absolue entre les mouvements spontanés et les mouve-ments réflexes. L'activité spontanée, en effet, n'est que relative-ment indépendante à l'égard des impressions sensibles, car l'être vivant se meut dans un milieu défini, qui détermine son action, et auquel celle-ci doit s'adapter. D'autre part, l'intensité de la réaction réflexe ne dépend pas uniquement de la force et de la qualité de l'excitation ; elle est déterminée encore par la constitu-tion même de l'organisme, par la tonicité des centres moteurs. Cette activité interne, plus ou moins puissante et disponible, con-stitue un élément capital de différenciation entre les natures indi-viduelles ; c'est elle qui donne naissance à ce que Bain appelle le *tempérament volitionnel*. « Chacun sait, dit-il, qu'il y a une espèce d'activité qui semble vivre d'elle-même, qui ne coûte aucun effort, qui cause du plaisir, loin de fatiguer, et que ne modifie pas sensiblement ni un stimulus, ni l'idée d'un but ; c'est manifeste-ment l'effet d'une force spontanée. C'est un signe du caractère, tant chez les individus que chez les races. C'est le caractère de l'aventurier qui ne goûte aucun repos, du voyageur infatigable.

de ces gens qui se mêlent de toutes les affaires, de ceux qui haïssent le repos et dédaignent les plaisirs tranquilles ; c'est l'activité débordante de Philippe de Macédoine ou de Guillaume le Conquérant. Les natures sensibles, qui ne sont pas rares chez les hommes, mais qui sont très communes chez les femmes, ne sont pas très actives. Ce qui distingue l'activité provoquée par l'idée d'un but, de l'autre genre d'activité, c'est qu'elle se proportionne au but et qu'elle cesse dès qu'il est atteint. On ne confondra jamais l'homme qui travaille pour faire fortune et qui se repose après avoir gagné de quoi vivre, avec l'homme qui passe sa vie à dépenser l'excès de sa force musculaire et nerveuse. »

Les réflexes sont très nombreux ; ils peuvent être simples ou plus ou moins complexes, inconscients ou conscients à divers degrés. La contraction de l'iris sous l'influence de la lumière est un réflexe simple, mais partiellement conscient (nous avons conscience de l'excitation sans avoir conscience de la réaction motrice). Les mouvements péristaltiques du tube digestif après l'ingestion des aliments sont des réflexes plus complexes, mais inconscients. Certains réflexes se composent de mouvements coordonnés qui supposent la conscience de l'excitation et une certaine élaboration préalable. Aussi a-t-on proposé d'appeler réflexes *psychiques* ceux dans lesquels se manifeste une coordination des mouvements qui fait paraître l'acte intelligent et où les éléments conscients jouent un rôle important. Mais il semble préférable de ne pas conserver, pour ces sortes de mouvements, la dénomination de réflexes, et d'y voir des manifestations de ce qu'on pourrait appeler l'automatisme psychologique.

II. — L'INSTINCT

L'oiseau fait son nid, c'est un instinct ; l'abeille ouvrière construit le gâteau de cire et y dépose le miel, c'est un instinct ; le lapin creuse son terrier, c'est un instinct. L'instinct se distingue du réflexe en ce qu'il est constitué par une série d'actes successifs, coordonnés en vue d'une fin qui peut être très lointaine, et dont l'animal ne verra peut-être jamais la réalisation. Il obéit à un besoin bien plus qu'à une excitation extérieure ; c'est une poussée intérieure qui, en quelque sorte, le travaille et le déter-

mine : de là le caractère spontané, mais aussi intermittent et
périodique, de l'instinct. Ce n'est qu'à l'époque de la ponte que
l'oiseau ramasse les brindilles de bois, de paille ou les brins de
laine dont il fera un abri pour sa couvée.

On peut définir l'instinct : *une disposition naturelle à accom-*
plir, sous l'influence d'une sollicitation interne, une série d'actes
adaptés à des fins utiles, soit à l'individu, soit à l'espèce, soit au
groupe auquel il appartient.

Envisagé dans ses caractères les plus apparents, l'instinct est
inné, spécifique, immuable et *imperfectible, aveugle, spécialisé* et
fatal. L'animal porte, en effet, ses instincts en lui, dès la naissance et ne les acquiert pas progressivement ; ils lui sont hérédi-
tairement transmis comme sa structure organique même. Aussi
les instincts sont-ils les mêmes chez tous les individus de la
même espèce. Et c'est pourquoi encore ils apparaissent à la fois
comme imperfectibles et parfaits du premier coup : les abeilles
font leur miel aujourd'hui selon les mêmes procédés qu'elles
employaient il y a deux mille ans. L'animal exécute sans tâtonne-
ment, avec une précision qui ne sera pas dépassée, les actes auxquels le pousse l'instinct ; mais il ne semble pas se rendre compte
de la fin vers laquelle tend l'acte et de la valeur des moyens qu'il
emploie. Ce que l'on appelle l'infaillibilité de l'instinct tient donc
en grande partie à ce qu'il est aveugle ; et c'est pourquoi l'accomplissement fatal de l'acte, quelles que soient les circonstances,
peut faire manquer la fin poursuivie ou même produire un résultat tout opposé. « Si l'on perce une alvéole dans un gâteau de cire,
l'abeille dépose dans ce tonneau des Danaïdes la quantité de miel
voulue, puis clôt de cire l'alvéole avec les mêmes soins qu'elle a
fait pour les autres, et comme si les destinées de l'espèce dépen-
daient de ce travail manifestement absurde. » L'instinct des abeilles
est de protéger leur reine contre tout envahisseur; cet instinct est
manifestement utile à la colonie ; mais si l'apiculteur veut remplacer la reine épuisée par une reine nouvelle, l'aveugle instinct
des abeilles repousse celle   qui est généralement mise à mort.

Cependant, il ne faudrai pas entendre dans toute leur rigueur
les termes de la description qui précède. L'instinct peut, dans une
certaine mesure, se modifier et s'adapter aux circonstances. Certains instincts ont subi, à travers la série des générations, des

transformations profondes : ainsi les castors de la vallée du Rhône ont cessé de se bâtir des huttes dans le fleuve, pour se creuser des terriers. C'est qu'en effet l'industrie instinctive de l'animal n'est ni complètement aveugle, ni purement mécanique et fatale; l'animal est capable de l'employer d'une manière intelligente, de la modifier pour la mieux adapter aux circonstances présentes : tel le cas, cité par Romanes, de l'oiseau qui, ayant fait son nid dans une serre chaude, s'aperçoit que ses œufs n'ont pas besoin d'être couvés pendant le jour et ne les couve que la nuit.

On le voit donc, une certaine activité psychologique se manifeste dans l'instinct. La sollicitation interne qui pousse l'animal s'accompagne d'un sentiment plus ou moins conscient de malaise, de besoin. Cette tendance semble bien, d'autre part, susciter des images motrices au moins confuses. Enfin, l'exécution de l'acte instinctif n'enveloppe-t-elle pas une représentation vague et diffuse du résultat final ? Dans le cerveau de l'oiseau s'ébaucherait comme une vision flottante du nid ; et c'est pourquoi on a rapproché l'instinct du somnambulisme et de l'inspiration artistique. Il n'y a point là, sans doute, une conscience claire, une intelligence réfléchie; mais il s'y manifeste une vie psychologique obscure, une sorte de pensée impersonnelle « captive au sein de la matière ».

Chez l'homme, l'intelligence intervient constamment sous une forme personnelle; et c'est pourquoi l'on a prétendu que l'homme n'a pas d'instincts. Cependant, il est manifeste que le petit enfant, en venant au monde, exécute instinctivement les mouvements de la bouche nécessaires pour sucer le lait et pour l'avaler; les mouvements de la marche sont aussi, en grande partie, instinctifs, et il est vraisemblable que l'enfant marcherait de lui-même, dès qu'il aurait la force de se tenir droit sur ses jambes. D'autre part, nous l'avons vu déjà, les inclinations ou tendances sont de véritables instincts, qui se manifestent moins par des adaptations motrices fixées, que par des besoins, émotions, sentiments. Si donc on considère que les actes automatiques dominent d'autant plus dans un être, qu'il est moins capable d'activité intelligente et réfléchie, il est vrai de soutenir que l'homme est, de tous les animaux, celui en qui les instincts sont les moins nombreux. Mais si l'on prend l'instinct au sens plus large de tendance, on doit reconnaître que, chez l'homme, apparaît une foule d'instincts que ne possède pas l'animal, ou qu'il ne possède qu'à l'état de germes, instincts esthétiques, religieux, sociaux, moraux, intellectuels. Enfin, dans le langage courant, on donne volontiers le nom d'instincts à des dispositions ou aptitudes natives, héréditaires, qui constituent ce qu'on appelle le *naturel*; mais on voit que le mot instinct prend ici un sens qui s'éloigne fort de notre définition.

III. — L'HABITUDE

Un enfant *apprend* à écrire, à monter à bicyclette ; ses mouvements sont gauches, mal adaptés ; il a besoin de les surveiller, de les diriger, de les corriger; après un certain nombre de tentatives, grâce à un exercice plus ou moins prolongé, il *sait* écrire, monter à bicyclette ; ses doigts, ses mains, ses jambes exécutent la série des mouvements nécessaires, d'une façon de plus en plus précise, régulière, irréfléchie, mécanique : c'est là affaire d'habitude.

Définition et caractères. — On peut définir l'*habitude : une aptitude acquise à reproduire des mouvements déjà accomplis, avec une perfection, une régularité, une facilité croissantes.* Les mouvements habituels ont, comme les réflexes et comme les actes instinctifs, un caractère automatique ; mais ce sont des acquisitions individuelles, qui n'ont jamais le caractère de nécessité impérieuse du réflexe ni de l'instinct. L'habitude imite l'instinct, elle tend à s'en rapprocher, sans égaler d'ailleurs jamais sa précision parfaite. L'acte, en se renouvelant, s'exécute de plus en plus rapidement, il réclame de moins en moins d'effort, la conscience y intervient de moins en moins, et la répétition de l'acte devient de plus en plus involontaire et irrésistible.

Cependant, le mot habitude ne désigne pas toujours une tendance à reproduire certains actes ; il indique une *manière d'être* persistante, en conformité avec certaines conditions extérieures, ou, en d'autres termes, une *adaptation de l'individu à l'égard d'influences souvent éprouvées.* On dit, dans ce sens : être habitué à une odeur, à un bruit, à un certain régime de nourriture. Cela signifie que nous devenons de plus en plus indifférents à ces impressions, que nous les sentons de moins en moins. Cette forme de l'habitude, qu'on appelle encore habitude passive, pourrait être nommée l'*accoutumance*, et on réserverait le nom d'*habitude* à la forme active.

Si l'on considère les caractères les plus apparents de l'habitude, on voit que *l'accoutumance diminue l'impressionnabilité* aux influences extérieures qui se reproduisent toujours les mêmes, tandis que *l'habitude active augmente l'aptitude* à reproduire l'acte. Mais ce sont là deux effets d'un même principe. *L'habitude est essentiellement la création en nous de tendances, de modifications stables et permanentes de notre nature.* Aussi n'est-elle pas seulement une loi de l'activité, elle est une loi générale de la vie, qui pénètre la vie sensible, la vie intellectuelle, aussi bien que la vie active et même la vie proprement physiologique.

Formation de l'habitude. — Chaque acte, chaque impression laisse après soi une certaine trace et tend à modifier notre nature ; c'est en ce sens qu'on a dit que l'habitude commence avec le premier acte : « il n'y a que le premier pas qui coûte », dit aussi le proverbe. Cependant un acte isolé ne constitue pas une habitude ; il n'y a d'habitude que lorsque la tendance nouvelle est constituée, s'est installée, lorsque la nature première a été remplacée par cette seconde nature ; et, à cet égard, la répétition, non seulement fortifie l'habitude, mais, à proprement parler, la crée.

L'habitude peut être imposée par les circonstances et par une volonté étrangère, ou bien elle peut avoir pour origine une résolution volontaire. L'acclimatation, l'accoutumance, les habitudes prises dans la première enfance et, plus tard, les habitudes imposées par le milieu domestique, par la discipline scolaire, par le milieu social, par les exigences d'une profession, se rattachent à la première catégorie. Un art que nous apprenons, un emploi régulier de nos journées que nous nous imposons, sont des habitudes volontaires.

L'habitude, avons-nous dit, *se crée et se fortifie par la répétition*, c'est-à-dire que l'acte s'accomplit de plus en plus facilement et avec une précision, une dextérité de plus en plus grandes, et qu'il nous coûte de moins en moins de peine. La répétition peut avoir lieu, soit d'une façon continue, soit à intervalles plus ou moins réguliers : par exemple, on apprend à prononcer un mot d'une langue étrangère, en le répétant plusieurs fois de suite ; on apprend à jouer du piano par des exercices plus ou moins prolongés, répétés périodiquement à intervalles suffisamment rapprochés. Les moments de repos, pourvu qu'ils ne soient pas trop longs, sont favorables à l'acquisition d'une habitude, parce qu'ils permettent aux organes de se détendre. Dans bien des cas, il faut procéder par degrés plus ou moins insensibles ; par exemple, il est difficile de s'acclimater, quand on passe sans transition d'un pays très froid et sec à un pays chaud et humide ; de même, au point de vue intellectuel, nous ne pouvons d'emblée accepter des idées totalement opposées aux nôtres. Enfin, il y a des habitudes qui ne peuvent coexister avec d'autres ; il y a lutte entre certaines habitudes ; il y a, au contraire, affinité entre certaines autres : telle est l'affinité qui existe entre les habitudes de propreté, d'ordre extérieur et les habitudes de dignité morale ; il y a opposition entre des habitudes d'indépendance et la flatterie.

Puissance et rôle de l'habitude. — « La coutume, redit Pascal après Aristote, est une seconde nature. » Il veut indiquer par là la puissance et l'irrésistibilité des habitudes invétérées. Dans le même sens, Montaigne appelle l'habitude « la royne et emperière du monde ». « Car c'est à la vérité, ajoute-t-il, une violente et traistresse maistresse d'eschole que la coustume. Elle establit en nous, peu à peu, à la desrobbée, le pied de son auctorité : mais par ce doulx et humble commencement, l'ayant rassis et planté avec l'ayde du temps, elle nous descouvre tantost un furieux et tyrannique visage, contre lequel nous n'avons plus la liberté de haulser seulement les yeulx (1). »

---

(1) L'habitude est une étrangère
Qui supplante en nous la raison,
C'est une ancienne ménagère
Qui s'installe dans la maison.
Elle est discrète, humble, fidèle,
Familière avec tous les coins :
On ne s'occupe jamais d'elle,
Car elle a d'invisibles soins...
Mais imprudent qui s'abandonne
A son joug une fois porté !
Cette vieille au pas monotone
Endort la jeune liberté...
                              SULLY-PRUD'HOMME.

L'habitude d'ailleurs est bienfaisante ou malfaisante selon les cas. Elle nous impose des *tyrannies*, des tics, des manies, des passions. Elle engendre la *routine*, qui est, surtout dans l'ordre intellectuel et moral, un obstacle au progrès. D'autre part, elle est une *condition du progrès*, en ce sens qu'elle nous dispense de porter l'effort de notre attention sur certains actes que, grâce à elle, nous accomplissons mécaniquement, tandis que nous appliquons notre réflexion à des actes nouveaux ou plus importants : l'enfant qui apprend à lire déploie tout son effort à déchiffrer les lettres et n'est pas attentif au sens des mots ; l'habitude de lire ou d'écrire lui permettra d'appliquer toute son attention à la pensée ; de même le pianiste exercé, sûr du mécanisme de ses doigts, pénètre et interprète le sens du morceau qu'il joue. C'est elle encore qui fait la continuité de notre vie ; elle est la puissance grâce à laquelle nos efforts, nos progrès, nos conquêtes sont consacrés, consolidés, rendus définitifs, tout comme nos défaillances et nos abandons. Elle nous affranchit quand elle crée en nous l'aptitude à la réflexion, l'esprit de méthode, la capacité de vouloir d'une façon ferme et persévérante, la possession et le gouvernement de soi-même.

IV. — L'IMITATION

On peut appeler mouvements imitatifs, ou, d'une façon plus générale, mouvements représentatifs, des mouvements qui s'exécutent, d'une façon en quelque sorte automatique encore et involontaire, par suite de la représentation même qu'en a l'individu. De ce genre sont les suggestions hypnotiques, l'imitation des gestes, des attitudes et des actes. Un exemple en est fourni par les expériences de Chevreul sur les baguettes magiques, le pendule révélateur. On prie une personne de tenir entre les doigts l'extrémité d'un fil, à l'autre bout duquel est suspendu un anneau, en recommandant de n'imprimer aucun mouvement à ce pendule improvisé ; on annonce qu'il se mettra de lui-même à osciller d'avant en arrière ou de droite à gauche, ou encore à décrire un mouvement circulaire, qu'au besoin on trace avec son doigt ; au bout de peu de temps, le mouvement indiqué se produit ; c'est qu'en effet, l'idée ou la perception du mouvement a provoqué de

la part du sujet les légères contractions musculaires nécessaires à
sa production, contractions qui d'ailleurs n'ont été ni volontaires
ni conscientes. *Toute représentation d'un mouvement est le commencement de son exécution.*

Les phénomènes d'imitation et de suggestion jouent dans l'éducation un rôle très important. Nous avons déjà signalé que la
tendance à l'imitation est un des éléments primitifs de la sympathie, et nous avons dit, d'autre part, que la reproduction des mouvements crée une tendance, qui ne consiste pas seulement dans
une disposition déterminée des centres moteurs, mais aussi dans
une modification d'ordre sensible et d'ordre intellectuel. Ce sont
là des formes diverses très étroitement liées entre elles de l'automatisme psychologique. L'imitation des gestes, des attitudes et des
actes entraîne à sa suite l'imitation des sentiments et des idées.

La tendance imitatrice ne se réalise pas quand elle rencontre un
obstacle soit dans un sentiment ou dans une représentation contraire, soit dans la résistance de la volonté. Mais l'enfant, qui n'a
pas encore contracté un grand nombre d'habitudes, qui n'a ni
passions, ni volonté forte, est un grand imitateur. C'est ce qui
fait l'importance capitale des premières impressions. Plus la
volonté est forte, plus l'esprit est libre et indépendant, plus la
personnalité est accusée, moins grand est le rôle de l'imitation.
Cependant il ne s'efface jamais complètement ; nous faisons par
pure imitation un grand nombre d'actes que nous croyons spontanés. Nous établissons d'ailleurs, en général, deux parts distinctes
dans notre vie : d'une part, les actes que nous jugeons indifférents
et pour lesquels nous nous conformons à l'usage, à la coutume ;
d'autre part, les actes auxquels nous attachons plus d'importance
et dans lesquels se marque plus spécialement la personnalité.

Remarquons, en outre, que nous imitons plus facilement les
actes qui s'accordent avec nos instincts, nos dispositions naturelles ; l'imitation, en somme, ne crée pas de tendances, mais elle
donne telle ou telle direction à nos instincts innés, les précise, les
sollicite, favorise leur développement et les renforce.

V. — MOUVEMENTS VOLONTAIRES

Les mouvements volontaires sont l'expression la plus complexe et la plus élevée de l'activité psychologique. Ils ne résultent pas d'impulsions aveugles, agissant automatiquement; mais ils expriment pratiquement un choix fait après une délibération réfléchie. La volonté mérite donc une étude particulière et nous lui consacrerons le chapitre suivant.

RÉSUMÉ

Nous appelons activité *la fonction motrice par laquelle la conscience répond aux excitations externes ou internes et qui se traduit au dehors par le mouvement.*

Les mouvements spontanés et les mouvements réflexes sont mécaniques, irréfléchis et involontaires ; les premiers sont l'expansion immédiate de l'activité vitale; les autres sont la réponse de l'organisme à une excitation périphérique.

Les mouvements instinctifs pourraient être appelés des réflexes, mais plus complexes et dans lesquels intervient une élaboration psychologique. L'instinct est une disposition naturelle à accomplir, sous l'influence d'une sollicitation interne, une série d'actes adaptés à des fins utiles, soit à l'individu, soit à l'espèce, soit au groupe auquel il appartient.

L'habitude est une aptitude acquise à reproduire des actes déjà accomplis, avec une perfection, une régularité, une facilité croissantes. On peut distinguer la forme passive de l'habitude, qui est l'accoutumance, de la forme active, qui est l'habitude proprement dite. Mais elle est toujours la création en nous de tendances, de modifications stables et permanentes de notre nature. Elle se crée et se fortifie par la répétition. L'habitude a été appelée une seconde nature. Elle est, selon les cas, tyrannique et un obstacle au progrès, ou libératrice et une condition du progrès.

On appelle mouvements imitatifs *ou, dans un sens plus général,* mouvements représentatifs *des mouvements en quelque sorte automatiques et involontaires qui s'exécutent en vertu de la représentation qu'en a l'individu. L'imitation joue un grand rôle dans l'éducation.*

Les mouvements volontaires expriment pratiquement un choix après délibération réfléchie.

CHAPITRE XXXII

La Volonté.

Le mot *Volonté* s'emploie dans des acceptions fort différentes. « On peut, selon le point de vue qu'on adopte, dit Höffding, considérer la volonté comme la plus primitive ou bien comme la plus complexe et la plus dérivée de toutes les manifestations psychiques. » Dans le premier cas, en effet, on entend par volonté toute activité interne poussant l'être à accomplir des mouvements et des actes utiles à sa conservation et à son développement. Dans le second cas, on désigne par ce terme uniquement la volition proprement dite, qui implique un choix réfléchi entre plusieurs possibles et suppose dès lors un développement supérieur de la connaissance et du sentiment. C'est en ce dernier sens que nous parlerons ici de la volonté.

I. — DESCRIPTION ET ANALYSE

Nous distinguons immédiatement un acte volontaire d'un acte qui ne l'est pas. Les actes non volontaires eux-mêmes se peuvent diviser, au surplus, en deux catégories : les uns qu'on pourrait appeler *involontaires*, les autres qu'on nommerait plutôt *contre-volontaires*. Les premiers sont ceux dont nous disons : je ne l'ai pas fait exprès ; ils n'ont pas été précédés d'une élaboration mentale plus ou moins complexe, nous ne nous les sommes pas proposés ; ils ne nous apparaissent pas comme provenant d'une détermination expresse et vraiment nôtre, nous ne nous en sentons pas pleinement la cause. Les seconds sont ceux dont nous disons : cela a été plus fort que moi ; nous en sommes en quelque sorte les instruments plutôt que les véritables auteurs ; l'idée de résister ne nous est même pas venue, tant l'acte a immédiatement suivi l'impulsion, ou bien la résistance a été vaine, tant l'impulsion était énergique. La volonté nous apparaît donc de suite, d'une part, comme un *pouvoir d'agir* dans de certaines conditions de conscience et de réflexion, exprimant dans une mesure variable notre personnalité même, et, d'autre part, comme un *pouvoir d'arrêt,* la capacité de se retenir d'agir, de ne pas céder fatalement et comme passivement à toute sollicitation interne ou externe, au moment même où elle se fait sentir.

Les caractères essentiels de l'acte volontaire doivent donc être cherchés dans ses antécédents psychologiques et nous pouvons les ramener aux suivants :

1° L'acte volontaire est non seulement précédé par sa propre représentation, mais encore provoqué par cette représentation même. Avant de l'accomplir, nous en avions l'idée, nous savions ce que nous allions faire ; et, par là, il se distingue du réflexe qui est suscité par une excitation relativement simple, consciente ou inconsciente, très différente en tout cas de la représentation du mouvement lui-même. Mais l'acte volontaire ne se confond pas non plus avec cet automatisme psychologique dont nous avons parlé plus haut sous le nom de mouvements représentatifs ou imitatifs. Dans ce dernier cas, en effet, s'il est bien vrai que le mouvement est suscité par la représentation (perception ou image) que nous en avons, du moins il suit immédiatement cette représentation sans qu'aucune élaboration consciente actuelle intervienne. La volonté, au contraire, implique une certaine coordination originale, une combinaison de diverses images, idées, réactions motrices, opérées par l'individu, en connaissance de cause ; en ce sens, comme on l'a dit « un acte volontaire est un acte au moins en quelque partie *nouveau,* qui, pour s'adapter à des circonstances nouvelles, réunit, synthétise certains éléments psychologiques n'ayant pas encore été groupés exactement de cette manière » ; en un mot, toute volition présuppose un *jugement pratique*, qui nous éloigne singulièrement de l'automatisme que nous avons décrit précédemment.

2° D'autre part, la volonté, avons-nous dit, est un pouvoir d'arrêt ou *d'inhibition*. L'acte volontaire n'apparaît pas comme l'effet fatal d'une impulsion irrésistible ; nous *sentons* au contraire, au moment où l'acte va s'accomplir, qu'il pourrait ne pas s'accomplir, ou qu'un autre pourrait être réalisé. Tout « je veux » implique un « je ne veux pas ». Chaque tendance ne devant pas se traduire isolément et pour son propre compte, il faut qu'elle soit arrêtée pendant qu'on l'apprécie, qu'on la compare, qu'on la combine avec d'autres : les représentations, les tendances s'inhibent les unes les autres, jusqu'à ce que certaines d'entre elles soient organisées et triomphent.

3° De là résulte un troisième caractère, d'une importance capitale : vouloir, c'est *choisir pour agir*, selon la formule de M. Ribot. L'acte propre du vouloir, c'est une *affirmation pratique* en vertu de laquelle une des alternatives est posée, les autres écartées ; c'est ce « *fiat* de la volonté », pour parler comme W. James, par suite duquel l'acte cesse d'être un possible, pour devenir quelque chose de réel, d'effectif, sinon encore quelque chose d'effectué, de réalisé. Sans doute, un obstacle extérieur peut survenir pour en empêcher la réalisation, mais nous n'en sentons pas moins que quelque chose de décisif a eu lieu, que la volition, la résolution, la décision se sont produites. Nous avons conscience alors d'exercer une action véritable, de mettre en jeu une force dirigeante ; nous éprouvons le sentiment d'une concentration, d'une énergie toute spéciale, par laquelle nous nous identifions pour ainsi dire avec la représentation de l'acte et nous mettons tout entiers en lui. L'acte volontaire est senti comme dérivant de notre personnalité, en émergeant, comme étant *par nous-mêmes*, comme étant *nous-mêmes* ; il nous apparaît comme « une irradiation de notre propre être intime ». Et c'est là le caractère le plus original de la volition, soit qu'elle exprime notre action sur le monde extérieur et se manifeste par des mouvements, soit qu'elle modifie le cours de notre vie intime et s'exerce sur des images, des idées, des sentiments, comme dans l'attention volontaire, par exemple.

II. — LES MOMENTS DE L'ACTE VOLONTAIRE

Tout acte volontaire complet comprend donc quatre moments principaux : la *conception* d'un ou de plusieurs actes possibles, la *délibération*, la *décision* et l'*exécution*.

Lorsque nous avons été amenés à nous poser cette question pratique : faut-il faire et que faut-il faire? l'idée d'une ou de plusieurs solutions se présente à notre esprit. Cette conception des alternatives réalisables implique non seulement l'idée de l'acte final qui peut convenir à l'ensemble des conditions actuellement données, mais encore la représentation au moins confuse des moyens coordonnés qui permettent la réalisation de la fin. Il y a donc là déjà une direction active de la conscience s'appliquant à prendre une vue claire, de plus en plus précise et détaillée, de ces idées pratiques, et à en faire surgir un plus grand nombre.

Cette conception du but s'accompagne et est suivie d'une comparaison, d'une appréciation des différentes alternatives, des motifs et des mobiles qui militent en faveur de chacune d'entre elles, de leurs conséquences, de leurs avantages ou de leurs désavantages, de leurs caractères et de leur valeur : c'est la délibération, qui exige, elle aussi, un effort d'évocation, d'attention, de réflexion; car vouloir, c'est agir en connaissance de cause, en sachant non seulement ce qu'on fait, mais encore pourquoi on le fait.

Cette délibération, cet examen critique, peut, dans certains cas, se réduire à tel point que la conception, la décision, l'exécution ne fassent plus qu'un ; elle peut au contraire se poursuivre, se prolonger, devenir très laborieuse, être interrompue, reprise, à travers des hésitations sans cesse renaissantes; mais si elle prépare la volition, celle-ci ne s'achève que par la décision ou résolution, qui est ce choix pratique en vertu duquel un parti est posé comme supérieur à tous les autres; l'hésitation, l'incertitude de tout à l'heure ont cessé d'une manière qui nous paraît définitive : nous nous sentons fixés dans une direction arrêtée.

L'exécution accompagne parfois immédiatement la décision ; parfois elle est plus ou moins reculée dans l'avenir, ou même indéfiniment reculée, entravée et finalement empêchée, soit parce qu'un obstacle insurmontable a surgi, soit parce qu'une décision

contraire a eu le temps d'intervenir. L'exécution n'est pas toutefois quelque chose d'extérieur à la volition, qui s'y ajoute, pour
ainsi parler, du dehors et comme accidentellement, car il n'y a
vraiment volonté que s'il y a un commencement d'exécution au
moins intérieure, un effort qui tend à se réaliser. La volonté intervient donc à tous les moments de la réalisation d'un acte auquel
on s'est décidé ; la même volition répétée, ou plutôt encore conti-
nuée, circule, si l'on peut dire, à travers la série des actes particuliers qui conduisent à la fin choisie. De ce point de vue, une
des qualités les plus importantes de la volonté, c'est la constance,
la fermeté, la persévérance.

III. — NATURE DE LA VOLONTÉ

Nous avons eu l'occasion de montrer comment la volonté se
distingue du réflexe et de l'instinct. Il nous faut maintenant indiquer en quoi elle se différencie tout ensemble du désir et du jugement, avec lesquels pourtant elle soutient d'étroits rapports.

La volonté n'est pas un désir prépondérant. A coup sûr, tout
désir, tout sentiment, est bien une sollicitation à l'action ; sans doute,
toute volition, d'autre part, suppose quelque désir, et la suppres-
sion de tout élément affectif aboutirait à l'inertie. Mais, tant que le
désir agit isolément, il y a impulsion plus ou moins irrésistible,
mais non pas volonté véritable ; celle-ci consiste essentiellement
dans la coordination de certaines tendances et l'inhibition de certaines autres. Elle implique réflexion, appréciation des désirs, et
par conséquent intervention de l'intelligence. Elle est un *choix pratique*, avons-nous dit, et par là elle se rapproche du jugement.

Et pourtant, elle ne saurait être confondue avec celui-ci, qui
est un acte simplement intellectuel, coordonnant des représentations et non des éléments actifs. La volition, dit M. Ribot, est
un jugement mis à exécution... Elle est analogue au jugement,
avec cette différence que l'un exprime un rapport de convenance
ou de disconvenance entre des idées, l'autre les mêmes rapports
entre les tendances ; que l'un est un repos pour l'esprit, l'autre
une étape vers l'action (1). »

_____

(1) RIBOT, *les Maladies de la Volonté*. Alcan.

La volonté nous apparaît donc comme une véritable synthèse des éléments constitutifs de notre personnalité, synthèse qui s'exprime en pensée pratique dans l'acte réfléchi. Elle ne crée rien, à proprement parler, elle rassemble les éléments que lui fournit la nature, tendances motrices, réflexes, instincts, inclinations, images, représentations, idées ; elle les concentre et les dirige vers un point unique. A ce point de vue, on peut dire que les éléments de la volonté, c'est l'énergie vitale sous ses deux aspects : action et réaction ; ce sont les inclinations et les instincts, innés ou acquis ; ce sont enfin les images et les associations d'images, les idées et les systèmes d'idées. Mais le propre de la volonté, c'est la *coordination hiérarchique* de tous ces éléments. Elle est donc, sous sa forme la plus haute et la plus complète, l'activité synthétique originale de la conscience.

C'est par la volonté que s'exprime le plus exactement et le plus complètement notre personnalité ; mais il n'est pas moins exact de dire que c'est elle qui crée la personnalité. Une volonté faible, c'est celle qui n'exprime qu'une personnalité instable, hésitante. Beaucoup de nos actes, au surplus, ne traduisent qu'une partie de nous-mêmes, souvent une partie superficielle, et comme momentanée. Un acte n'est hautement, pleinement volontaire, que s'il est déterminé par la nature intime et profonde de notre être, par notre moi réel. Mais ce moi réel, nous ne le connaissons jamais qu'imparfaitement ; il se révèle, s'affirme et se réalise peu à peu par nos actes mêmes. Dans la volition, il se modifie, d'abord par la conscience que nous y prenons de certains sentiments ou mobiles ignorés de nous et dont la vraie nature, la puissance aussi, nous sont révélées, ensuite par la coordination et subordination nouvelle de tendances et de représentations qui est opérée, par la valeur plus grande qu'acquièrent celles que le choix a retenues. « La délibération peut être un feu purifiant d'où surgisse un caractère nouveau. »

Il y a ainsi, dans le cours de notre vie, des résolutions et des actes qui engagent notre existence tout entière, parce qu'ils sont la conclusion d'une crise morale et qu'ils déterminent une nouvelle orientation de nos sentiments, de nos pensées et de notre conduite.

On le comprend donc aisément, la volonté s'acquiert et se forme

progressivement. Elle se manifeste tout d'abord, chez l'enfant, par
le mouvement volontaire. Celui-ci est précédé par les mouvements
spontanés, réflexes ou instinctifs; de ces divers mouvements l'enfant conserve la représentation, comme aussi le souvenir des effets
agréables ou désagréables qui ont suivi ; et il s'essaye à les reproduire ensuite intentionnellement. Peu à peu, cette représentation
perd son caractère primitif de servile imitation ; les mouvements
purement automatiques peuvent être décomposés et leurs éléments entrent dans la composition de systèmes nouveaux. Dans
ce travail d'élaboration apparaît déjà l'inhibition. Parallèlement,
et par une transformation analogue, la tendance motrice vers un
but devient *idée* du but et *motif*, de même que le besoin, l'appétit, l'inclination, en s'intellectualisant, en s'identifiant avec l'idée
de l'acte, se transforme en *mobile*. C'est alors que naît la volonté
réfléchie, avec ses éléments caractéristiques, la délibération et le
choix. Ainsi s'acquiert ce pouvoir personnel qui rend possible un
gouvernement de soi, une possession de soi de plus en plus ample
et ferme, et qui constitue proprement le caractère et la liberté. La
volonté qui se veut libre, affranchie de l'empire des passions, des
influences extérieures et de l'opinion, crée l'unité de la vie morale.

IV. — QUALITÉS ET DÉFAUTS DE LA VOLONTÉ

Toutes les analyses précédentes nous conduisent à cette conclusion que la Volonté ne doit pas être conçue comme une sorte de
pouvoir simple, indivisible, partout et toujours identique à lui-
même. Ce qu'on rencontre dans la réalité, ce n'est pas *la Volonté*,
mais *des hommes qui veulent*, chacun à sa manière. Une extrême
diversité se remarque même, à cet égard, dans les individus.

Tel veut fortement ce qu'il veut, c'est-à-dire que les tendances
actives sont chez lui puissantes et que toutes leurs énergies con-
vergent à un moment donné vers une certaine fin. Chez un autre,
au contraire, ce qui est caractéristique, c'est la mollesse, l'atonie
de l'activité, qui rend pénible tout effort vigoureux, qui ne permet
que des velléités.

Ce qui frappe chez celui-ci, c'est la rapidité du choix et de la
réaction ; chez celui-là, c'en est la lenteur. Au surplus, la vivacité

du vouloir peut être tout simplement un signe d'impulsivité, d'irréflexion, de légèreté, ou encore tenir à une certaine pénurie
d'idées, à une étroitesse, à une pauvreté d'intelligence. Elle peut,
par contre, résulter de la puissance intellectuelle qui permet
d'apercevoir et d'apprécier, comme d'un seul coup d'œil, les multiples données du problème, et témoigner de cette hardiesse, de
ce courage, sans lesquels on n'oserait jamais courir les risques que
comporte toute décision. Se montrer décidé, résolu, c'est faire
preuve de qualités éminentes, c'est se tenir également éloigné des
impulsions irréfléchies et des hésitations sans fin. Inversement, la
lenteur peut provenir de ce que la réflexion est plus laborieuse,
plus scrupuleuse, et elle peut alors se concilier fort bien avec le
sérieux, la gravité morale, et même de la force et de la fermeté.
Tout autre est l'irrésolution, qui est une sorte de perpétuelle oscil-
lation de la volonté, sans rupture définitive d'équilibre, la délibération se prolongeant indéfiniment, non sans inquiétude et sans
angoisse parfois, mais du moins sans conclusion. Elle peut tenir
à une perspicacité intellectuelle trop aiguisée, à une exagération
de l'esprit critique, de l'habitude de douter, et surtout à un manque
d'audace, à une timidité de caractère, qui hésite à accepter un parti,
à assumer les responsabilités. Aussi voit-on souvent ces gens irrésolus s'abandonner tout d'un coup, par fatigue, par besoin de sortir d'une incertitude pénible, à la première, ou mieux à la dernière impulsion venue : leur vie est faite d'irrésolutions sans cesse
renaissantes et de résolutions subites et irréfléchies.

Il y a plus encore : la volition, une fois formée, peut être plus
ou moins durable ou passagère, persévérante ou instable. Chez
certaines natures, la volonté n'arrive à se constituer que d'une
façon temporaire et chancelante ; c'est le règne des caprices : tel
est le caractère de ces personnes qui changent à tout moment
d'idées, qui peuvent paraître très décidées, sur le moment, mais
dont les déterminations successives sont incohérentes et contradictoires. C'est la faiblesse, qui conduit à subir tous les entraînements, qui annihile pratiquement nos forces en les éparpillant, et
qui n'exclut pas d'ailleurs la sotte obstination en des niaiseries :
l'entêtement est une des formes accoutumées de la faiblesse. La
constance, au contraire, la persévérance sont de rares qualités :
bien vouloir ce que l'on veut, c'est s'y attacher d'une manière du-

rable et permanente, c'est rester fidèle à soi-même, c'est donner à
sa conduite cette unité de direction, sans laquelle on peut bien
entreprendre, mais jamais achever ; là est la condition du succès,
de la puissance, de la solidité du caractère ; par là seulement on
est quelqu'un. La vie pleine et féconde, c'est celle qui demeure
toujours d'accord avec elle-même ; la plus essentielle et la moins
commune des qualités de la volonté, c'est l'unité. « Un homme
inégal, disait La Bruyère, n'est pas un seul homme, ce sont plusieurs. » Les incohérents, les émiettés ne sont que des fragments
d'hommes ; être *quelqu'un*, c'est être *un*.

On voit, dès lors, aisément comment il serait possible, à ce point
de vue, de classer les hommes. Si on laisse de côté les cas proprement pathologiques, les malades atteints d'*aboulie*, on rencontre d'abord la multitude de ceux qu'on appelle les *amorphes*,
sans ressort, sans initiative, sans résistance, qui vont sans pensée
et sans but ; puis les *routiniers*, esclaves de leurs habitudes, « machines en tout », comme dit Pascal ; et encore les *impulsifs* et
les *instables*, changeants, fantasques, explosifs, incohérents. Au
dessus de ces hommes sans volonté, il y a ceux qui ne sont que
des volontaires incomplets : les volontés *faibles* qui subissent
toutes les influences, se rangeant au dernier avis exprimé, enclins
à des entêtements déraisonnables, autre marque de leur faiblesse ;
les *irrésolus*, timides, inquiets, toujours hésitants ; les *capricieux*,
agités, mobiles et versatiles, capables d'énergie par instant, mais
qui manquent d'esprit de suite. Enfin, au plus haut degré, sont les
hommes de volonté, énergiques, pondérés et réfléchis, fermes sans
entêtement, résolus sans précipitation et sans légèreté, avec des
qualités qui varient, d'ailleurs, selon qu'ils sont plus ardents ou
plus calmes, plus entreprenants ou plus temporisateurs, et encore
selon qu'ils se proposent un but extérieur, la réalisation d'une
grande œuvre matérielle, sociale, scientifique (les hommes d'*action*), ou, au contraire, qu'ils emploient leur énergie à se dominer,
à se vaincre, à réaliser l'harmonie de l'âme, sa beauté, sa liberté,
qu'ils visent à un haut idéal de sagesse ou de sainteté (les *maîtres
de soi*).

RÉSUMÉ

Un acte volontaire implique une élaboration mentale complexe et une détermination qui apparaît comme la cause directe de l'acte.

L'acte volontaire implique un jugement pratique nouveau et aussi l'inhibition des tendances et des représentations, qui doivent être appréciées et contrôlées ; c'est une affirmation pratique, par laquelle l'acte cesse d'être un possible, pour devenir quelque chose de réel, d'effectif, avec quoi la personne s'identifie en quelque sorte, et dans lequel se concentre la personnalité.

L'acte volontaire comprend quatre moments principaux : la conception des alternatives, la délibération, la décision et l'exécution.

La volonté se distingue du désir, en ce qu'elle est un choix pratique, et du simple jugement, en ce qu'elle est un jugement mis à exécution. Elle est une synthèse, une coordination hiérarchique des éléments de notre personnalité. Elle exprime la personnalité, mais elle la recrée et la réforme sans cesse. Elle s'acquiert et se forme progressivement pour devenir la pleine maîtrise de soi.

Les défauts de la volonté sont l'impulsivité, la légèreté et l'instabilité, l'indécision ; ses qualités sont l'initiative, l'énergie, la résolution, la fermeté, la persévérance, l'unité.

Les natures individuelles offrent la plus grande diversité quant aux qualités de la volonté : il y a les amorphes, les routiniers, *les* impulsifs *et les* instables, les faibles, les *irrésolus, les* capricieux *; il y a enfin les* hommes de volonté.

CHAPITRE XXXIII

Le Caractère.

Le mot caractère s'emploie dans des acceptions différentes. On dit d'une personne que *c'est un caractère*, lorsqu'elle possède une individualité forte, nettement accusée, lorsqu'elle fait preuve d'une fermeté, d'une rectitude, d'une indépendance dans la conduite, d'une élévation dans les sentiments, d'une constance dans les principes, qui la mettent, décidément, hors de pair.

L'expression : *avoir du caractère*, désigne seulement une partie des qualités précédentes ; elle signifie plus spécialement la force et la persévérance de la volonté, par opposition aux qualités de cœur et au talent, aux dons de l'intelligence. « Avoir du caractère absolument, dit Kant, c'est posséder cette propriété de la volonté, par laquelle le sujet s'attache à des principes pratiques déterminés qu'il s'est invariablement posés par sa propre raison. Bien que ces principes parfois puissent être faux et vicieux, cependant la disposition de la volonté en général d'agir suivant des principes fixes (et non sauter tantôt ici, tantôt là, comme les mouches) est quelque chose d'estimable et qui mérite d'autant plus l'admiration que c'est plus rare. » Remarquons, d'ailleurs, que l'expression se peut entendre en un sens moins favorable et signifier une certaine obstination, un certain entêtement.

Enfin, dans un sens plus large et aussi plus vague, plus expressément psychologique et moins proprement moral que dans les deux premières acceptions, le mot caractère désigne tout ce qui distingue une personne d'une autre, ce qui la *caractérise*. Cette formule : *avoir un certain caractère*, pourra donc exprimer parfois certaines manières d'être dans les relations sociales : ainsi on parlera d'un caractère souple ou cassant, conciliant ou autoritaire ; parfois elle exprimera la prédominance de certains sentiments bienveillants ou malveillants : un caractère aimant, généreux ou méchant, envieux ; parfois encore elle concernera certaines dispositions de l'humeur : un caractère gai, enjoué, ou triste, morose. Mais, dans son sens psychologique le plus général, on pourrait définir le caractère : le système particulier constitué par la réunion, selon certains rapports spéciaux, dans une personne donnée, de certaines façons particulières de sentir et de désirer, de penser, d'agir, de vouloir et de se conduire.

I. — LES FACTEURS DU CARACTÈRE

Un grand nombre de facteurs contribuent à constituer le caractère d'un individu ; une foule d'éléments entrent dans sa composition. Quels sont les principaux ?

Il nous faut tout d'abord remarquer que l'homme apporte en naissant certaines prédispositions qui déterminent, pour une très grande part, son caractère. Dès le berceau, l'enfant se montre plus ou moins impressionnable, irritable, ardent, ou au contraire indifférent, calme, apathique ; tel est pleurnicheur et douillet, ou crie de rage quand on tarde à satisfaire un de ses désirs ; tel autre pleure peu, se montre résistant à la douleur, prend vite une attitude résignée ; celui-ci est tenace, obstiné, en dépit des distractions par le moyen desquelles on essaie de détourner sa pensée ; celui-là est léger, inconstant, mobile. Les mêmes différences et oppositions se manifesteront plus tard dans l'ordre et le mode d'apparition de certaines émotions, dans la nature et la direction des tendances affectives, dans l'éveil et l'orientation de la curiosité, dans la capacité d'attention, dans les qualités de la mémoire et de l'imagination, dans la puissance de l'activité et dans ses modes d'exercice.

Tout cela constitue ce que l'on peut appeler le *caractère inné*, dont la réalité et l'importance ne nous semblent pas pouvoir être contestées. Nous n'admettons donc pas volontiers la thèse des psychologues qui soutiennent que le caractère n'est rien de primitif, d'inné, que la diversité qui se manifeste entre les caractères individuels est exclusivement le résultat des influences subies, de l'action exercée par le milieu et l'éducation. Et pourtant, cette doctrine contient une part de vérité qu'il importe de reconnaître et qui nous empêche d'accepter la théorie selon laquelle le caractère serait tout entier inné, fondamentalement immuable.

Tout être subit une évolution continue ; la vie est une incessante transformation, qui trouve bien son point de départ dans le caractère inné lui-même, mais qui résulte aussi de l'action et de la réaction mutuelles de l'individu et de tout l'ensemble des influences qui s'exercent sur lui. Certes, les dispositions primitives déterminent, dans une large mesure, la manière dont l'individu agit sur le milieu, réagit contre lui et est impressionné par lui ; mais pourtant, il semble incontestable que les conditions de vie ambiante, non seulement amènent l'être à dégager pour ainsi dire les caractères mêmes de son individualité, mais encore conditionnent la mesure, la direction dans lesquelles se développeront les diverses dispositions ou virtualités de sa nature. Ces transformations, cette orientation, ces nouveaux modes de combinaison des éléments de l'individualité psychologique, sous l'action des circonstances, du milieu, de l'éducation, sous l'influence aussi de l'intelligence et de la volonté personnelles, voilà ce qui donne naissance à un *caractère acquis*, qui se forme au cours de la vie individuelle.

Le caractère inné. — Quels éléments concourent à former le caractère inné ?

On a remarqué de tout temps la correspondance étroite qui existe entre le *tempérament* physique et la physionomie morale. Mais les termes qu'on emploie pour définir le tempérament sont bien souvent empruntés à la langue psychologique ; on dit : un tempérament gai, un tempérament vif, un tempérament colérique, un tempérament mélancolique, etc. Sans doute, on a essayé d'établir la notion de tempérament et la classification des divers tempéraments sur des considérations proprement physiologiques, en distinguant, par exemple, des tempéraments d'épargne (les sensitifs) et des tempéraments de dépense (les actifs), en considérant la variabilité de l'énergie potentielle de l'organisme. Mais ces hypothèses explicatives demeurent très vagues. Tout ce que l'on peut dire, c'est qu'en effet le tempérament est un facteur profond du caractère, qu'il fait en grande partie l'énergie, l'activité variable des individus et, particiellement aussi, leur humeur ; mais, du moins dans l'état actuel de la science, les théories physiologiques du tempérament ne nous apprennent presque rien sur le caractère. Elles ne sont pas sans utilité toutefois, au point de vue psychologique, car elles attirent fortement notre attention sur ce fait capital que l'éducation est, en partie, une question d'hygiène.

Cependant, le caractère inné n'est pas tout entier défini par le tempérament physique ; il y a aussi une constitution morale native, ce qu'on a appelé le tempérament de l'âme ou tout simplement le *naturel*, et qui se compose d'aptitudes et de tendances mentales particulières. Il y aurait lieu de noter, à ce point de vue, les différences qui tiennent au sexe, à la race, au peuple, à l'hérédité personnelle. L'*hérédité* est un des facteurs les plus importants du caractère inné, soit au point de vue physiologique, soit dans l'ordre psychologique. Les lois de l'hérédité sont encore bien obscures, d'ailleurs ; on n'hérite pas seulement de ses ascendants directs, on hérite encore d'ascendants des générations antérieures. « L'hérédité se ramifie à l'infini et peut sauter plusieurs générations. » Remarquons, au reste, que les variations héréditaires ne s'expliqueraient pas pleinement si l'on ne reconnaissait pas la valeur des modifications acquises par les divers individus et fixées dans la race par l'hérédité. « On a souvent comparé, dit Höffding, l'hérédité dans l'espèce à la mémoire dans l'individu. Mais de même que la mémoire ne retient pas tous les événements de la vie, et qu'elle ne saurait, par suite, expliquer celle-ci complètement, de même l'hérédité n'est rien de plus qu'une tendance de la nature à conserver ce qui a été acquis. »

Enfin, nous devons bien reconnaître que ces divers facteurs, quelle que soit leur importance, ne suffisent pas à épuiser la donnée du caractère inné. Il reste toujours dans ce fait de l'individualité native quelque chose d'irréductible. D'abord, l'analyse des éléments constitutifs de cette individualité reste très approximative ;

mais surtout la combinaison de ces éléments dans chaque individu est essentiellement originale. « Nous pouvons peut-être, à la rigueur, expliquer chaque trait particulier, chaque qualité particulière, par la puissance de l'hérédité et par l'action des expériences ; mais l'unité interne qui se manifeste dans la synthèse, et par laquelle l'individualité devient une individualité *psychique*, se présente à nous comme une éternelle énigme. » (Höffding.)

Le caractère acquis. — Le jeu des tendances donne lieu à des combinaisons multiples qui introduisent sans cesse des modifications plus ou moins durables dans la disposition des éléments du caractère. L'individu tend spontanément à mettre d'accord entre elles les diverses fonctions mentales ; d'autre part, la loi d'habitude contribue à maintenir l'équilibre, la continuité et la coordination des instincts, des inclinations et des modes d'activité ; en revanche, tout excès de développement d'une fonction ou d'une tendance, se faisant au détriment des autres, tend à rompre l'équilibre.

Une foule de causes, soit générales, soit particulières et fortuites, d'origine sociale ou personnelle, interviennent sans cesse dans le développement de l'individu. Parmi les causes physiques, il faut citer le climat, la température, le sol, l'habitat, la faune et la flore, qui déterminent le genre de vie, le régime, les occupations ordinaires, et qui sont étroitement liés à des causes physiologiques, telles que la maladie ou la santé. Le milieu social et moral exerce une influence considérable ; et, par milieu, il faut entendre les mœurs, le système des lois, l'opinion, la coutume, l'imitation, l'éducation, la profession, etc. Enfin, il y a, dans la vie, des crises brusques ou lentes, d'origine physiologique ou mentale, qui transforment parfois un caractère. Mais le facteur le plus puissant de la formation du caractère, c'est la réaction propre de l'intelligence et de la volonté individuelles, et c'est là un point qu'il nous faudra examiner plus attentivement tout à l'heure.

II. — LES DIFFÉRENTS CARACTÈRES

Le caractère d'une personne dépend tout à la fois de l'aspect particulier que revêt chez elle chacune des grandes fonctions de la vie mentale : sensibilité, intelligence, activité, et aussi de la

façon dont elles se combinent, de la prépondérance de chacune
d'elles et des conséquences qui en résultent. Nous avons déjà indiqué, dans l'étude particulière des facultés, la diversité des natures
individuelles, quant aux dispositions de la sensibilité, aux qualités de l'intelligence et aux modes de l'activité. Mais, pour déterminer un caractère, il faut voir comment ces grandes fonctions de la
vie se combinent et réagissent les unes sur les autres.

On a proposé diverses classifications des caractères. L'une des
plus intéressantes est celle qu'a proposée M. Ribot. Estimant que
la vie psychologique se ramène à deux manifestations fondamentales, sentir et agir, et que l'intelligence n'est pas un élément
essentiel du caractère, il distingue tout d'abord trois grands *genres* :
les *sensitifs*, les *actifs*, les *apathiques*.

Chacun de ces genres comporte plusieurs *espèces* résultant de
l'intervention des dispositions intellectuelles.

Le genre des *sensitifs* comporterait : 1° les *humbles* (sensibilité
excessive, intelligence médiocre, énergie nulle) ; 2° les *contempla-*
tifs (sensibilité très vive, intelligence aiguisée, activité nulle ; ce sont
les indécis, les mystiques, les analystes) ; 3° les *émotionnels* au
sens restreint (à l'impressionnabilité extrême et à la subtilité
intellectuelle des contemplatifs s'unit une activité intermittente
et spasmodique, avec des alternatives d'énergie impétueuse et
d'affaissements brusques).

Parmi les *actifs*, il y a lieu de distinguer : 1° les *actifs médio-*
cres (machines solides, ayant besoin d'agir pour agir) ; 2° les *grands*
actifs (joignant à un fonds robuste d'énergie une intelligence puissante, souple, sans scrupules).

Les *apathiques* se divisent en : 1° *apathiques purs* (peu de
sensibilité, peu d'intelligence, peu d'activité) et 2° *calculateurs*
(intelligence pratique très développée, peu de spontanéité, la
volonté est une alternative d'effort et d'inhibition).

Enfin, cette classification se complète par la détermination des
caractères composés : les *sensitifs-actifs* (sensibilité vive, unie à un
tempérament énergique) ; les *apathiques-actifs* (se rapprochant des
calculateurs, avec des passions qui les font agir plutôt sous la forme
défensive, martyrs et héros passifs, stoïciens, jansénistes, fanatiques
à froid) ; les *apathiques-sensitifs* (variété semi-pathologique, caractérisée par l'atonie et la sensibilité) ; enfin le *caractère tempéré*.

Cette pénétrante classification appellerait quelques observations. M. Ribot se refuse à compter comme un genre ou une espèce à part la classe des *intellectuels*. Il semble bien pourtant que, chez certains hommes, l'intelligence est vraiment la fonction prépondérante et dominatrice; ils prendraient volontiers pour devise et pour formule ce mot de Buffon : « Notre âme ne nous a été donnée que pour connaître » et rediraient avec Ampère : « A quoi sert le monde? — A donner des pensées aux esprits. »

D'autre part, M. Ribot exclut de sa classification les *amorphes*, qu'il décrit ainsi : « En eux, rien d'inné, rien qui ressemble à une vocation; la nature les a faits plastiques à l'excès. Ils sont également le produit des circonstances, de leur milieu, de l'éducation qu'ils ont reçue des hommes et des choses... Ils sont ceci ou cela, au gré des circonstances. Le hasard décide de leur métier, de leur mariage et du reste ; une fois pris dans l'engrenage, ils font comme tout le monde. »

> Ils sont ce qui murmure, applaudit, siffle, coule,
> Bat des mains, foule aux pieds, bâille, dit oui, dit non,
> N'a jamais de figure et n'a jamais de nom..,
> Ils sont les passants froids, sans but, sans nœud, sans âge ;
> Le bas du genre humain qui s'écroule en nuage ;
> Ceux qu'on ne connaît pas, ceux qu'on ne compte pas,
> Ceux qui perdent les mots, les volontés, les pas.
>
> (V. Hugo.)

Ce sont ceux dont La Bruyère disait : « Un caractère bien fade est de n'en avoir aucun. » Ils sont légion, et ce serait simplifier à l'excès que de n'en pas tenir compte.

Enfin, n'y aurait-il pas lieu de mettre à part les tempérés supérieurs, qu'on peut nommer les *équilibrés* et les *volontaires*. Ils réalisent l'équilibre dans la richesse de la vie psychologique. C'est là parfois un heureux don de la nature ; mais, le plus souvent, c'est une conquête de la volonté. Toutefois, la maîtrise de soi ne présente pas chez eux de raideur ; ils donnent une impression d'harmonie et de sérénité. C'est ce qui constitue leur marque propre, leur originalité, et ce n'est pas la moins intéressante des originalités, parce qu'elle est l'œuvre même de la personne. Une sensibilité vive et profonde, une intelligence vigoureuse, une volonté

ferme, toutes dirigées suivant une règle, d'après un principe raisonnable qu'on s'est formé soi-même : voilà comment on pourrait les définir.

III. — L'ÉDUCATION DU CARACTÈRE

L'éducation de l'enfant se fait d'abord par le milieu; dans les
premières périodes de la vie, le milieu, c'est surtout la famille.
Nous avons déjà noté l'importance des premières *impressions* et
des premières *habitudes*. Cette influence, qui s'exerce à notre insu
par l'atmosphère créée autour de l'enfant, est peut-être, de toutes,
celle qui laisse les traces les plus profondes.

Les habitudes et les principes. — C'est dans l'enfance que se
forment les habitudes les plus durables. Certaines habitudes prises
dès les premières années ne se perdent jamais et déterminent
la direction de la conduite, au moins dans tout ce qui est extérieur. Elles allègent d'autant la tâche de l'avenir ; telles sont les
habitudes physiques de propreté, d'ordre extérieur, de sobriété,
de précision dans les mouvements, de correction dans les attitudes, de netteté dans la diction; les *habitudes intellectuelles* d'attention, d'observation, de régularité dans le travail ; les *habitudes
sociales* de politesse, de respect; les *habitudes morales* d'initiative, de persévérance, de modestie, de responsabilité. Elles ne sont
pas l'essentiel de la moralité, en ce sens qu'il faut aller chercher
ailleurs la source vive de celle-ci, mais elles en sont comme la
forme et le cadre. Elles contribuent puissamment, du reste, à
affranchir la volonté et à fortifier l'énergie. « Je me plais à considérer, dit M. Pécaut, qu'au fond les plus humbles parties de la
morale sont solidaires des plus sublimes, que l'on ne peut pas
toucher aux unes (pourvu qu'on les rattache à un principe supérieur et intérieur, tel que le respect de soi ou de la dignité humaine
en soi) sans s'acheminer vers les autres. Il n'y a que la raison, la
vérité qui nous lie, nous oblige, nous trempe pour le bon combat :
les bonnes *habitudes* ne valent que parce qu'elles sont fondées sur
la raison, qu'elles supposent des principes bien chevillés dans les
jeunes esprits. Telle est, par exemple, l'idée de la personne hu-

maine à respecter, ou plutôt à façonner en soi ; l'idée d'une âme
libre, obligée au bien, et capable du bien (1). »

Ce qu'on appelle les *principes,* ce sont des règles de vie s'appuyant sur des sentiments profonds et réfléchis, sur des convictions
fermement acceptées par la raison. Les vrais principes ne s'imposent
donc pas du dehors ; ils sont l'œuvre de la personne même, et leur
importance est extrême.

Rôle de l'éducateur. — Le but essentiel de l'éducation est de
développer la personnalité, dans le sens le plus élevé du mot, c'est-
à-dire de la conduire vers sa plus haute unité, par la formation de
la volonté. Le rôle des éducateurs, parents ou maîtres, est d'abord
de préparer autant que possible les conditions les plus favorables
au développement de l'enfant, d'écarter pendant les jeunes années
les mauvaises influences, de donner à l'enfant les bonnes habitudes,
libératrices de la volonté. Incalculable est leur responsabilité ;
elle s'étend non seulement à leurs actes et à leurs paroles, mais
encore à leurs gestes, à leur physionomie, à leurs sentiments
intimes et à leurs croyances, c'est-à-dire à tout ce qui constitue
leur personnalité ou qui la révèle, car c'est dans la personnalité
que réside la force impulsive qui se communique d'un individu à
un autre individu. « La suggestion, dit Guyau, est la transformation par laquelle un organisme plus passif tend à se mettre à
l'unisson avec un organisme plus actif ; celui-ci domine l'autre et
en vient à régler ses mouvements extérieurs, ses volontés, ses
croyances intérieures. Le commerce de parents respectés, d'un
maître, d'un supérieur quelconque, doit produire des suggestions
qui s'étendent ensuite à toute la vie. » Ici se posent des problèmes
délicats : celui de l'autorité, celui de la discipline, de l'obéissance. Il faut que les éducateurs aient de l'autorité ; c'est la condition de leur influence ; les enfants imitent le plus volontiers ce
qu'ils admirent le plus ; la force, et en particulier la force morale,
s'impose à eux. Donner à l'enfant l'exemple de la fermeté dans la
justice et dans la vérité, c'est le rendre ferme et juste. Le but n'est
donc pas de briser la volonté, mais de la diriger en la fortifiant.
Guyau donne à ce propos l'excellente formule suivante : « Si l'art
de l'éducation consiste, avant tout, à donner de bonnes habitudes,

_____

(1) *L'éducation publique et la vie nationale.* Hachette.

il consiste aussi, en second lieu, à fortifier ces habitudes par la conscience et la croyance qu'elles sont *rationnelles.* »

Création du caractère par la volonté. — La formation du caractère est surtout l'œuvre de la volonté.

Mais de quelle manière ? Comment pouvons-nous avoir prise sur tout cet ensemble de dispositions et d'habitudes qui résultent de notre constitution native et de toutes les influences qui se sont exercées sur nous depuis notre naissance ? Pour agir sur notre caractère, il faut d'abord *le vouloir,* et croire que cette formation est en *notre pouvoir.* C'est ce qu'exprime Stuart Mill : « Peu importe à quoi nous attribuons la formation de notre caractère, quand nous n'avons aucun désir de travailler à le former nous-mêmes ; mais il nous importe beaucoup que ce désir ne soit pas étouffé par la pensée que le succès est impossible. »

Nous portons en nous un besoin d'ordre et d'unité ; cet instinct est, par lui-même, une force d'impulsion qui nous oriente vers la conquête de la volonté. Il n'est aucun homme qui ne veuille remplir son rôle d'*homme,* et ce rôle est essentiellement d'appliquer sa volonté raisonnable à agir sur les choses et sur soi. Si donc ce sentiment de la dignité humaine est éveillé, il devient le puissant moteur de la volonté dans l'œuvre de la création de la personnalité, dès que nous avons pris conscience de la puissance de notre vouloir. « Toute conscience, dit Guyau, est un choix spontané, une sélection naturelle, et c'est précisément ce que sera aussi l'idée morale qui aura réussi à primer un jour toutes les autres. De l'action qui va s'accumulant par l'habitude et devient reflexe, sort une nouvelle puissance d'agir ; de la puissance sortent à la fois la conscience et la moralité, la pensée du pouvoir et du devoir : toute idée enveloppe un devoir en germe. Tout être pensant et voulant a déjà en lui, par le fait même qu'il pense et veut, un premier élément de moralité qui se fixera et s'organisera par l'évolution et l'éducation : il constitue un sujet moral... La genèse de la moralité est avant tout la genèse du vouloir ; son éducation doit être le renforcement du vouloir ; la volonté se meut elle-même en concevant sa propre puissance (1). »

Maintenant, quels sont les moyens dont nous disposons pour

---

(1) GUYAU, *Éducation et hérédité.* Alcan.

réussir dans cette œuvre? Avant tout, nous devons travailler à nous *bien connaître nous-mêmes* et à prendre une *claire conscience du but* que nous poursuivons. Il nous faut distinguer nos inclinations dominantes, connaître notre tempérament, notre humeur, remarquer les tendances contre lesquelles nous devons lutter, celles qu'il convient de développer et de fortifier, celles sur lesquelles nous pouvons nous appuyer. Replions-nous en nous-mêmes, pour nous former des convictions et des principes : nous y arriverons moins par l'étude des livres que par la méditation.

Les *moyens pratiques* pour agir sur notre caractère sont : la réflexion habituelle et le sincère examen de notre conscience ; l'attention à profiter de tous nos bons mouvements, au moment où ils se produisent, à retenir les sentiments qui peuvent nous soutenir, toutes fois qu'ils naissent en la conscience, et à appeler à notre aide, par des associations, d'autres idées et d'autres sentiments qui viennent les fortifier ; la recherche d'une diversion quand un sentiment défavorable, une impulsion contraire vient à naître ; l'utilisation judicieuse de toutes les ressources extérieures : opinion, lectures, bonnes sociétés, sentiments de famille, etc. ; enfin l'emploi d'une bonne hygiène, physique et morale.

« Il suffit, pour assurer notre liberté, dit M. Payot, que notre imagination soit capable de concevoir un plan de vie à réaliser. Notre connaissance et notre pratique des lois de la psychologie nous permettra, par des diversions, par des alliances, d'assurer la prépondérance du plan choisi et de faire travailler à nos projets le temps, qui est la grande puissance d'affranchissement de l'idée en nous (1). »

La réforme du naturel est donc bien éloignée de la destruction de toute originalité ; chaque personne, au contraire, pour se réaliser et s'affirmer dans toute sa plénitude, doit s'efforcer de mettre en œuvre toutes ses ressources propres, afin d'atteindre à la perfection de son caractère individuel. Ce qu'il peut y avoir de souverainement original en chacun de nous, c'est précisément la manière dont il crée à force d'énergie et à coups de volonté son propre caractère.

La liberté morale, ou maîtrise de soi. — Le but suprême de l'effort volontaire est la maîtrise de soi pour l'union de la volonté

(1) PAYOT, *Éducation de la volonté.* Alcan.

avec la vérité et la justice. Cette œuvre ne se fait pas en un jour;
c'est le fruit d'efforts successifs, appropriés aux circonstances, et
toujours renouvelés. Si la méthode générale pour un individu est
toujours la même, elle doit être inventive dans l'application des
moyens, toujours originale et souple. La volonté parfaite n'est pas
une tension constante : l'effort de la veille facilite celui d'aujour-
d'hui et tous deux assurent celui de demain. Aucun n'est jamais
perdu ; chaque nouvel effort est plus allégrement accompli, donne
toujours plus de joie et, en lui, rayonne plus de grâce. La volonté
devient une *harmonie* et, de plus en plus, cette harmonie semble
spontanément établie. Ainsi V. Hugo, s'adressant à une femme,
disait :

> Rien ne se heurte en vous : tout se tient avec grâce.

Cette possession de soi-même, cette sérénité de l'âme dans la
parfaite maîtrise de soi, c'est proprement la *liberté morale*. Nous
sommes libres, dans la mesure où nous nous sommes dégagés des
chaînes des préjugés, de la routine, de l'opinion, de nos passions.
Cette liberté n'est pas un produit spontané de la nature ; c'est une
conquête, et voilà en quel sens on peut dire que cette liberté elle-
même est *déterminée* ; elle n'est pas un fait isolé, qui ne se rattache-
rait à rien. « Ce que nous sommes aujourd'hui dépend de ce que nous
étions hier, et demain a sa condition dans aujourd'hui. L'homme
est enchaîné, l'homme s'enchaîne lui-même, et là est le secret de
sa libération. Car le présent n'est pas totalement contenu dans le
passé; sans doute, ces idées, ces désirs, ces tendances, ces habitudes que je rencontre actuellement en moi, je ne puis les empêcher d'être là, de tendre à l'action dans la mesure de leurs forces ;
seulement, la manière particulière dont je les combine et les emploie, n'est pas pleinement expliquée par les éléments qui sont en
présence : c'est dans cette synthèse vraiment personnelle et neuve
que se rencontre ce je ne sais quoi d'original et d'irréductible,
d'imprévisible aussi, qui constitue le vouloir et vraisemblablement
aussi la liberté. Ainsi, c'est en ajoutant quelque chose au passé que
le présent prépare le futur. Et par là même, comme tout acte mental laisse après lui quelque chose, comme il se conserve en une
certaine manière et se prolonge indéfiniment, chacun de mes vouloirs est une force qui ne se perd plus, dont les effets se peuvent

additionner et multiplier, devenir le principe d'une vie nouvelle.
Du même coup, le passé se trouve transformé (1)... » C'est ainsi
qu'en se rendant maître de sa propre nature et en l'élevant au-
dessus d'elle-même, en «sculptant sa statue», comme disaient les
Stoïciens, on devient, au sens fort du terme, *un* caractère.

RÉSUMÉ

*Le mot caractère s'emploie dans des acceptions différentes. Au sens
large, le caractère est la manière particulière de penser, de sentir,
d'agir et de réagir, propre à un individu donné.*

*Chaque homme apporte en naissant des prédispositions qui consti-
tuent ce qu'on appelle le caractère inné. Mais le caractère suit une
évolution et subit des influences qui modifient les dispositions primitives; c'est ce qui donne le caractère acquis.*

*Les éléments qui concourent à former le caractère inné sont le tem-
pérament et le naturel. L'hérédité en est un des facteurs les plus importants: néanmoins l'individualité qui résulte de la combinaison originale de divers éléments est une donnée irréductible. De nombreuses
causes influent sur le caractère pour le modifier (causes physiques,
sociales, morales); mais la plus importante de toutes, c'est la volonté.*

On a classé les caractères en sensitifs, actifs et apathiques.

1° Sensitifs {	*humbles* *contemplatifs* *émotionnels*
2° Actifs {	*actifs médiocres* *grands actifs*
3° Apathiques {	*apathiques purs* *calculateurs.*

*Il faut distinguer en outre les caractères composés : sensitifs-
actifs, apathiques-actifs, apathiques-sensitifs, caractères tempérés.*

*Enfin, il y aurait lieu de compter des intellectuels, et aussi des
amorphes, et encore ceux qui ont établi l'harmonie entre les différents
éléments et qu'on peut nommer les équilibrés supérieurs.*

Éducation du caractère. — *Elle commence par l'influence du milieu
et des éducateurs; elle s'achève par l'éducation de soi-même, au moyen
de la volonté. L'éducation se fait par les habitudes et les principes.
La formation du caractère par la volonté est possible, car nous avons
le désir de réaliser en nous une unité supérieure, et, par la conscience
que nous prenons de nos forces et d'un idéal, nous exerçons un pouvoir sur nous-mêmes. Le but suprême de l'effort volontaire est la maîtrise de soi pour une œuvre de vérité et de justice.*

---

(1) MALAPERT, *les Éléments du caractère.* Alcan.

CHAPITRE XXXIV

Conclusions. — Le physique et le moral. La nature du principe pensant.

I. — LA VIE CONSCIENTE ET LES PHÉNOMÈNES PHYSIQUES

La psychologie expérimentale, on l'a vu au cours de toutes les études précédentes, entend s'enfermer expressément dans les limites des phénomènes constatables par l'observation et l'expérience et des inductions qu'autorise une interprétation méthodique des faits. Jusqu'ici nous nous en sommes donc tenus à la description des diverses manifestations de la vie consciente, à la constatation de leurs caractères, à leur analyse, à la détermination des rapports qu'ils soutiennent entre eux. Et pourtant, il est impossible de se dissimuler que la psychologie met à chaque instant l'esprit en présence de problèmes que l'expérience seule est impuissante à résoudre, dont le caractère est essentiellement métaphysique. Parmi ces questions, il en est deux qui dominent en quelque sorte toutes les autres, qui sont intimement liées l'une à l'autre, dont il est impossible que nous ne disions rien ici, et qui se peuvent formuler en ces termes : ces phénomènes psychologiques multiples, ces faits de sentiment, de pensée, de volonté, que nous avons passés en revue, ne requièrent-ils pas un principe dont ils seraient les manifestations variées, et comment faut-il le concevoir ? est-ce à la matière qu'il faut attribuer la propriété de vouloir, de penser et de sentir, ou bien doit-on l'attribuer à une substance à part, distincte du corps, supérieure à lui, immatérielle ? — et, dans ce dernier cas, de quelle manière convient-il d'entendre les rapports que soutiennent entre eux l'âme et le corps, le principe pensant et la matière ?

Rappelons, tout d'abord, les données de fait qui nous conduisent à poser ces problèmes. Nous avons eu maintes fois l'occasion de le constater, la vie consciente a pour double condition, pour double caractère fondamental, le changement et la continuité ; elle est une différenciation dans une synthèse. Essentiellement soumise à la loi du temps, elle se déploie en une série de modalités toutes qualitativement *distinctes* et *distinguées* les unes des autres, différentes et reconnues telles. Mais, en même temps, chacun de ces événements successifs apparaît tout à la fois comme infiniment complexe et pourtant indivisible en éléments isolables ; par abstraction seulement nous y pouvons distinguer divers aspects ; mais l'unité synthétique de la conscience, qui se manifeste dans le phénomène psychologique le plus simple, la sensation, se retrouve à tous les degrés de la vie consciente, sous quelque aspect que nous l'envisagions, plaisir et douleur, émotion, jugement, raisonnement, volition. De même encore, si tous nos états internes se succèdent et se révèlent à nous sous l'aspect d'une série de manières d'être qualitativement hétérogènes, du moins les divers termes de la série ne peuvent être séparés les uns des autres ; par abstraction seulement nous découpons, pour ainsi parler, dans la continuité de ce devenir, des fragments que nous considérons à part ; l'activité synthétique de la conscience maintient toujours quelque chose du passé dans le présent et y prépare, y enveloppe, l'avenir.

Enfin, nous avons remarqué que cette activité synthétique, si elle s'exerce bien toujours sur des éléments qui semblent donnés par la nature, par la constitution primitive de l'individu et l'ensemble des circonstances qui exercent sur lui leur action, devient à son tour, par sa réaction propre, un facteur capable d'imprimer à ses éléments une direction nouvelle, de changer leur puissance, de transformer le système qu'ils constituent. Il y a, dans la vie consciente, des capacités d'énergie dont il est impossible de prévoir et de mesurer à l'avance l'étendue et les effets ; par là est introduite dans le monde des phénomènes une part de spontanéité et d'indétermination.

À tous ces égards, la vie consciente s'offre à nous comme quelque chose d'absolument original, à quoi rien n'est identique, ni même analogue, dans le monde physique. La matière et les phénomènes qui s'y passent, du moins à considérer la conception que l'on s'en fait d'ordinaire, présentent des caractères totalement opposés à ceux que nous venons de rappeler. Un corps est donné dans l'espace et se compose de parties juxtaposées les unes aux autres ; un phénomène physique, ou chimique, ou physiologique, ne peut être représenté que sous la forme de mouvements, plus ou moins rapides et compliqués, de ces éléments matériels ou des agrégats qu'ils composent ; du même coup, il est susceptible de mesure ; il est essentiellement régi par les lois rigoureuses de la géométrie et de la mécanique ; là, semble-t-il, tout est soumis à un indéfectible déterminisme et le grand principe qui domine la science moderne est celui de la conservation de l'énergie, de l'équivalence des forces, à travers tous les changements apparents des phénomènes.

Nous voilà donc bien, à ce qu'il paraît, en présence de deux modes radicalement irréductibles l'un à l'autre, que sépare un véritable abîme. Et pourtant, nous allons le voir, les faits nous mettent à chaque instant en présence d'un aspect des choses étrangement différent, nous inclinent irrésistiblement vers des conclusions diamétralement opposées.

II. — LES RAPPORTS DU PHYSIQUE ET DU MORAL

L'expérience nous apprend de mille manières que la conscience, bien loin de vivre d'une vie absolument indépendante, est étroitement liée à l'organisme et, par lui, à tout l'univers matériel. La vie psychologique et la vie physiologique semblent liées l'une à l'autre par les rapports d'interdépendance et d'interaction les plus étroits ; ou, comme on dit, le physique et le moral, le corps et l'âme, se conditionnent réciproquement, agissent et réagissent l'un sur l'autre.

La dépendance de la vie psychologique à l'égard de l'organisme se manifeste tout d'abord par cette loi très générale que, dans les limites de notre expérience, l'apparition de la conscience est liée à la présence d'un système nerveux. D'autre part, si nous envisageons la série animale, nous constatons que le développement des fonctions psychologiques est parallèle au développement du système nerveux, à l'accroissement de son poids par rapport au poids total du corps, à la complication de sa structure intime, à son degré de différenciation et d'intégration. A les considérer dans leur ensemble, il y a un parallélisme frappant entre le rôle du cerveau dans la vie organique et les caractères de la conscience. A mesure que nous nous élevons vers les animaux supérieurs, nous constatons que le système nerveux présente une plus grande multiplicité et richesse de parties plus nettement spécialisées et quant à leurs structures et quant à leurs fonctions. D'autre part, des relations de plus en plus nombreuses et étroites s'établissent entre ces diverses parties, de telle sorte que toute excitation de l'une d'entre elles se propage, se communique à plusieurs autres, que de multiples courants s'entre-croisent, se combinent, se renforcent ou s'arrêtent. Enfin, il existe une sorte de hiérarchie des centres nerveux qui nous fait apparaître le système tout entier comme un merveilleux instrument de combinaisons et de coordinations de plus en plus délicates, complexes, variées et unifiées.

Si, maintenant, nous descendions dans le détail des faits particuliers, nous verrions que chaque phénomène psychologique requiert des conditions physiologiques définies: Toute sensation est provoquée par une excitation définie d'un organe périphérique déterminé, conditionnée par la conduction de cette excitation le long d'un nerf afférent, par une élaboration nerveuse centrale qui se produit dans des centres spéciaux dont on a pu déterminer un certain nombre. La mémoire, l'association, ont leurs conditions physiologiques ; on a constaté que la lésion de certaines régions du cerveau entraînait l'abolition de certaines mémoires. L'étude des cas pathologiques a permis d'établir que les fonctions les plus élevées de la vie mentale, attention, pensée, volonté, sont altérées lorsque se produisent des lésions anatomiques ou des troubles fonctionnels de l'encéphale. L'humeur, le caractère, l'activité de l'intelligence dépendent du tempérament, de l'âge, du sexe, de la santé ou de la maladie. Ainsi, par l'intermédiaire du système nerveux, la vie consciente subit l'influence de l'organisme tout entier, et, par l'intermédiaire de ce dernier, elle est conditionnée par le monde extérieur. Il est des substances dont l'ingestion surexcitent l'activité mentale, d'autres qui la dépriment ou la stupéfient. L'alimentation, le régime sont des facteurs de la santé morale, comme de la santé physique. La pensée et le caractère subissent le contré-coup des variations de la température ; l'influence des climats, malgré les exagérations que n'ont évitées ni Montesquieu, ni Taine, demeure incontestable.

L'âme, selon le mot de Leibniz, est donc comme un « miroir du corps » et même comme un « miroir de l'univers » tout entier. Mais ce n'est là qu'un aspect de la question, et d'autres faits d'expérience courante, aussi nombreux, aussi significatifs, nous apprennent que le moral, à son tour, agit sur le physique. Nous avons eu occasion de noter que toute émotion, si exclusivement mentale qu'en soit la cause, provoque un trouble physiologique profond, retentit sur les fonctions circulatoires, respiratoires, motrices, digestives, sécrétoires. Une douleur subite et violente, ou continue, une joie excessive, peuvent provoquer la syncope, des crises nerveuses, des désordres cérébraux temporaires ou durables, la folie ou même la mort. Toute image, toute représentation, les idées mêmes, tendent à se manifester par des mouvements, des contractions musculaires ; l'idée du bâillement provoque le bâillement ; le souvenir d'une odeur nauséabonde peut amener le vomissement ; la confiance dans le médecin ou le remède, l'espoir de la guérison, exercent une action salutaire sur la santé, tout comme la crainte de la maladie prédispose à la contracter ou en peut accroître la gravité. Les extraordinaires effets thérapeutiques de la suggestion illustreraient de mille manières la formule connue que la foi engendre des miracles. Que dire enfin de l'action de la volonté? Je veux remuer mon bras et mon bras se lève ; je veux arrêter le tremblement provoqué par la peur, et le tremblement cesse ; je veux empêcher mes paupières de s'abaisser lorsqu'on en approche vivement la main, et mes paupières demeurent immobiles. Les habitudes intellectuelles, le caractère, la fermeté de la volonté, exercent une influence remarquable sur l'excitabilité et l'instabilité nerveuse, sur l'équilibre vital tout entier. L'âme semble donc agir de la façon la plus constante et la plus pro-

fonde sur l'organisme ; elle paraît vraiment « maîtresse du corps
qu'elle anime ».

III. — LES THÉORIES EXPLICATIVES

Tels sont les faits. Comment en rendre compte ? Des théories
diverses ont été proposées, dont il convient de résumer brièvement
les affirmations essentielles.

1° **Le parallélisme psycho-physique.** — La première doctrine que nous ayons à signaler, c'est celle du parallélisme psycho-
physique. Voici en quoi elle consiste. Se bornant à la considération des phénomènes et laissant de côté toute recherche concer-
nant les substances, cette théorie constate l'existence de deux séries
de faits qui, par leurs caractères, sont irréductibles entre eux, et
qui, sans agir les uns sur les autres, en se déroulant d'une façon
indépendante, se correspondent exactement. Pour n'avoir pas à
expliquer d'où vient la conscience, on se contente de poser l'existence des faits de conscience, comme une donnée qui se suffit à
elle-même. Pour n'avoir pas à rendre compte de l'interaction du
physique et du moral, on a recours à un expédient qui consiste à
faire couler, si l'on peut ainsi parler, la vie psychique et la vie
physique comme deux courants parallèles, dont les eaux ne se
mélangent jamais ; ainsi tout événement mental défini correspond
à un événement physique défini ; chacun a tous ses antécédents
et tous ses conséquents dans la série dont il fait partie, sans que
jamais un terme d'une série n'interfère dans l'autre, n'exerce une
influence quelconque sur les termes de l'autre.

Que ce soit là une attitude prudente de l'esprit, qui, se défiant
des hypothèses métaphysiques et prétendant se placer à un point
de vue exclusivement empirique et phénoméniste, réduise au minimum les difficultés, on ne saurait le nier. Et pourtant, même
au point de vue scientifique, elle est loin d'être complètement
satisfaisante. Elle suppose, en effet, qu'un phénomène conscient
se suffit pleinement à lui-même, que les phénomènes de la série
psychologique se conditionnent exclusivement les uns les autres,
ne sont nullement déterminés par les événements de la série physique, dont ils sont pourtant un exact duplicata. Et d'autre part,
on n'espère échapper aux difficultés du problème métaphysique

qu'en se refusant à poser le problème lui-même, ou du moins à le traiter. Or, les problèmes ne souffrent pas qu'on les passe sous silence, et bien souvent la prétention de les ignorer dissimule mal une certaine hâte à les trancher sans examen. C'est ce qui arrive à la doctrine du parallélisme. Ne voit-on pas de suite, en effet, que les questions suivantes sont inévitables : la série psychologique et la série physique constituent-elles deux touts dont chacun existe par lui-même et en lui-même ? chacune d'elles se prolonge-t-elle à l'infini, de telle manière qu'il n'y ait pas à rechercher si, à un moment quelconque, l'une des deux existait seule, l'autre devant en sortir plus tard, ni si l'une n'est pas destinée à disparaître au cas où l'autre viendrait à cesser ? enfin, comment rendre compte de l'exacte correspondance des deux séries, si on les pose comme radicalement hétérogènes et indépendantes ? Aussi, suivant qu'il incline dans tel ou tel sens, le parallélisme oscille implicitement entre le dualisme et le monisme, le spiritualisme, le matérialisme et le panthéisme, sans vouloir l'avouer ou sans vouloir s'en rendre compte. Il nous faut donc passer à des doctrines qui abordent franchement le problème et s'efforcent de lui trouver une solution précise.

2° **Le matérialisme.** — Aux questions que nous posions tout à l'heure, le matérialisme fait la réponse que voici : la série des phénomènes psychologiques ne se suffit pas à elle-même, ne se soutient pas elle-même, elle ne peut exister sans la série matérielle, d'où elle sort, en laquelle elle trouve toutes ses conditions ; la disparition de celle-ci entraîne la disparition de celle-là. En d'autres termes, la conscience, la pensée est une fonction du cerveau. Il n'existe que de la matière ; d'elle est sortie la vie, qui se réduit à une combinaison particulièrement complexe de mouvements ; de la vie biologique sort, à son tour, la vie psychologique qui se ramène à une combinaison plus complexe encore de chocs nerveux, de mouvements intimes se poursuivant au sein de l'organisme et tout particulièrement du système nerveux. La conscience n'est donc rien de réel ; elle n'est qu'un accompagnement, une sorte de reflet des processus nerveux ; elle n'a que la valeur d'un *épiphénomène* absolument inefficace.

Les arguments invoqués par le matérialisme se ramènent à trois grands ordres de faits que nous avons signalés déjà. Il y a d'abord ceux qui se rattachent aux données de l'anatomie comparée, laquelle nous apprend que le développement de la vie psychologique correspond au développement du cerveau. Le second argument est tiré de la physiologie, qui nous montre que tout processus psychologique est lié à des processus physiologiques définis. Le troisième est fourni par la pathologie mentale dont les recherches ont établi qu'à toute lésion anatomique, à toute altération fonctionnelle de l'encéphale, correspondent des désordres plus ou moins profonds de la vie mentale.

Il est facile de voir les difficultés que soulève l'hypothèse matérialiste. On ne sait à peu près rien de ces diversités de structure ou de composition chimique du cerveau, par lesquelles on prétend expliquer les différences mentales. On ignore les processus nerveux qui correspondent à un acte d'attention ou de jugement, à la perception d'une ressemblance, à une émotion ou même à la plus élémentaire des sensations. Et surtout, soutenir que la force physique peut, à un moment donné, par ses seules ressources, s'enrichir d'une force consciente, se transformer en une force consciente, attribuer au cerveau la capacité d'engendrer de la conscience, c'est avancer une énonciation radicalement inintelligible. « L'abîme, dit Tyndall, qui sépare ces deux classes de phénomènes [des actions physiques et des faits de conscience] sera toujours infranchissable pour l'intelligence. » Si l'on ajoute que la notion même de matière est étrangement obscure, que la matière n'est et ne saurait être pour nous, en dernière analyse, qu'un système de sensations, c'est-à-dire d'états de conscience, on reconnaîtra sans doute que la thèse matérialiste est loin de donner à l'esprit pleine satisfaction.

3° **Le spiritualisme.** — Adressons-nous donc à la doctrine spiritualiste et voyons si elle nous fournira une solution des difficultés auxquelles nous nous sommes heurtés jusqu'à présent. Cette doctrine se présente sous deux formes principales qu'il importe de ne pas confondre.

a) Spiritualisme dualiste. — Il consiste à admettre deux substances distinctes, l'une matérielle, à laquelle on n'attribue que des propriétés géométriques et mécaniques, l'autre spirituelle, qui n'est définie que par les fonctions les plus proprement intellectuelles, dont toute l'essence, comme disait Descartes, est de penser. Ces deux principes sont conçus comme radicalement hétérogènes, l'âme n'ayant rien de commun avec le corps, ayant été créée indépendamment de lui, étant soustraite à la nécessité qui régit les phénomènes matériels et ne recevant aucune atteinte de la dissolution de l'organisme. L'unité, l'identité, la spontanéité qui se manifestent dans la conscience nous interdisent toute assimilation entre elle et la matière.

Mais le spiritualisme dualiste se heurte à une insurmontable difficulté : comment concevoir, dans une telle doctrine, les rapports de l'âme et du corps ? Comment un principe immatériel peut-il agir sur la matière, et réciproquement ? Voilà qui est incompréhensible. Pour avoir trop profondément séparé l'âme et le corps, on s'interdit de rétablir entre eux aucune communication.

b) Spiritualisme moniste. — Aussi a-t-on été conduit à cette hypothèse nouvelle et hardie, mais singulièrement séduisante, qui, renversant complètement le point de vue matérialiste, voit l'esprit partout, n'admet d'autre substance que la substance spirituelle, considère la matière elle-même comme une sorte de pensée obscure, appauvrie et pour ainsi dire épaissie. Par une série de transitions insensibles, la vie consciente se relierait à la vie organique, la matière vivante à la matière brute. Faisant de la conscience le type de toute réalité, le spiritualisme moniste retrouve du psychique partout, sous des aspects de plus en plus humbles et rudimentaires, de telle façon qu'en dernière analyse tout serait psychique. La nature n'est plus séparée de l'esprit par une sorte d'abîme ; en elle se manifesterait déjà le germe de cette activité qui se déploie dans la vie de l'âme sous ses formes les plus complexes et les plus hautes. « On conçoit alors l'univers tout entier comme aspirant sourdement à la pensée et s'y élevant à travers une série de formes, par une succession d'efforts qui constituent la hiérarchie des êtres de la nature ; de telle façon que l'âme humaine nous apparaîtrait, non comme une sorte de réalité figée, une chose toute faite, mais comme le résultat d'une véritable conquête, comme une création qui ne se maintient qu'en se continuant, en se répétant, dont la destinée est de se réaliser toujours plus pleinement ; et ce serait précisément là ce qui, dans toute la force du terme, quoique en un sens nouveau, ferait d'elle une substance, et lui conférerait une sorte de droit à l'immortalité (1). »

Ces inférences métaphysiques, on le voit sans peine, nous entraînent bien au delà des limites dans lesquelles s'enferme la psychologie expérimentale. Les problèmes de cet ordre ne comportent pas de solutions exactes, de démonstrations rigoureuses. Mais, à les agiter, l'esprit gagne singulièrement en étendue et en souplesse, en sentiment de la complexité et de la difficulté des choses, du même coup, en modestie et en tolérance. Prétendre les ignorer de parti-pris, serait rétrécir singulièrement les horizons de la pensée. Résister par principe à l'attrait qu'ils exercent tout ensemble sur la raison et sur le cœur, ce serait vraiment mutiler la nature de l'âme humaine, qui ne se manifeste pas seulement par un besoin de connaissance précise et positive, mais encore par l'impérieux désir de plonger les regards dans le suprême et peut-être insondable mystère des choses.

RÉSUMÉ

La vie consciente et les phénomènes physiques. — *La psychologie expérimentale nous conduit à poser des problèmes d'ordre métaphysique touchant la nature du principe pensant et ses rapports avec le corps.*

La vie consciente se déploie dans le temps ; elle est tout à la fois différenciation et synthèse, continuité, spontanéité. A tous ces égards, elle semble totalement irréductible au monde de la matière, dans lequel tout se ramène à l'étendue, au mouvement, et est soumis à un déterminisme rigoureux.

Les rapports du physique et du moral. — *Cependant l'expérience nous montre que le corps et l'âme se conditionnent mutuellement. La vie consciente suppose un système nerveux et se développe avec lui ; tout phénomène psychologique a ses conditions organiques et les troubles cérébraux entraînent des troubles mentaux.*

D'autre part, le moral agit sur le physique : nos émotions retentissent dans tout le corps; toute idée se traduit par des mouvements ; la volonté provoque ou arrête des contractions musculaires.

Les théories explicatives. — *La doctrine du parallélisme psycho-physique se borne à admettre l'existence de deux séries de phénomènes hétérogènes, indépendantes l'une de l'autre, et se correspondant. Elle ignore les problèmes, mais ne les résoud ni ne les supprime.*

Le matérialisme, invoquant des arguments tirés de l'anatomie, de

(1) MALAPERT, *Leçons de philosophie*, t. II. Métaphysique.

la physiologie, de la pathologie, soutient que la conscience est une fonction du cerveau et que seule la matière existe. Il est impuissant d'ailleurs à expliquer comment des mouvements peuvent engendrer de la pensée, et même à nous donner une notion concevable de la matière.

Le spiritualisme dualiste professe l'existence de deux substances radicalement irréductibles, l'esprit et la matière, dont il ne peut plus expliquer les rapports.

Le spiritualisme moniste estime que tout est esprit, que le monde physique lui-même est, en dernière analyse, de la conscience diffuse et qui sommeille.

TABLE DES MATIÈRES

2509. — Tours, imprimerie E. Arrault et Cⁱᵉ.

www.ingramcontent.com/pod-product-compliance
Lightning Source LLC
Chambersburg PA
CBHW070758270326
41927CB00010B/2193